国家社会科学基金一般项目（20BJY180）

投资者关注

行为模式及其
对股票市场的影响研究

杨振华　著

ZHEJIANG UNIVERSITY PRESS
浙江大学出版社
·杭州·

图书在版编目(CIP)数据

投资者关注：行为模式及其对股票市场的影响研究 / 杨振华著. —杭州：浙江大学出版社，2023.3
ISBN 978-7-308-23567-9

Ⅰ.①投… Ⅱ.①杨… Ⅲ.①股票交易—研究—中国 Ⅳ.①F832.51

中国国家版本馆 CIP 数据核字(2023)第 038753 号

投资者关注：行为模式及其对股票市场的影响研究
杨振华　著

策划编辑　吴伟伟
责任编辑　陈思佳(chensijia_ruc@163.com)
文字编辑　谢艳琴
责任校对　陈逸行
封面设计　周　灵
出版发行　浙江大学出版社
(杭州市天目山路 148 号　邮政编码 310007)
(网址：http://www.zjupress.com)
排　　版　浙江时代出版服务有限公司
印　　刷　杭州杭新印务有限公司
开　　本　710mm×1000mm　1/16
印　　张　16.75
字　　数　222 千
版 印 次　2023 年 3 月第 1 版　2023 年 3 月第 1 次印刷
书　　号　ISBN 978-7-308-23567-9
定　　价　78.00 元

前　言

行为金融学认为投资者关注是有限的。由于精力和时间限制，投资者并不会关注所有信息，只会选择那些吸引其注意力的信息进行关注，也只有这些信息才会对投资者的投资行为产生影响。随着 Web 2.0 时代的到来，“网民参与，以网民为中心”的理念成为新时代的主题。现实中，网民与股民高度重叠，股票市场个体投资者借助金融终端获取相关信息、分析市场行情、开展交易活动等，产生了大量的用户生成数据，这些数据所蕴含的信息有着极大的价值，如何从海量的互联网用户生成数据中挖掘出有用信息一直是学术界和金融界关注的热点。基于此，本书以投资者关注行为为研究对象，利用股票市场内投资者在配置注意力过程中所生成的海量数据，分析投资者群体关注的统计特征与行为模式，进而挖掘其在股票市场运作中所产生的作用与价值。

第一，围绕“投资者关注”这一主题，对已有研究进行系统梳理，并采用引文图谱分析方法析出该研究领域的关键性研究节点，即投资者有限关注、分类学习及收益的可预测性、注意力驱动交易假说、采用搜索引擎作为投资者关注度量指标等。基于对投资者关注度量指标的全面梳理和对比分析，本书选用 Choice 金融终端的投资者“加自选”数据作为投资者关注度的衡量指标，并将其与基于百度指数的投资者关注度进行对比。实证结果显示,基于金融终端的投资者生成数据是衡量投资者关注度更为有效的指标。

第二,基于对投资者群体关注的特征分析,就投资者群体关注过程中的“择优选择”与“记忆效应”进行理论分析,并构建投资者群体关注行为模式生成模型,分析近期关注与累积关注对投资者群体关注的作用,通过使用肯德尔秩相关系数来衡量基于生成模型生成的投资者关注度生成值与投资者关注度实际值排名之间的相关性。结果表明,在2014—2016年,从长期记忆效应角度来看,无论是上海证券交易所还是深圳证券交易所,投资者关注更多地受到近期群体关注的影响。

第三,基于投资者关注对股票市场影响的理论分析,利用中证100指数、中证500指数和中证全指在2014年1月3日到2015年12月31日间485个交易日的数据,实证检验了投资者关注行为对股票市场的影响作用。研究发现:基于金融终端的投资者关注度与对应股票指数在同一交易日内的交易量呈显著正相关;基于金融终端的投资者关注度与对应股票指数在同一交易日内的收益率呈显著正相关;基于金融终端的投资者关注度对整个股票市场交易情况的影响与其对中小企业股票市场交易情况的影响相一致。

第四,采用脉冲响应模型对中证100指数、中证500指数、中证全指的投资者关注度与股票市场收益之间的关系进行实证检验。实证结果显示,在不同的市场背景下,投资者关注度与股票市场收益之间的关系有所变化,但其相互影响效应具有一定的规律性。股票指数收益率的正向冲击往往会引起投资者关注度的正向波动,而投资者关注度的正向冲击也会引起大盘股指数在同一交易日的正向波动和接下来一个交易日的负向波动。

第五,从投资者关注角度研究了中国A股市场的动量效应。基于沪深300成分股在2008年1月—2017年12月合计520周的周收益率和2014年1月—2017年12月合计208周的投资者关注度周频数据,利用价格动量 J-K 策略考察了中国 A 股市场存在的价格动量与反转现象，发现：中国 A 股市场在超短期（1 周以内）内存在动量反转，短形成期（小于 4 周）内存在动量持续（近 24 周）；价格动量效应在投资者关注度高的投资组合中持续，但在投资者关注度低的投资组合中反转；投资者关注度在价格动量中存在非对称效应，即过去的输家（赢家）组合中，低（高）投资者关注度的股票组合往往后续收益优于高（低）关注度的股票组合。最后，采用 Fama-French 多因素模型分析投资者关注度的信息含量。

第六，构建基于市场层面衡量投资者异常关注度的新指标 Abn_SyntAI，以实证方式检验投资者异常关注度和市场状态的相互作用对行业动量表现的影响与可预测性。实证结果表明，投资者异常关注度能够在上行（下行）市场状态下对行业动量收益进行正（负）预测，而这种预测性来自上行（下行）市场状态下的赢家（输家）行业。在此基础上，提出了行业动量循环路径假说。这些结果表明，投资者异常关注度新指标 Abn_SyntAI 的构建，有助于学术界讨论投资者关注度的作用，并可能部分解释基于行业动量的异象。

相较已有的研究成果，本研究工作的创新之处有以下几个方面。

一是引入金融终端投资者行为生成数据来衡量投资者关注度，并验证了指标的有效性。本书选用 Choice 金融终端的投资者“加自选”数据作为投资者关注度的衡量指标，并将其与基于搜索量的投资者关注度进行实证比较。结果显示，基于金融终端的投资者关注度对股票市场的影响更为显著和稳定，因此引入金融终端投资者生成数据作为投资者关注度的衡量指标。

二是构建了投资者群体关注行为模式生成模型，为识别投资者关注行为内在机理做出探索性尝试。本书基于“择优选择”与“记忆效应”分析投资者群体关注的演化模式，并构建了投资者群体关注行为模式生成模型，通过优化实验仿真生成数据集和原始数据集在实证指标上的拟合程度，得到最优的投资者关注概率函数。实证结果表明,投资者关注更多地受到近期群体关注的影响,这一研究为识别投资者关注行为内在机理做出了有益的探索。

三是从投资者关注视角检验了中国A股市场动量效应的存在性,并发现了投资者关注度在价格动量中的非对称效应。研究发现,投资者关注度在价格动量中存在非对称效应,即关注度高的股票未来短期动量持续,关注度低的股票未来短期动量反转。这一研究丰富了动量效应的行为金融学研究,也为基于投资者关注的动量策略构建提供了实证参考。

四是构建了基于市场层面衡量投资者异常关注度的新指标,以实证方式检验投资者异常关注度和市场状态的相互作用对行业动量表现的影响与可预测性。实证结果表明,投资者异常关注度能够在上行(下行)市场状态下对行业动量收益进行正(负)预测,并在此基础上提出了行业动量循环路径假说。这一研究不仅能够丰富学界和业界对投资者关注度的有效应用,而且可能部分解释基于行业动量的异象。

目　录

第一章 绪 论

本章重点阐述本书的研究背景、研究问题及研究意义，并介绍了研究方法、研究路线及创新点，最后给出了全书的组织结构。

第一节 研究背景及意义

一、研究背景

在互联网高速发展的今天，股民与网民高度重叠，无论是机构投资者还是个人投资者，在股票论坛、搜索平台、大众社交媒体中都有对股票市场相关信息的发布与评论，且股票市场中的绝大多数投资者都在网络金融终端完成在线关注、交易等行为。中国证券登记结算有限公司的数据显示，截至 2017 年末，中国 A 股投资者数量为 13398 万户，其中，个人投资者约占 99.73%，非自然人投资者（机构投资者）约占 0.27%。由此可见，当今中国股票市场投资者以个人投资者居多。基于大量用户生成内容（user-generated content，简称 UGC）所构成的大数据情景为研究股票市场投资者行为提供了丰富的数据支撑与新颖的研究视角。

投资者需要在数千只股票中选择投资标的，面对股票市场中监管部门、证券公司、上市公司、分析师、媒体报道等发布的海量信息,受到个人信息处理能力的限制,个体投资者往往只能在引起其关注的股票中做出选择,进而进行投资决策。正如 Simon(1971)指出的,信息体量的飞速发展导致个体注意力的大量消耗,甚至是个体注意力的贫穷。也就是说,当今经济社会的信息富裕问题正引起新的认知资源稀缺。Kahneman(1973)进一步指出,面对市场上纷繁复杂的信息,个体投资者的注意力是一种稀缺的认知资源。国内学者也指出,尽管社会的信息总量正以指数形式迅速递增,但个体投资者受到有限关注的约束,其所能消费的信息量非常有限,因此,投资者关注度正成为金融市场一个重要的影响因素(彭叠峰,2011)。近年来的金融市场研究表明,投资者配置注意力的过程会直接影响他们的投资决策和交易行为,进而对金融市场波动产生影响(Liu et al.,2014;刘海飞等,2017;孙书娜和孙谦,2018)。

目前,大量研究聚焦于投资者关注行为对股票市场波动可能造成的影响(Barber & Odean,2008;Da et al.,2014;Yang et al.,2017;Frank et al.,2018),而鲜有文献深入探讨投资者关注行为的统计特征与内在机理。在投资者关注行为模式及内在机理尚不明确的情况下,很难基于投资者关注行为产生的海量数据开展具体应用,其数据价值也就难以深入挖掘。陈国青等(2018)在《管理决策情境下大数据驱动的研究和应用挑战——范式转变与研究方向》中指出,传统的管理变成或正在变成数据的管理,传统的决策变成或正在变成基于数据分析的决策。随着大数据在各领域的广泛应用,“数据密集型科学”成为新的研究范式,也为投资者群体行为的度量提供了新的数据和方法支持。因此,需要在更完整的框架下考量投资者关注的群体特征和行为模式,以便能够更好地利用并挖掘投资者关注行为所产生的海量数据的价值,进而从数据驱动视角完善行为金融学的理论分析与实证检验。

二、研究问题

在上述理论和现实背景下，本书将基于网络大数据开展投资者关注行为研究。研究的主要目的是通过引入更为直接和有效的投资者关注行为度量指标，从理论机制上厘清投资者关注行为的内涵及模式，进而挖掘出投资者关注行为生成数据所蕴含的内在价值。本书具体回答以下三个问题。

（一）基于用户生成数据，如何有效度量投资者关注行为

基于对现有文献的全面梳理，投资者关注度度量指标主要包括以下四种：一是直接反映金融市场交易行为和资产价格变化的市场指标，如公司规模或流通市值、股票交易量或换手率、股票异常收益率等；二是间接影响金融市场交易行为和资产价格的媒介信息，如广告投入、媒介信息数量、分析师覆盖率、财经节目收视率等；三是基于互联网产生的用户行为数据，即社会化媒体大数据，如股票论坛数据和大众社交媒体数据等；四是基于特定平台产生的投资者行为数据，如搜索量、金融终端数据、机构投资者持股比例等。基于用户生成数据，寻找投资者关注行为有效度量方法并给出其基本统计特征是本书拟突破的基础性科学问题。

（二）从群体层面思考，如何有效刻画投资者关注行为模式及其演化过程

群体智慧理论指出，要使群体能够做出明智的决定，需具备多样性、独立性、分散与分权化、集中化的特征。从理论上来看，投资者关注能够落入群体智慧理论所设定的研究范畴。那么，从群体层面思考，如何有效刻画投资者关注行为模式及其演化过程？研究这一问题需要从群体层面对投资者关注行为模式进行剖析，这对于进一步理解投资者关注行为内在机理及其作用机制具有重要作用。本书通过优化实验仿真生成数据集和原始

数据集在实证指标上的拟合程度,得到最佳的投资者关注概率函数,试图梳理出相对最优的投资者对股票的关注机制。

(三)从数据驱动视角,如何有效挖掘并利用投资者关注行为的数据价值

大量研究表明,投资者关注度对证券市场波动有着较好的解释与预测能力(权小锋和吴世农,2010;董大勇和肖作平,2011;Ackert et al.,2016),但由于投资行为的复杂性、动态性及多样性,鲜有研究对投资者关注行为所生成数据的潜在价值进行深入挖掘和系统性梳理。本书试图回答投资者关注与股票交易量的相关关系,投资者关注对股票收益的可预测性,投资者关注对价格动量的解释效应,异常关注度对行业轮动的预测能力等问题,以期梳理出投资者关注行为的数据价值,这对基于投资者关注行为数据开展相关应用研究而言具有重要的参考价值。

三、研究意义

本书的理论意义在于:融合多领域知识,从数据驱动视角对投资者关注行为进行深入研究,以期丰富行为金融学领域中关于投资者关注度的理论研究。投资者注意力研究的重要性,不管是在心理学界,还是在经济学界都日益凸显。与以往研究不同的是,本书聚焦于投资者关注行为本身,从理论上分析了引入金融终端用户生成数据对投资者关注行为进行有效度量的优势,并基于群体智慧理论对投资者群体关注模式进行理论分析,进一步梳理出投资者关注行为数据与股票市场波动间的相互影响及其对金融市场异象的行为金融学解释作用。

本研究的实践价值在于:基于投资者关注行为数据,明晰中国A股市场投资者关注行为群体模式及投资者关注度的价值所在。本书首先从实证角度验证了金融终端数据作为衡量投资者关注行为指标的有效性,并通

过仿真数据对投资者群体关注行为模式进行了实证检验，给出了投资者关注度与股票市场波动间相互作用的实证检验，最后基于投资者关注度数据检验了中国 A 股市场的动量效应。以上实证结果对监管部门加强投资者保护，以及有效降低股票市场风险具有重要的现实意义。

第二节 研究方法、路线及创新点

一、研究方法

项目总体上采用理论研究与实证分析相结合的方法，通过实证数据及仿真实验验证理论的可行性，对已有理论进行改进和完善，同时在方法上实现创新。

(一)文献分析法

分别从理论和实证的角度对投资者关注行为这一研究领域进行系统的回顾，采用文献分析工具 Histcite 对该领域研究的发展脉络进行梳理，在此基础上定位本书的研究主题，并指出本书研究与已有文献的关系及其边际贡献。

(二)基于统计学与计量经济学的实证方法

分别用 Jarque-Bera 正态性检验方法和时间序列分析法来度量投资者关注度的分布，利用回归模型验证投资者关注行为对股票市场波动的影响作用。

(三)偏好选择模型

采用偏好选择模型对投资者群体关注过程中的“择优选择”和“记忆效应”进行理论建模，并通过仿真实验与实证数据相结合的方法，研究累计关注与近期关注对股票市场投资者群体行为模式的作用。

(四)动量效应策略

采用价格动量的J-K策略检验中国股票市场的价格动量,利用投资者关注度及股票历史收益进行交叉检验,重点研究基于投资者关注的股票市场动量效应。

二、研究路线

本书采用“数据驱动+模型驱动”的思路,体现“关联+因果”的诉求,按照“成果借鉴—投资者关注行为度量—投资者关注行为模式分析—投资者关注行为数据的价值发现—投资者关注行为数据价值应用”这一路径开展研究。

三、研究创新点

本书在相关研究的基础上,分别从理论和实证的角度对投资者关注问题进行了全面、系统的研究。总的看来,本书的主要创新点和贡献有如下几点。

一是引入金融终端投资者行为生成数据来衡量投资者关注度,并验证了指标的有效性。以往研究主要采用直接或间接反映金融市场交易行为和资产价格变化的市场指标,以及基于互联网或特定平台产生的用户行为数据度量投资者关注度,近年来以搜索量作为衡量指标的研究居多,只有零星研究采用金融终端数据度量投资者关注度,且鲜有对不同度量指标进行对比分析的实证研究。本书选用Choice金融终端的投资者“加自选”数据作为投资者关注度的衡量指标,并将其与基于搜索量的投资者关注度进行实证比较,结果显示,基于金融终端的投资者关注度对股票市场的影响更为显著和稳定,因此引入金融终端投资者生成数据作为投资者关注度的衡量指标。

二是构建了投资者群体关注行为模式生成模型，为识别投资者关注行为内在机理做出探索性尝试。股票市场投资者关注行为的内在机理是一个复杂系统，涉及心理学、经济学、管理学等多个领域。本书尝试以“择优选择”与“记忆效应”分析投资者群体关注行为的演化模式，并构建了投资者群体关注行为模式生成模型，通过优化实验仿真生成数据集和原始数据集在实证指标上的拟合程度，得到最优的投资者关注概率函数。实证结果表明，投资者对股票的关注更多地受到群体近期关注的影响，而且投资者对股票的关注行为更多地表现为近期持续关注后才会外显出的行为模式。这一研究为识别投资者关注行为内在机理做出了有益的探索。

三是从投资者关注视角检验了中国A股市场动量效应的存在性，并发现了投资者关注度在价格动量中的非对称效应。动量效应和反转效应是股票市场中两大著名的行为金融异象。本书基于投资者关注度研究了中国A股市场的动量效应，并利用J-K策略考察了中国A股市场的价格动量与反转现象。更为重要的是，研究发现了投资者关注度在价格动量中存在非对称效应，即在赢家组合中，投资者关注度对股票期望收益存在正效应，而在输家组合中，投资者关注度对股票期望收益存在负效应。研究进一步采用Fama-French多因素模型分析了投资者关注度的信息含量，这一研究丰富了动量效应的行为金融学研究，也为基于投资者关注的动量策略构建提供了实证参考。

四是构建了基于市场层面衡量投资者异常关注度的新指标，以实证方式检验投资者异常关注度和市场状态的相互作用对行业动量表现的影响与可预测性。正常情况下，投资者关注应该在一个合理的范围内波动，当金融市场发生较大变化时，就会引起投资者的异常关注，投资者关注的大幅上升可能导致成交量和波动率的剧烈变化，并给投资者带来超额收益或巨额损失，因此，准确把握投资者异常关注及其与股票市场的关系具有重要意义。实证结果发现，投资者异常关注度能够在上行（下行）市场状态下对行业动量收益进行正(负)预测,并提出了行业动量循环路径假说。这一研究不仅能够丰富学界和业界对投资者关注度的有效应用,而且可能部分解释基于行业动量的异象。

第三节 组织结构

本书总共分为九章,具体内容如下所述。

第一章是本书的绪论。首先阐明了本书的研究背景及主要的研究问题,且探讨了本书围绕这些研究问题开展研究的理论意义和实践价值。接着介绍了本书的研究方法、研究路线以及创新点。最后给出了全书各章节的组织结构和内容安排。

第二章为文献综述。本章重点阐述投资者关注的国内外研究概况,根据引文图谱分析识别出 1510 篇投资者关注相关研究的关键研究节点,包括投资者有限关注、分类学习、注意力驱动交易假说及投资者关注度有效度量方法,并以股票市场核心主题为分类依据,对实证研究中的投资者关注度度量指标进行了全面的整理和对比分析,对拓展并深入投资者关注度行为研究做出了基础性的贡献。

第三章为投资者关注度的度量方法与统计特征。首先介绍了投资者关注度的概念界定与理论模型,接着对投资者关注度的度量方法进行了介绍和对比分析,最后研究了投资者关注度的分布、自相关性、平稳性和异方差性等统计特征。

第四章对投资者群体关注行为模式进行分析。首先对投资者群体关注行为模式的理论基础进行了梳理,然后基于现有理论构建了投资者群体关注行为的理论模型,最后基于“择优选择”和“时间效应”对投资者关注行为模式进行了实证分析,以期进一步理解投资者群体关注行为模式的作用机制。

第五章研究投资者关注行为对股票市场的影响。主要内容包括投资者关注行为对股票市场影响的理论分析、实证模型和实证检验。本章的研究目的在于对比不同投资者关注度指标的有效性及其对股票市场波动的影响,从理论和实证角度探究投资者关注行为数据的价值所在。

第六章重点研究投资者关注行为与股票价格之间的相互作用。本章基于脉冲响应函数对股票指数收益率和投资者关注度之间存在的相互关系进行了分析,从理论和实证角度探究投资者关注行为数据的价值实现路径。

第七章重点研究基于投资者关注行为的股票市场动量效应。首先对股票市场动量效应的理论基础进行了梳理;接着采用价格动量 J-K 策略,基于中国 A 股市场近十年的交易数据及可得的投资者关注行为数据,检验中国 A 股市场价格动量与动量反转效应,并进一步考察投资者关注度作用下的股票价格动量效应;最后运用 Fama-French 五因素模型对投资者关注的信息内容进行探究。

第八章重点研究异常关注度在不同状态下对行业动量(与动量反转)的预测能力。本章构建了市场层面衡量投资者异常关注度的新指标 Abn_SyntAI,以实证方式检验投资者异常关注度和市场状态的相互作用对行业动量表现的影响与可预测性,并进一步提出了行业动量策略和行业动量循环路径假说。

第九章是对本书所有工作的总结,归纳出了结论和创新之处,并讨论了后续还要进一步完善和深入的研究方向。

第二章　文献综述

随着投资者关注行为相关研究受到金融学界和业界越来越多的重视，国内学者们从不同视角就已有研究进行了系统性的梳理，如投资者关注与资产定价（彭叠峰，2011；陶可和张维，2018）、媒体报道与资产定价（向诚和陆静，2018；陈泽艺和李常青，2017）、投资者关注与股价同步性（肖奇和屈文洲，2017；王继恒，2018）、大数据背景下的投资者关注（张学勇和吴雨玲，2018；李倩和吴昊，2017；岑咏华等，2018；徐雨迪，2022）、基于网络数据挖掘的资产定价（欧阳资生和李虹宣，2019；罗琦等，2020）。基于以上研究的启发，本章对 2009 年 1 月—2022 年 4 月与投资者关注相关的 610 篇外文文献和 1991 年 1 月—2022 年 4 月与投资者关注相关的 1366 篇中文文献进行了系统性的整理分析，梳理出投资者关注领域的主要研究问题和基本发展脉络。

本章重点阐述投资者关注的国内外研究概况，根据引文图谱分析识别出投资者关注相关研究的关键研究节点为投资者有限关注、分类学习、注意力驱动交易假说及投资者关注度有效度量方法，并以股票市场核心主题为分类依据，对实证研究中的投资者关注度度量指标进行了全面的整理和对比分析，另外对投资者关注度相关变量——投资者情绪的相关研究及两者之间的差异性也进行了梳理，以期为拓展并深入研究投资者关注行为做出基础性的贡献。

第一节　投资者关注的国内外研究概况

自认知心理学于19世纪50年代末蓬勃发展之后，对于关注的研究逐渐增多，在此基础上，投资者关注也开始引起金融学界的广泛关注。基于Web of Science核心合集SCI和SSCI数据库，将主题词限定为“投资者关注(investor attention)”，截至2022年7月15日，检索结果显示共有1262篇文献符合检索条件。

图2-1给出了2002年1月—2022年6月Web of Science数据库内以“investor attention”为主题的文献数量分布情况。由图2-1可知，投资者关注研究领域发表的文献数量总体呈上升趋势，尤其是2016年以后增速明显加快，由此可见该领域研究的热度不断上升。进一步分析以“investor attention”为主题的相关研究发现，其作者所在国家和地区以中国、美国、英

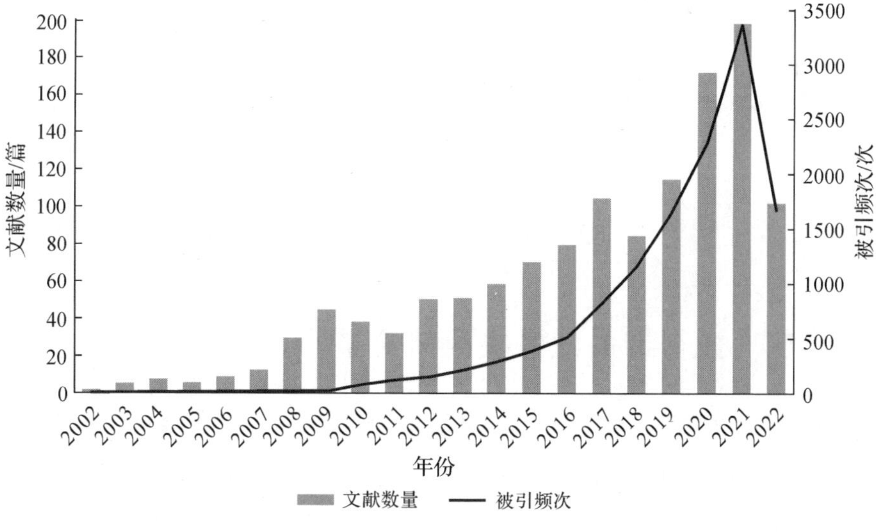

图2-1　2002年1月—2022年6月以“investor attention”为主题的文献数量和被引频次

国居多。

国内学者关于投资者关注的相关研究也呈逐年递增的趋势。基于CNKI数据库的检索发现,1991年1月—2022年6月,以“投资者关注”为主题的研究论文共计1439篇,其中以实证研究居多,并呈现出逐年上升的趋势(见图2-2)。主题涉及多个角度,如投资者关注与股票收益(俞庆进和张兵,2012)、投资者关注与IPO异象(宋双杰等,2011)、投资者关注与股价同步性(刘海飞等,2017)等。

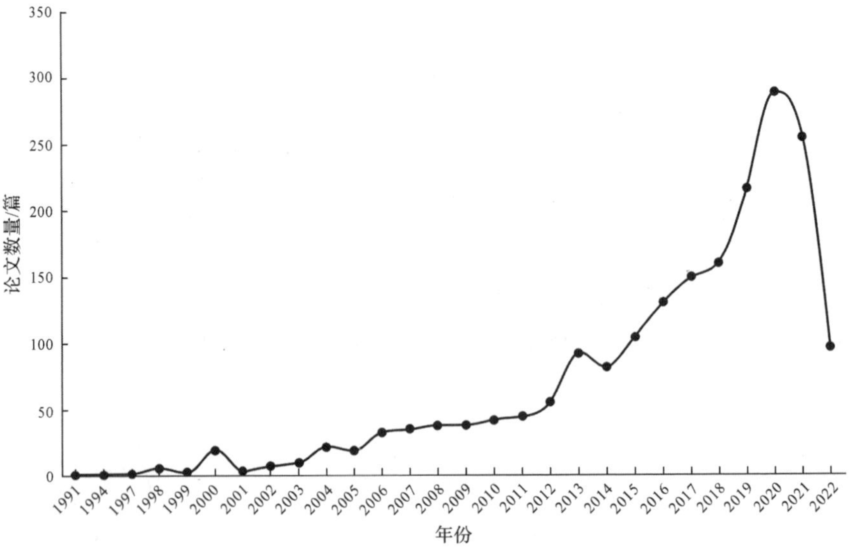

图2-2　1991年1月—2022年6月CNKI以“投资者关注”为主题的文献发表数量趋势

第二节　投资者关注的主要研究节点回顾

研究采用文献分析工具Histcite对Web of Science数据库中以“投资者关注(investor attention)”为主题的610篇文献进行了引文图谱分析。基于引文图谱分析结果,进一步识别出研究投资者关注问题的核心理论与方法,具体包括投资者有限关注、分类学习及收益的可预测性、注意力驱动交易假说、采用搜索引擎作为投资者关注度量指标。这些理论与方法在投资者关注研究领域起到了基础性作用，并引领了后续研究的开展。表 2-1 给出了投资者关注研究关键节点的文献列表。图 2-3 展示了以“investor attention”为主题的文献关键节点。

表 2-1　投资者关注研究的关键节点文献

节点	核心内容	对应文献
122	投资者有限关注	Hirshleifer D, Teoh S H. Limited attention, information disclosure, and financial reporting[J]. Journal of Accounting and Economics, 2003(1-3): 337-386.
176	投资者关注与分类学习	Peng L, Xiong W. Investor attention, overconfidence and category learning[J]. Journal of Financial Economics, 2006(3): 563-602.
253	注意力驱动交易假说	Barber B M, Odean T. All that glitters: The effect of attention and news on the buying behavior of individual and institutional investors[J]. Review of Financial Studies, 2008(21): 785-818.
455	基于搜索量的投资者关注度	Da Z, Engelberg J, Gao P. In search of attention[J]. The Journal of Finance, 2011(5): 1461-1499.

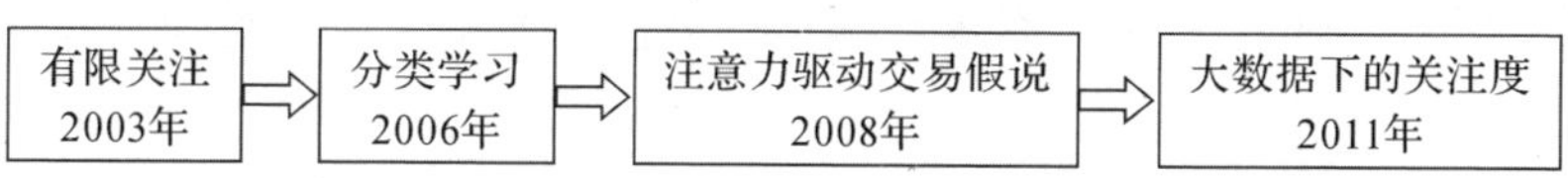

图 2-3　以“investor attention”为主题的文献关键节点

一、关注与有限关注

（一）关注

注意(attention)是心理活动对一定对象的指向和集中。指向性和集中性是注意的两个基本特征。目前主要的注意力理论有选择性注意理论和认知资源理论。选择性注意理论认为，注意受人的信息加工系统结构的限制,人不能对作用于自己的所有刺激信息都进行处理。在信息加工过程中存在着过滤器,它以某种方式对外界刺激信息进行选择。一些信息能通过过滤器进行识别和进一步加工,而其余的信息则被阻挡在人的认知系统之外。对于过滤器的具体位置、过滤器选择信息的工作原则、过滤器的数量等问题,不同心理学家有各自不同的解释,从而形成了过滤器理论(Broadbent,1958)、衰减理论(Treisman,1960)、后期选择理论(Deutsch,1963)和多阶段选择理论(Johnston et al.,1966、1967)。

(二)有限关注

Kahneman(1973)的著作 *Attention and Effort* 提出了一个极具创意的新模型,即注意力认知资源理论,指出人类对某一事物的关注必然以牺牲对另外一些事物的关注为代价。有限关注(limited attention)是指个体对特定事物的关注是以减少对其他事物的关注为代价的,因此是一种稀缺资源(Kahneman,1973)。大量的研究和事实表明,人们在做决策的时候,常常忽视许多公开的信息。由于人类的大脑存在认知处理能力的局限,在面对大量信息时,有限关注限制了人们的学习、决策过程(Pashler et al.,2001)。Kahneman(1973)的这一理论将信号阻断和信号衰减过滤的概念转到有限注意资源分配的概念上,似乎能更好地揭示复杂任务的分配性注意现象(Falkinger et al.,2008;彭叠峰,2011)。

有效市场假说(efficient market hypothesis,简称 EMH)认为与股价相关的信息能够及时、充分地反映到价格中,因此,标准的资产定价模型能够提供资产价值的最优可能估计(Peng,2005)。然而,信息的吸收和消化实际上需要投资者密切关注、处理,再将信息融入投资决策中,但投资者的时间、精力有限,无法及时、完全地吸收和消化海量信息。面对证券市场上数量庞大的上市公司,投资者的关注是有限的(Kahneman,1973),只有被投资者关注到的信息才可能通过投资者的交易行为反映到资产价格中。因此，投资者关注是市场反应的前提条件（权小锋和吴世农，2010）并对资产定价起着重要作用（Vozlyublennaia，2014）。

从经济学角度来看，投资者面对大量的信息时，有限的注意力会被选择性地分配到特定的信息中去（Hirshleifer et al.，2003；Peng et al.，2007；朱红军等，2007；丁燕，2011）。Hirshleifer 和 Teoh（2003）的研究聚焦有限关注对资本市场的影响，指出注意力的容量及处理能力的有限性可能引起“理性忽视”，并指出注意力的限制是外生的，信息表现形式不同会对投资者关注行为产生实质性的影响，进而影响资本价格的变动。

基于投资者有限关注理论，金融领域和信息科学领域的学者们开展了一系列的实证研究。如：Barber 和 Odean（2008）的研究发现，投资者易受到超额收益的外部刺激，因此涨跌停板的股票往往能捕获投资者的关注；Dellavigna 和 Pollet（2009）在研究中发现了股票市场的“周五效应”，即投资者在周五的关注度低于周一到周四，这表明投资者的注意力容易被分散。向诚和陆静（2019）以公司注册地所在省份网民在百度中对公司股票简称搜索的次数占全国网民搜索总次数的比例来度量公司被本地个人投资者关注的程度，发现 A 股市场个人投资者显著过度关注本地公司，即在注意力配置上存在本地偏差，并进一步指出，当面临注意力约束时，公司业务复杂度会显著影响投资者对公司盈余信息的关注程度，进而显著影响公司的盈余惯性。

另外，学者们就投资者有限关注对不同交易市场的影响开展了丰富的研究，研究包括但不限于以下层面：一是投资者有限关注对碳交易市场的相关研究。研究发现，投资者关注对碳交易市场收益有显著影响，将投资者引入碳交易市场有助于激发碳交易市场的活力（王竹葳等，2021），投资者关注对碳交易市场的收益率影响并不是量价关系的替代，而是信息流的补充，能够对收益率产生额外的解释与预测作用（王琳和易家权，2022），而且投资者对雾霾和 PM2.5 概念股的关注度的增加能拉升 PM2.5 概念股的股价(杨涛和郭萌萌,2019)。二是投资者有限关注对国际原油市场的影响。研究发现,投资者关注度对国际原油市场收益率有单向波动溢出效应,投资者关注度对国际原油市场波动的冲击在前三个月都维持在一个较高的水平,而十个月后投资者关注度的冲击将几乎被原油市场吸收(张跃军和李书慧,2020)。三是投资者有限关注对中国黄金价格波动率的影响。研究认为,谷歌趋势能够显著提升中国黄金价格波动率的预测精度(梁超等,2022)。

二、分类学习及收益的可预测性

(一)分类学习

由于存在投资者的有限关注,个体往往表现出分类学习行为,Peng 和 Xiong(2006)的研究显示,投资者更愿意优先处理市场和行业信息,而非特定公司信息。这种内生的信息结构与投资者过度自信相结合,产生了股票同步性这一难以用标准理性预期模型来解释的现象,而且还能从横截面角度验证收益的可预测性。随后的研究进一步验证了市场及行业间个股收益率的联动现象,投资者将其有限的注意力用于处理市场层面信息后,随着市场不确定性的增加,会将注意力转移至个股信息(Jin,2014)。特别地,新兴资本市场的股价更多地受市场层面因素的影响,往往表现出“同涨同跌”现象,即具有较高的股价同步性(Hong et al.,2007)。由于存在对信息的有限关注,投资者对不同层面信息的关注再分配导致了股价出现同步性的变化,投资者关注的变化导致股价外部信息含量的减少,抑制了股价对企业投资的反馈作用(王晓宇和杨云红,2021)。根据 Morck 等(2000)的研究,中国股价波动同步性仅次于波兰,位居世界第二。Jin 和 Myers(2006)的研究则指出,在所考察的 40 个国家中,中国股价波动同步性程度位居第一。

（二）股票收益的可预测性

关于股票收益的可预测性，学者们主要基于“有限关注”这一理论基础，从基本面回归及信息延迟角度展开分析。一是基本面回归。Hong 和 Stein（1999）基于投资者异质信念与有限关注构建了分歧模型，验证了股票价格的中期动量和长期基本面回归，即具有超额收益或利好消息的股票会在随后的 6～12 个月内保持收益持续强劲，但在随后几年内会出现价格反转。彭叠峰（2011）指出，投资者因受注意力约束的影响会出现对某些特定事件或信息反应不足或反应不及时的情况，然而随着信息在投资者之间的扩散，股票价格在长期必然会逐步靠近公司的基本面价值，从而导致股票收益的可预测性。二是由于投资者有限注意的存在导致了投资者对信息的延迟反应，进而表现为市场、行业与个股之间的联动性及股票市场的可预测性。Cohen 和 Frazzini（2008）的研究也阐述了由于信息的延迟，股票价格不会对包含公司经济状况的新闻立即作出反应，因而产生了收益的可预测性。Hirshleifer 等（2009）的研究进一步表明，投资者有限关注导致市场反应不足，当大量不同公司的盈余公告同时公布时，市场价格与交易量对公司盈余公告的即时反应偏弱，也就是说，与行业无关的新闻和大量异常收益产生了强烈的分散效应。

学者们通过不同视角就投资者关注对股票市场收益的影响开展了一系列的实证研究，研究进一步证实了投资者关注对股票市场收益的可预测性。研究发现：投资者关注度会对股价下行风险与预期收益的关系产生影响，投资者关注度越高，股价下行风险与预期收益的负向关系越弱（孙相一，2021）；投资者关注与权益资本成本呈负相关关系；向上盈余管理是投资者关注影响权益资本成本的中介变量（汤晓冬和陈少华，2021）；投资者关注度与信息披露水平对股票收益率均有显著影响，其中，投资者关注度与公司当期股票收益率显著正相关，与下期股票收益率显著负相关（王道平和沈欣燕,2022)。有研究从“增量”和“存量”两个维度综合研究金融市场中投资者注意的资产定价能力,指出其中“增量”维度下的投资者注意是一种短期变化,而“存量”维度下的投资者注意是一种持续、累积的长期状态。投资者增量注意和存量注意对个股收益具有显著影响;投资者增量注意和存量注意是显著影响股票收益的定价因子;相较于基础定价模型,加入增量注意因子和存量注意因子的定价模型在投资组合收益和市场异象解释上表现更优异;投资者增量注意因子和存量注意因子在股票市场收益上表现出显著的预测能力(吴可可,2021)。

三、注意力驱动交易假说

“注意力驱动交易(attention-grabbing trading)假说”是由 Barber 和 Odean(2008)提出的,他们认为,在买入股票时投资者面临着成千上万种投资选择,而由于人的有限关注,只有那些吸引投资者关注的股票才会进入投资者交易的考虑集。这种注意力约束对买卖决策的非对称影响势必导致投资者对那些被关注股票产生净买入行为。随后,这一假说在不同市场得到了广泛验证。实证发现股价持续上升的股票在盈余公告前往往是个人投资者关注的重点且可以获得超额收益(Yu & Hsieh,2010;Aboody et al.,2010)。当面临纷繁复杂的信息时,投资者倾向于关注显著刺激而忽视模糊刺激。Engelberg 等(2012)使用流行电视节目《疯狂货币》的收视率来测试注意力和有限套利理论,研究表明该节目推荐的股票引起了大量个体交易者的关注,导致被推荐的股票出现在第二日的超额收益和随后几个月的动量反转。这一实证结果很好地支持了“注意力驱动交易假说”。

有限注意会影响投资者对信息的反应,只有被投资者关注到的信息才可能影响股票价格。一般来说,有限注意的投资者会把更多的注意力放在处理宏观经济面和行业水平面的信息上,而忽视特定公司的信息。也就是说,有限注意的投资者更加倾向于关注加总信息而非零散信息。如:美国经济先行指数(leading economic indicator,简称 LEI)的发布会对股票市场产生了明显的影响(Gilbert et al.,2012);投资者注意力的有限性导致行业信息在行业内和行业间逐步扩散(向诚和陆静,2018);交易公开信息披露使股票受到投资者更多的关注,增加了小额资金的净流入,减少了大额资金的净流入和股价的短期收益率,抑制了股价短期波动率,同时降低了股价在长期发生反转的可能性,监管性信息披露引发的投资者关注通过降低市场信息不对称抑制了股价反转(刘杰等,2019);另外,由于人们对排名的认知习惯,导致不同排名的涨停股票受到不同程度的关注,机构资金流向会进一步吸引个人投资者跟风,强化投资者关注的市场影响,但个人投资者很难从中获益(刘艺林,2020)。

四、大数据下的关注度

在互联网大数据时代,技术发展改进了信息在资本市场上的传播方式并加快了其传播的速度,从而降低了投资者获取信息的成本。网络社区交流取代传统的口耳相传,加快了个人投资者意见在资本市场的扩散速度。与此同时,网络媒体能以极低的边际成本,通过移动端向投资者实时推送新闻报道,这极大地加强了网络媒体的影响力。在这一过程中,资本市场中的一些非理性噪声被网络放大并迅速扩散,可能激化资本市场的非理性程度。同时,网络信息的更新速度可能超过普通人的信息处理能力,而且不同来源的海量信息中夹杂着过多的噪声,这可能阻碍价值信息在资本市场上的扩散。因此,网络中的噪声会影响投资者在股票市场的行为决策,并可能引起公司股票市场价格的非理性变化(Tumarkin et al.,2001;Acemoglu et al.,2010;Joseph et al.,2011;Patatoukas et al.,2014;罗琦等,2020)。

随着互联网的发展,投资者可能通过网络平台关注自己感兴趣的公司信息,而这些行为会被后台系统记录。学者们利用网络数据挖掘技术将零散的后台数据整合为结构化的指标,以此衡量投资者关注水平。最具代表性的研究是 Da 等(2011)运用谷歌超额搜索量来度量投资者关注度,这一研究对学者们开辟新兴投资者关注度度量指标有着举足轻重的作用。该研究发现,投资者关注度较高的公司股票价格短期会上涨,但在长期价格会出现反转,并且投资者关注度越高,则公司 IPO 首日收益越高而长期业绩越差。随着研究的深入,学者们发现投资者更关注市场的正面信息,并选择性地逃避负面信息。Sicherman 等(2015)基于股票账户登录频率数据构建的投资者关注指标验证了"鸵鸟效应",他们还发现,投资者关注度在市场波动率增加时显著降低,说明投资者可能因为担心出现极端风险而选择性地逃避市场交易。

鉴于投资者还会通过第三方机构(如 Thomson Reuters、Capital IQ、L. P. Bloomberg)获取股票市场信息,学者们认为,可以利用相关大数据研究投资者关注与股票价格的关系。如 Ben-Rephael 等(2017)通过 Bloomberg 终端的用户搜索数据和新闻阅读数据,构建了机构投资者关注指标,然后将其与由谷歌搜索数据构建的个人投资者关注指标相比较,发现机构投资者对股票新闻事件的反应更快并且能够引导个人投资者的注意力,而若机构投资者对资本市场新闻关注不足,则将导致公司盈余公告和分析师推荐发布后的股票价格漂移。

由于国内外的投资者行为偏好存在差异,国外学者构建指标时采用的数据来源可能无法反映我国资本市场的非理性程度。因此,国内学者借鉴国外文献中的思路与方法,采用更符合我国投资者使用习惯的网络数据构建投资者关注指标,包括百度搜索指数、个股异常变动数据、股吧论坛数据和雪球网投资者评论数据等。比如:俞庆进和张兵(2012)使用百度搜索指数衡量个人投资者关注度的研究为国内相关研究奠定了基础(截至 2022 年 5 月,被引量达 587 次),该研究发现,投资者的有限关注影响投资者行为,从而给股票价格带来正向压力,但是这种压力可能随着个人投资者关注的转移而发生反转；冯旭南(2016)基于沪深交易所官网公布的个股异常变动数据构建投资者关注指标，研究发现，投资者更倾向于在短期内跟进买入吸引其注意力的股票；石勇等(2017)以股吧论坛数据和雪球网投资者评论数据构建个人投资者关注指标，研究发现，个人投资者对股票的关注变化可能引起公司股价变动；朱慧文(2021)选取了 56 家 5G 行业上市公司的日度数据，分别以百度搜索指数和东方财富网股吧的帖子数作为投资者关注度的代理变量，实证研究后发现，投资者关注度对 5G 概念股股票的成交量、换手率、股价波动率具有正向促进作用，投资者关注度对规模较小的 5G 概念股公司的相关市场表现有更强的正向影响作用；扈文秀等(2021)使用百度搜索指数的非结构化数据测度投资者概念关注，研究指出，市场交易指标对概念指数收益涨跌有较好的预测作用，投资者概念关注则对概念指数超额收益涨跌有较好的预测作用，根据预测结果设计的交易策略可以获得正向的超额收益。

另外，也有学者研究了媒体报道影响股票收益率的传导机理。结果发现，投资者关注是“媒体效应”十分重要的传导渠道，其传导过程表现为：上市公司媒体报道数量的增长将给投资者关注度带来正向的冲击；投资者“注意力驱动”的买入行为在短期内将对股票收益率与成交量造成正向的影响；在长期，投资者的非持续“过度自信”行为将导致股票收益率出现“反转效应”(乔海曙等，2019)。

第三节　投资者关注行为度量指标研究回顾

投资者注意力研究从认知心理学视角开启了行为金融学新的研究范式，并对金融资产定价和财务行为产生了深远的影响，而在实证研究中，如何科学量化投资者注意力一直是该领域研究的关键问题(彭叠峰，2011；贾春新等，2010；权小锋和吴世农，2012)。近年来，随着网络大数据资源的日益丰富,投资者关注度的度量指标不断推陈出新,通过对投资者关注度度量指标进行全面整理和对比分析,本书试图为拓展并深入投资者关注度行为研究做出基础性的贡献。

基于对现有文献的全面梳理,按照市场主体将投资者关注度度量指标归纳为四类:一是直接反映金融市场交易行为和资产价格变化的市场指标,如公司规模或流通市值、股票交易量或换手率、股票异常收益等;二是间接影响金融市场交易行为和资产价格的媒介信息,如广告投入、媒介信息数量、分析师覆盖度、财经节目收视率等;三是基于互联网产生的用户行为数据,即社会化媒体大数据,如股票论坛数据和大众社交媒体数据等;四是基于特定平台产生的投资者行为数据,如搜索量、金融终端数据、机构投资者持股比例等(见图 2-4)。

一、直接反映金融市场交易行为和资产价格变化的市场指标

(一)公司规模或流通市值

通常情况下,公司规模越大,股票在市场上的价格越高,那么该公司的市值也就越大。因此,公司的市价总值可用来衡量一个公司的经营规模和发展状况。已有研究表明,公司规模或流通市值越大,越容易受到投资者的关注。Lo 和 MacKinlay(1990)的研究发现,相较于小公司而言,大公司能更快地将市场信息反映到股价之中,因此认为公司规模越大越容易受到投资者的关注;Hou 等(2005)以个股或行业的流通市值来度量投资者关注度,研究指出,公司流通市值是投资者关注程度的直观指标,大公司多为引人注目的行业领袖,容易受到更多投资者的关注,而小公司则更容易被投资者忽视;向诚和陆静(2018)也以公司规模作为投资者关注度的度量指标,他们认为,投资者大多高度关注对整体经济具有重要影响的行业,因此,这些行业对市场收益的影响更可能在同期显现而非出现滞后反应,而

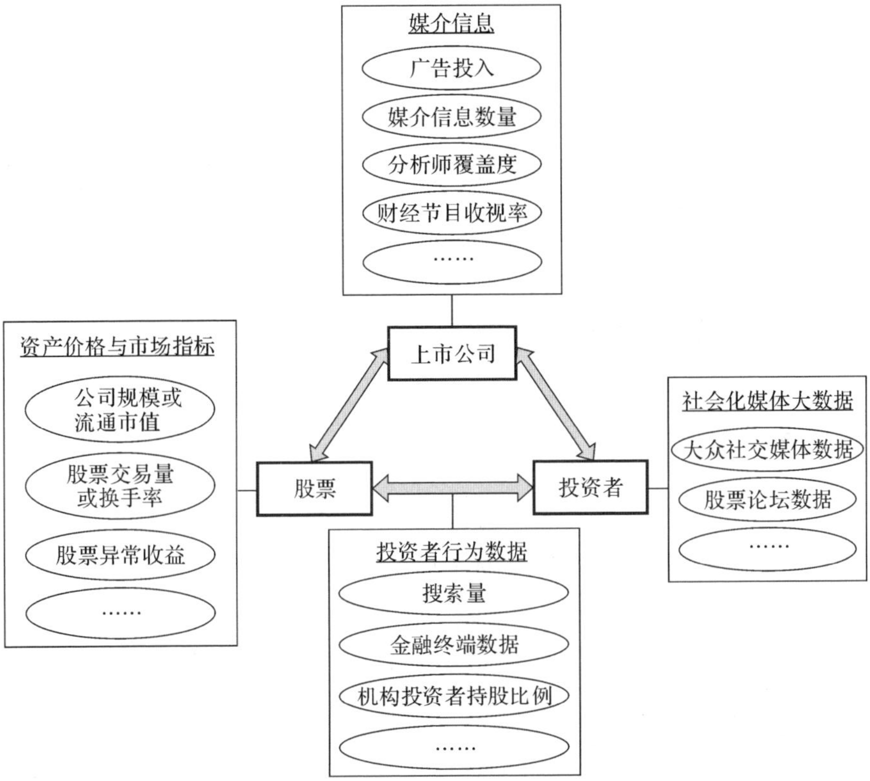

图 2-4 投资者关注度度量指标

较少受到关注的行业所蕴含的市场信息，则很可能在市场中出现滞后反应。

（二）股票交易量或换手率

通常认为，股票交易量和换手率都是反映股票流通性强弱的指标，也能在一定程度上反映投资者关注水平。Gervais 等（2001）的研究发现，在一个月或一周内经历异常高（低）交易量的股票往往会在接下来的一个月中升值（贬值）；Peng 等（2006）利用股票成交量研究了投资者注意力，发现市场信息与个股信息之间存在对注意力的争夺关系，即随着市场层面不确定性的增加,投资者将其有限关注转移到市场信息之后,会再将其注意力转回到特定资产信息上;Barber 和 Odean(2008)的实证研究发现,个人投资者是高成交量个股的净买入者,也就是说高成交量的股票能够提高个人投资者的关注度。但近年来的研究逐渐采用新的投资者关注度代理变量研究其对股票交易量或换手率的影响,如 Yuan(2015)采用高关注度事件头版新闻的创纪录情况作为投资者关注度代理指标,研究其对股票交易量的影响。也就是说,现有研究正在尝试使股票交易量由投资者关注度研究的自变量向因变量进行转化。

(三)股票异常收益

股票异常收益是指股票实际投资收益扣除正常收益后的股票收益。当股票异常收益出现新高或新低时,投资者可能会产生激烈反应。Seasholes 等(2007)利用涨停事件设计了一个投资者关注度的代理变量,并得到相关股票当日的成交数据,研究发现涨停事件吸引了投资者的注意力,导致个人投资者的大量净买入,其具体表现为股票价格的即时上涨和事后反转;Barber 和 Odean(2008)指出单日异常收益高的股票容易引起个人投资者的关注;Aboody 等(2010)的研究指出,急剧上升的股票往往更能吸引个人投资者的注意。

使用直接反映金融市场交易行为和资产价格变化的市场指标衡量投资者关注的内在逻辑是:基于有限关注的影响,即使没有任何新增的信息公布,投资者在购买股票时往往会选择买进那些引起他们关注的股票(Huberman & Regev,2001)。也就是说,公司规模大、交易量大、换手率高以及具有超额收益的股票往往能吸引投资者更多的关注(Gervais et al.,2001;Barber et al.,2008)。以上度量指标在一定程度上体现了投资者注意力程度的大小,但这些指标都是从证券市场中提取出来的,是金融资产本身的交易特性和价格行为,而且与投资者关注行为具有相互交叉的影响，因此很可能存在自相关性。

二、间接影响金融市场交易行为和资产价格的媒介信息

（一）广告投入

广告投入量的高低决定了这只股票暴露在公众眼球下的可能性的高低，从而可以间接衡量出公众关注度的高低。Merton（1987）基于投资者识别模型指出，广告投入的增加会吸引更多的投资者关注从而导致同年度股票回报率的短期上涨，但在广告年之后，回报率会下降，这一研究也得到了Chemmanur 和 Yan（2009）的实证检验支持。随后，Lou（2010）对美国股票市场上市公司 20 年间的广告支出费用与股票收益的关系进行实证检验，发现广告支出会增加投资者的购买行为，并在一定程度上可以最大化短期股票收益率。单敏敏（2015）基于中国股票市场研究发现，上市公司的广告支出对股票流动性有正向的影响，但与公司股票回报率呈负相关关系。

（二）媒介信息数量

与广告投入类似，媒介信息数量的多少也决定了这只股票暴露在公众眼球下的可能性的高低，从而可以间接衡量出投资者关注度的高低（Li et al.，2015）。Mitchell 和 Mulherin（1994）研究了每日道琼斯新闻公告数量与证券市场指标（如交易量、收益率等）之间的关系，指出证券交易量和收益率与每日新闻公告数量之间存在显著的相关性，但与每日新闻公告内容之间并未体现出充分的相关性。Hirshleifer 等（2009）对“投资者分心假说”进行了实证研究，研究指出，当其他公司发布了大量的当日盈利公告时，投资者对其所关注公司的盈余的反应会减弱。饶育蕾等（2010）引入“过度关注弱势”理论解释“媒介效应”，指出投资者会对媒介曝光频繁的股票过度关注从而高估股票价值并大量交易这类股票，导致股票随后的收益出现反转。近年来，媒介信息越来越多地被用于投资者情绪相关的研究。

高扬等(2021)指出,个人投资者关注度的增加最初在短期内会显著地引起股票市场的知情交易概率(PIN)降低,即信息不对称程度降低、流动性提升,随后又会导致PIN小幅上升,即信息不对称程度增加;新闻热度的增加也会显著地引起股票市场的PIN下降,以及买卖价差或非流动性比率下降,即流动性变强,同时,股票市场的流动性和信息不对称程度反过来也会对个人投资者关注度与新闻热度指标造成影响。

(三)分析师覆盖度

分析师覆盖度即分析师的盈利预测报告数量。与广告投入、媒介信息数量类似,分析师的盈利预测报告数量越多,该公司的股票就越容易引起投资者的关注。Hong等(2000)指出分析师的预测可以提高公司曝光度,分析师的覆盖度对前期表现低迷股票的影响大于对前期盈利股票的影响。Loh等(2010)通过实证数据发现,投资者对分析师荐股的反应存在着滞后效应,只有12%的分析师荐股是有影响力的。Jin(2014)利用分析师跟进数量、机构投资者持股比例、是否经国际四大审计等变量作为投资者注意力的代理指标,基于投资者有限注意模型研究了公司应计利润与投资者注意力之间的关系。伊志宏等(2019)的研究发现,分析师报告中的公司特质信息含量越高,所关注公司的股价同步性越低,并且当公司所面临的信息不对称问题更加严重,以及分析师报告影响力更大时,这一负向关系更加显著。

除此之外,还有研究从不同层面提出了利用其他间接指标来度量投资者关注度的方法,如财经类节目收视率。Engelberg等(2012)利用CNBC节目收视率作为投资者关注度的度量指标,发现当日节目中推荐买入的股票会引起该股票次日的收益上涨和随后的价格回归,而卖出建议则未对投资者造成显著影响。

与使用直接反映金融市场交易行为和资产价格变化的特征变量相比,使用间接影响金融市场交易行为和资产价格的媒介信息来衡量投资者关注度在一定程度上避免了证券市场波动与投资者关注行为之间的交叉作用。但由于证券市场的不断发展，媒体环境日新月异的变化，机构投资者和分析师队伍的不断壮大等外部因素的变化，不同时期利用广告投入、媒介信息数量及分析师覆盖度所衡量的投资者注意力程度数据不具有可比性。另外，广告支出或分析师覆盖度仅是引起投资者关注的因素之一，并且媒介信息数量作为媒体关注的度量指标似乎更恰当，因此，该类度量指标很难与投资者关注度直接对应，也就难以对投资者关注行为给出准确、全面的衡量结果。

三、基于互联网层面的社会化媒体大数据

随着移动互联网时代的到来，股民与网民高度重叠，各类财经媒体、股票论坛、社交平台、即时通信工具等不断改变着金融信息发布、获取、交流、共享、评判和利用的方式。近年来，无论是学界还是业界的研究者们都开始使用社交媒体数据来度量投资者关注度。社交媒体数据，主要指投资者在社交媒体的留言和交谈中累积的信息。按照与资本市场的相关性，社交媒体通常分为大众社交媒体和专门针对资本市场的社交媒体(如股票论坛)。

(一)大众社交媒体数据

国外著名的大众社交媒体有 Twitter、Facebook 和 LiveJournal，国内较著名的有新浪微博、微信等。随着 Twitter 的广泛使用，大量投资者和交易员在 Twitter 上讨论股票价格和上市公司的信息，新闻媒体甚至认为 Twitter 上的信息与其他任何渠道的股票信息同等重要(McIntyre，2009；Zeledon，2009；Sprenger，2014)。Blankespoor 等(2014)研究了上市公司如何通过 Twitter 等媒体广泛传播信息以减少信息的不对称性；胡军和王甄(2015)的研究指出，微博披露的信息提高了分析师盈余预测的准确度，且分析师对微博信息的正确解读降低了股价同步性；何贤杰等(2016)对上市

公司的微博消息进行了分析,发现84%的上市公司官方微博信息是未经公司正式公告披露的增量信息。从已有研究来看,大众社交媒体数据主要被用于分析投资者情绪,而用于分析投资者关注度代理变量的研究还相对较少(黄润鹏等,2015;Bartov,2017)。肖奇和沈华玉(2021)指出,媒体关注与投资者异质信念之间存在替代效应,即一方活动的加强将削弱另一方对股价同步性的降低作用。王春和王进猛(2020)的研究发现,新闻联播中出现的对上市公司的报道往往会引起对应公司股票短期收益的上升,但长期反转,超额收益不显著;受关注的新闻联播报道数量越少,异常收益率相应越高,同时异常交易量也越高;如果新闻报道是以专题视频方式展播的,那么隔夜异常收益率会相应提高,价格压力效应也更加明显。唐勇等(2020)指出,媒体报道数量和情绪都会引起投资者心理的变化,行情关注度更容易导致估值错位,投资者不理性的跟风行为是市场震荡的重要原因,指数负回报能引起投资者的极大关注。

(二)股票论坛数据

股票论坛主要指具备论坛功能的财经类网站,个人投资者可以在此类网站上发布对具体股票的评论,以及阅读和评论别人的留言等。国外比较著名的股票论坛有 Yahoo! Finance、Raging-Bull 和 the lion 等,国内的股票论坛多称为“股吧”,如新浪、腾讯、东方财富网、和讯网等旗下的股吧。已有研究指出,股票论坛的交流信息已成为影响投资者决策的重要因素(Das & Chen,2007;董大勇和肖作平,2011;段江娇等,2017),论坛帖子数可作为投资者关注度的代理变量,帖子内容可用来提取投资者情绪,帖子数及帖子情绪对股票收益率、股价波动性和股票交易量存在显著影响(Antweiler et al.,2004;Zhang et al.,2010)。另外,研究者们还不断挖掘出更多的投资者关注度代理变量,例如,施荣盛和陈工孟(2012)采用股票论坛的超额发帖量作为个人投资者关注的代理变量,孙书娜和孙谦(2018)

利用雪球社区用户的自选股信息构建了日度超额雪球关注度指标，并指出该指标较已有指标能更直接、真实和准确地反映出个人投资者的关注水平。周亮(2021)研究指出，采用分组排序法构造的关注度因子对市场收益率具有较强的解释能力。王桂玲(2020)通过实证研究指出，股吧中大量的噪声信息分散了投资者注意力，加剧投资者"羊群效应"行为偏差，使投资者定价决策中的会计信息的决策有用性下降。潜力和龚之晨(2021)利用雪球网数据构建投资者网络沟通质量指标，实证发现，网络沟通与股价同步性之间呈U形非线性关系，而与股价的特质性波动呈正相关关系。

基于网络论坛数据分析投资者行为和心理，不仅能第一时间反映投资者关注行为和情绪(Wysocki，1998)，而且还能涵盖投资者的分歧意见(Harris & Raviv，1993)及部分非公开信息(Bagnoli et al.，1999)，因此，该类数据对于衡量投资者关注行为具有一定的参考意义。但论坛数据存在两个方面的显著缺陷：一是论坛数据中存在着一定的网络噪声，即使是专业的股票论坛也很难排除网民"灌水"等行为；二是论坛数据多以文本、图片等非结构化数据或半结构化数据为主，这类数据不方便用数据库二维逻辑表来表现，故存在着处理困难、不能用于实时分析等缺点。

四、基于特定平台的投资者生成数据

网络技术的纵深发展深刻地改变了投资者对股票市场的关注及交易行为，投资者不仅会借助搜索引擎查询自己感兴趣的内容，也会借助移动终端完成在线交易，因此，基于投资者在线活动生成的用户行为数据价值引起了学界和业界的高度重视。另外，相对于个人投资者而言，机构投资者持股比例等指标也常被用于衡量投资者关注度。

(一)搜索量

搜索量(search volume index，简称SVI)是指用户利用搜索引擎在某些时段对某关键词搜索的数量,著名的搜索引擎数据平台为谷歌趋势(Google Trends)和百度指数(Baidu Index)。Mondria 等(2010)使用搜索量发现了投资者本土偏见和注意力之间的双向因果关系,随后 Da 等(2011)运用谷歌超额搜索量来度量投资者关注度,这一研究对开辟新兴投资者关注度度量指标具有举足轻重的作用,该文献被引量高达 1771 次。自此,学者们开始大量使用搜索量度量投资者关注行为,进一步验证了谷歌搜索量是投资者关注度的可靠代理变量,且与交易量密切相关(Aouadi et al.,2013),并在不同市场进行了检验,通过对谷歌搜索量与挪威股票市场表现的相关性进行分析发现,谷歌搜索量的增加预示着波动性和交易量的增加,且谷歌搜索量与未来交易活动之间的相关性比当前的更高(Kim et al.,2016)。国内学者指出百度指数可以直接衡量投资者的有限关注,实证检验了投资者有限关注能影响股票的市场交易活动(俞庆进和张兵,2012;陈声利等,2018),并发现高关注度组股票的平均收益率显著大于低关注度组股票(赵龙凯等,2013)。田冰等(2019)将百度指数用于期货市场研究,发现百度指数在一定程度上能够精确、及时地反映投资者关注,滞后一期的投资者关注会对主要市场变量产生正向压力。

搜索量被认为是直接测度投资者注意力程度的重要指标,主要原因包括:第一,总体搜索频率是一个直接和确定的注意力指标(Da et al.,2011),如果投资者主动搜索某只股票,那势必是这只股票引起了投资者的关注;第二,SVI 指标更能有效地捕获个体投资者的注意力表现;第三,SVI 或许可以有效测度不能被其他变量所测量的隐含信息。

(二)金融终端数据

随着财经网站内容的不断丰富及移动金融终端应用的不断拓展,近年来,业界和学界的研究者们均注意到了在财经网站或金融终端产生的大量用户行为数据的重要价值,如财经网站上相关新闻的点击量与回复量、自选股的添加与剔除等。金宇超等(2017)以和讯网个股关注度作为投资者市场关注的直接衡量指标，发现公司财务公告获得的市场关注与同日公告的公司数量呈负相关关系，研究为从基于心理学的个体有限注意出发，进而得到资本市场注意力总量具有稀缺性的推断提供了直接证据。Yang 等(2017)以东方财富金融终端用户对自选股的添加与剔除作为投资者关注度衡量指标，发现较搜索量而言，金融终端用户自选股的添加与剔除对于股票交易量及价格波动率的解释更为显著和稳定。

相对搜索量和论坛数据而言，金融终端数据属于平台内部数据，较难获取，因此采用金融终端数据开展投资者关注行为的研究还较少。但不容忽视的是，金融终端数据具有以下特点：第一，噪声低。金融终端数据提供了投资者参与股票市场的直接证据，与搜索引擎相比，数据噪声要低很多。第二，数据易处理。金融终端数据多为结构化数据，相比股票论坛数据而言，数据处理难度低、速度快。第三，更加聚焦投资者关注本身。股票市场真正的投资者大多借助专业的金融终端看盘或交易，很少有投资者通过大众媒体或搜索引擎进入交易平台。因此，我们认为金融终端数据价值密度大，可信度更高。

(三)机构投资者持股比例

机构投资者(institutional investors)是一个相对于个人投资者的概念，根据中国证券登记结算有限责任公司发布的统计报告，将自然人以外的投资者统称为机构投资者。对于机构投资者持股比例对股价波动的影响，具有两类截然相反的观点。一是认为机构投资者持股加剧了股价波动。De Long 等(1990)指出机构投资者会借助个人投资者的非理性行为提前行动，Froot 等(1992)指出机构投资者获取的信息和对信息的处理能力具有一定的趋同性，也就是说，部分学者认为机构投资者的正反馈交易行为和羊群行为加剧了股价波动。二是认为机构投资者持股减少了股价波动。

Scharfstein 等(1990)和 Barber 等(2008)认为相比个人投资者而言,机构投资者面临的注意力约束较少,因此能保持对市场信息的随时关注,其交易行为应当是基于对有效信息的充分利用,故可以提高资产的定价效率,抑制市场波动。综上可知,将机构投资者持股比例作为投资者关注度度量指标的研究还没有形成较为统一的结论。饶育蕾等(2012)的研究发现,机构投资者能对高关注度公司的应计项目做出合理定价,而对低关注度公司的应计项目却会做出错误定价。

以上基于搜索平台和交易平台产生的用户行为数据以投资者对股票市场的关注与交易为基础,因此是刻画投资者关注度的直接变量。而且这类指标多以结构化数据为主,相较半结构化或非结构化数据而言更易于获取和处理。金融终端数据的专业性特点使其噪声要远低于搜索量、论坛数据等代理变量,例如网络用户在搜索窗口输入某关键词,我们很难判断其真正用意是搜索相关公司产品还是其股票价格等。但相对于搜索量而言,金融终端数据和机构投资者持股比例数据都不易获取。

五、投资者关注度度量指标总结

早期文献多将投资者关注度代理变量划分为直接变量和间接变量。直接变量指的是能够直接表征投资者主动对股票进行了关注行为的指标,如搜索量、金融终端数据、股吧论坛和大众社交媒体等指标。而采用媒介信息等间接影响金融市场交易行为和资产价格的指标被称作投资者关注的间接度量指标,如公司规模、媒介信息数量、广告投入等指标。有研究指出,直接度量指标比间接度量指标对资产价格有更好的解释和预测能力(Da et al.,2011)。

近年来,学者们以互联网为界,将投资者关注度代理变量划分为传统变量和网络大数据变量。传统变量,主要指直接反映或间接影响金融市场交易行为和资产价格的变量数据,如公司规模或流通市值、股票交易量或换手率、股票异常收益率、媒介信息等，这类变量虽能在一定程度上度量投资者关注和投资者情绪，但普遍缺乏对投资者关注和情绪的直接度量。不同于传统变量，基于互联网而产生的用户行为数据被称为新兴投资者关注度代理变量，如大众社交媒体数据、股票论坛数据、搜索量、金融终端数据、机构投资者持股比例等，其独特的优势在于数据量的巨大规模、数据形式的丰富多样、数据记录的实时高速。但同时，网络大数据也存在着数据噪声、样本选择性偏差等问题（张学勇和吴雨玲，2018；岑咏华等，2018）。

本书按照上市公司、股票、投资者这三大市场主体对投资者关注度度量指标进行了重新划分：一是直接反映股票市场交易行为和资产价格变化的市场指标，二是间接反映股票市场变化的面向上市公司的媒介信息，三是用户基于互联网平台产生的社会化媒体大数据，四是基于特定平台产生的投资者行为数据。基于投资者关注度重点研究的是投资者配置注意力的过程。因此，直接反映股票市场交易行为和资产价格变化的市场指标和间接反映股票市场变化的面向上市公司的媒介信息都不是衡量投资者关注行为的直接变量。相比之下，用户基于互联网平台产生的社会化媒体数据和投资者行为数据则是衡量投资者关注行为的直接变量。从数据质量和噪声问题来看，股票论坛数据和金融终端数据的专业性特点使其噪声要远低于搜索量与非专门针对资本市场的大众社交媒体数据；从数据获取和处理角度来看，由于搜索量和金融终端数据均以结构化数据为主，而股票论坛数据和大众社交媒体数据多以半结构化或非结构化数据为主，故可以得出结论，搜索量和金融终端数据更易于处理。

综合已有文献来看，不同层面的投资者关注度度量指标各有优缺点，因此，寻找和设计更科学的投资者关注度度量指标仍然是这一领域未来研究的核心问题。第一，科学的投资者关注度度量指标应兼顾关注度的起因和后果，而现有研究主要集中在探索投资者关注度对股票市场交易行为和价格的影响，鲜有对投资者关注度起因进行深入研究的文献。事实上，只有对投资者关注度起因有较为清晰的认识才可能对其后果给出更为合理的解释。第二,科学的投资者关注度度量指标应加强对关注度内在机理的深入挖掘。对于投资者而言,关注度的形成受个体行为偏差的影响,投资者关注行为的产生存在"理性注意"和"非理性注意"的本质区别,因此,对投资者关注度内在机理的研究应是该研究领域的基础性问题。第三,投资者关注度度量指标与投资者情绪度量指标之间存在显著差异,故应当将二者区分开来。投资者关注度度量指标总结如表 2-2 所示。

表 2-2 投资者关注度度量指标总结

指标名称	指标含义	指标描述	参考文献
公司规模或流通市值	样本观测期样本公司规模或期末 A 股流通市值	公司规模或流通市值越大,越容易受到投资者的关注	Lo 等, 1990; Hou 等, 2005;向诚和陆静,2018
股票交易量或换手率	样本观测期样本公司 A 股交易金额或转手买卖的频率	高交易量或换手率体现了股票的高流通性,投资者的高活跃度和高关注度	Gervais 等,2001;Peng 等,2006; Barber 和 Odean,2008;Yuan,2015
股票异常收益率	样本观测期样本公司 A 股与过去的价格水平相比,出现新高或新低	当某只股票的价格逼近或者逾越了最近的高点时,投资者往往对新的利好消息反应不足;当市场价格创下的新高远低于历史高点时,投资者往往对利空消息反应过度	Seasholes,2007;Barber 和 Odean, 2008;Aboody 等,2010
广告投入	样本观测期样本公司广告投入量	广告投入的增加会吸引更多的投资者关注	Merton,1987;Chemmanur 等,2009;Lou,2010;单敏敏,2015
媒介信息数量	样本观测期样本公司新闻公告数量	媒介信息数量正面强化投资者对于特定股票的关注	Mitchell 等,1994;Hirshleifer 等,2009;饶育蕾等,2010
分析师覆盖度	样本观测期分析师发布的公司盈利预测报告数	分析师对该公司的盈利预测报告数量越多,表明公司越受关注	Hong 等,2000;Loh,2010;Jin,2014;伊志宏等,2019
财经节目收视率	样本观测期财经类节目收视率	财经类节目收视率越高,表明投资者关注度越高	Engelbery 等,2012

续表

指标名称	指标含义	指标描述	参考文献
大众社交媒体数据	样本观测期内上市公司在大众社交媒体(如官方微博等)上披露的信息的点击量、评论数等	上市公司在社交媒体上披露的信息的点击量、评论数等越大,表明公司越受关注	McIntyre, 2009; Zeledon, 2009; Sprenger, 2014; Blankespoor 等, 2014; 胡军和王甄, 2015; 黄润鹏等, 2015; 何贤杰等, 2016; Bartov, 2017
股票论坛数据	样本观测期某只股票的论坛帖子数、点赞数、评论数	某只股票的论坛帖子数、点赞数、评论数越多,表明该只股票越受关注	Antweile 等, 2004; Das 和 Chen, 2007; Zhang 等, 2010; 董大勇和肖作平, 2011; 施荣盛和陈工孟, 2012; 段江娇等, 2017; 孙书娜和孙谦, 2018
搜索量	样本观测期谷歌趋势、百度指数等平台统计的搜索量	某只股票名称(代码或隶属公司)的搜索量越高,表明该股票越受关注	Mondria 等, 2010; Da 等, 2011; 俞庆进和张兵, 2012; Aouadi 等, 2013; Kim 等, 2016
金融终端数据	样本观测期相关新闻的点击量、回复量;自选股添加与剔除变化值等	某只股票相关新闻的点击量、回复量或自选股添加变化值等越大,表明该股票越受关注	金宇超等, 2017; Yang 等, 2017
机构投资者持股比例	样本观测期基金、券商、QFII、保险公司等机构投资者持有公司A股的比例	机构投资者持股比例越大,表明该股票受到机构投资者的关注越多	Scharfstein 等, 1990; Barber 等, 2008; 饶育蕾等, 2012

第四节　投资者情绪的相关研究

一、投资者情绪的定义

行为金融学中对投资者情绪(investor sentiment)的研究百家争鸣,各种投资者情绪测量的实证代理变量百花齐放。在批判传统金融理论的同时,行为金融学者一直主张投资者心理是资产定价的决定因素之一,有限的信息处理能力或可导致决策失误。以行为金融学为代表的相关研究结果一致认为投资者情绪对金融资产收益率的影响是系统性存在的,个人情绪和市场情绪所产生的作用已经在金融市场错误定价的背景下得到了检验(Bormann, 2013;Peterson, 2016)。

目前,关于投资者情绪的定义不一而足、日新月异(Zhang et al., 2008;Peterson, 2016),有研究从投资者对金融市场的总体态度角度进行解读(Shleifer & Summers, 1990),也有研究从对股票回报反应过度和反应不足的信念角度进行解读(Barberis et al., 1998),还有研究分析了基于噪声的未来现金流投机倾向(Baker & Wurgler,2007),并将投资者情绪视作有别于均衡常态的市场预期(Brown & Cliff, 2004),分为乐观情绪与悲观情绪(Baker & Wurgler, 2007),认为投资者情绪是相对于资产基本价值的投资者信念(Zhang et al., 2011)或资本市场的"误定价",即由投资者的内在非理性和具有有限纠错作用的套利行为共同引起的资产价格短期(甚至长期)偏离其基本价值的现象(刘志远和花贵如, 2009)。由此,多数研究认为投资者的非理性行为带来资产价格的高估或低估(乐观或悲观),并在之后的一个时期内同向持续偏离其均衡价值(王睿,2007)。

其他关于投资者情绪的定义还有与基本价值形成对比的主观信念(Shefrin et al., 2008、2015),形成预期时的反应过度和反应不足(Barberis et al., 1998),证券需求量和客观实际数量之间的偏差(Baker & Wurgler, 2007),资产价格预期相较于基本面因素的脱离与折价(Glaser et al., 2009),以及长期或短期的预测行为(Zwergel & Klein, 2006;Schmeling, 2007)。在对投资者情绪加以测度、评价的过程中,Loewenstein 和 Lerner(2003)开发了两极情绪框架,Tuckett 和 Taffler(2008)则发展了市场心理学,从投资者群体的性质方面考察投资者情绪(尹海员,2020)。

中国投资者情绪指数(China investors' sentiment index,简称 CISI)是在收集网络中能反映投资者情绪的数亿条金融文本大数据的基础上,使用深度学习等方法度量文本信息，以反映中国散户投资者情绪的工具。基于文本大数据的中国投资者情绪指数不仅包含过去的市场信息，也能反映投资者的投资意愿和对市场走势的预期。加入投资者情绪指数后，对市场收益率、波动、交易量的预测均能得到改进，可作为企业经营活动、金融机构存贷款决策、资产管理的新参考，也为政策制定部门和监管部门进行预期管理提供了新信息（沈艳，2021）。

二、投资决策过程中投资者情绪的价值

金融市场的参与主体势必对市场走势起到重要作用，这使得学界和业界必须接受投资者情绪作为一种固有的内在市场因素，并将其作为资产定价中的一个系统性因素（Brown et al.，2004、2005；程琬芸和林杰，2013），有必要从不同层次、不同时间维度分别研究分析投资者的关注行为与情绪表现。

从行为金融学角度研究投资者关注行为和情绪表现逐渐引起学者们的重视。由于投资者对公司特定信息的反应不足或过度，股票市场存在短期动量，导致价格继续朝同一方向移动（Jegadeesh & Titman，1993），又由于我国A股市场个人投资者占比较多，导致动量效应不明显，而反转效应占上风（Fang & Olteanu-Veerman，2020），这就需要理解情绪在短期和长期市场错误定价中的作用。大多数公募基金或多或少地呈现出动量策略的交易特征（Grinblatt et al.，1995；张欣慰和张宇，2021），包括动量因子在内的经典风险因子的周期性变化（拐点）也往往被认为是投资者情绪造成的（Blitz，2021）；任曈和周靖明（2021）发现综合利用动量、行业景气度和新闻情绪三因子相比于单因子更能实现年化2.97%至6.22%不等的收益增进。

虽然投资者情绪对于市场的影响是暂时的，但是情绪冲击对于投资者的投资组合分配具有持续性的影响（Kostopoulos et al.，2020）。投资组合理论通过生成风险资产多样化的均值一方差公式，弥合了投资理论与实践之间的差距。金融市场的非理性归因于“噪声交易者”在面对未来多重不

确定性时对噪声所采取的行动(Black,1986),套利限制的存在则会阻碍市场错误定价的完全纠正(Baker & Wurgler,2007),这些都对传统的有效市场假说提出了质疑和挑战。DeLong 等(1990)提出的噪声交易模型引入了代表性启示和小数原则概念,该模型解释了噪声交易者对金融资产定价的影响,并阐述了噪声交易者以有限的认知能力处理新信息可能会失去理性并出现不可预测性,从而导致市场波动和长期偏离基本价值,故有可能比理性交易者获得更高的(预期)回报,这验证了投资者情绪在资产定价模型中的作用,该理论后来被称为 DSSW 理论。随后,很多学者通过检验 DSSW 理论对投资者情绪进行了一系列实证研究。Banerjee(1992)提出了羊群效应模型,认为羊群行为与最大效用准则是自洽的;Daniel 等(1998)强调过度自信造成私人信息较公众信息更容易导致偏差;Hong 和 Stein (1999)认为在正反馈交易中,由于"观察消息者"对私人信息反应不足,导致"动量交易者"力图通过套期策略来利用这一点,直至市场产生过度反应。

关于投资者情绪是理性现象还是行为现象的争论一直都存在(Qiu & Welch,2004)。尽管缺乏关于投资者情绪对金融市场影响的一致和精确的量化金融理论,但专业投资者利用投资者情绪所带来的市场错误定价来赚取超额利润是确定的,如 Chen 等(2016)研究了情绪风险敞口是否可以解释基金回报的横截面变化,发现情绪贝塔值在最高十分位的基金通过风险调整后每月的表现优于最低十分位的基金 0.67%,而 Zheng 等(2019)则认为这一数值应该是 3.0%(年化)。前者认为存在某些基金可以在因子溢价较高时通过增加对情绪因子的敞口实现基金业绩增益;后者则指出对市场情绪的择时能力是一种主动管理的技能,与那些没有该技能的基金经理相比,拥有者可以获得更高的利润。Dong 等(2020)则指出老练的基金经理可以通过识别噪声信息和进行有利可图的交易来创造价值,只不过他们无法在当期及时把握投资者情绪。

投资者情绪也被证实可以对风险因子定价(Lee et al.,2002;Shen et

al.,2017),绝大部分研究结论均认为投资者情绪对股票横截面收益有显著影响(Hao et al.,2018;Tsukioka et al.,2018;Chen et al.,2019;文凤华等,2014;高大良等,2015;周亮,2017)。随着IT技术及网络技术的日新月异,很多研究采用网络搜索指数(Da et al.,2014)或自然语言处理与文本挖掘(Jiang et al.,2019)构造出网络投资者情绪(关注)指数,发现投资者的情绪表现与关注行为能够显著影响到金融资产的收益。Barberis 等(1998)提出的简约模型解释了为什么投资者在解释预期收益时对基于保守主义和代表性偏见[①]的新信息存在反应不足或反应过度。Baker 等(2007)进一步定义了两种方式,第一种是投机倾向,第二种是对股票的乐观或悲观认知。目前,文献中广泛研究的情绪偏见是自信过度与自信不足以及羊群效应等(Galariotis et al.,2015;Spyrou,2013;Kim et al.,2016)。

三、投资者情绪的度量指标

随着投资者情绪影响投资者交易行为这一事实的确立,学者们开始讨论测量投资者情绪的方法以及解释和预测资产回报的问题。DSSW 模型是第一个将情绪作为影响回报因素引入的正式理论(Long et al.,1990),该理论认为情绪导致投资者的不可预测行为,阻碍了投资者充分理性。Shleifer 等(1990)认为投资者情绪可以用各种影响决策的感觉、情绪、信念甚至未来的期望来表示。Loewenstein 和 Lerner(2003)回顾了情绪导向决策的文献,提出了一个包含预期情绪和即时情绪的框架:预期情绪(expected emotions)包括预测结果的情绪值,从而最大化积极情绪,最小化消极情绪;即时情绪(immediate emotions)是指决策时出现的情绪,可通过

---

① 代表性偏差(representativeness bias)指投资者将事物划分为有代表性特征的几类,然后根据已有的模式制定决策的思维过程。在对事物进行评价时,会过分强调这几类的重要性,而忽略其他事物,并习惯用大样本中的小样本去判断整个大样本,以至于管中窥豹。

改变预期情绪的感知直接或间接影响决策,对行为的影响可以解释许多异常的冒险行为(Loewenstein,2000)。这两种情绪是否互斥,二者是否完全概括了全部的投资者情绪,至今未有定论。Aggarwal(2019)认为没有任何理论能够全面解释即时情绪。这些都表明交易主体在第一时间迅速、准确地把握即时情绪是困难的,短期情绪指标往往很复杂(Brown & Cliff,2004、2005;Schmeling,2007)。

一般来说,投资者情绪的测量方法可以分为三大类。

(一)基于市场整体情况的测度方式

这一类测度方式往往将情绪视为外生的,并被用来解释市场合理性,成为学者解释看涨和看跌市场情绪的工具(Brown & Cliff,2004)。在西方,这类工具中被广泛使用的方法之一是 Baker-Wurgler 投资者情绪指数(Baker & Wurgler,2007);在国内,易志高和茅宁(2009)的 CICSI 情绪指数属于与之对应的姊妹篇。这一类指数往往是利用各种广为人知的市场比率和宏观指标来开发的情绪指数。

1. 与市场整体情况或直接交易行为相关的单一情绪指标

最常用的相关市场指标包括封闭式基金折价、首次公开发行(IPO)数据、腾落指数、市场流动性、权益融资占比、零股买卖、看跌—看涨期权比率、买卖失衡、看跌情绪指数和波动率指数(VIX)等。

(1)封闭式基金折价

封闭式基金折价是指基金持有证券的资产净值(NAV)与其市场价值的偏差。一般而言,机构投资者会通过监测与套利将此类主要由非专业(噪声)个人投资者导致的折价偏差加以修复。学者视之为检验投资者预期理论的便捷工具(Baker & Wurgler,2007)。Lee 等(1991)分别对悲观主义和乐观主义给出了高折扣与低折扣的折价行为金融学解释。Qiu 和 Welch(2004)则认为将封闭式基金一刀切地视为悉数由普通散户个人投资者持有并不合理。

(2)IPO 数据

在行为金融学中，学者们将 IPO 数据与投资者情绪乃至市场择时联系在一起。大致的逻辑是，过度乐观导致首日 IPO 交易价格大幅上涨，使得平均首日回报率成为投资者情绪的表征变量(Ritter,1991;Ljungqvist et al.,2006;Baker & Wurgler,2007;Loughran et al.,2013)。但需要说明的是，该指标在中国 A 股市场不能简单照搬。A 股中仅注册制股票上市首日无涨跌幅限制，且从上市次日开始的涨跌幅限制在实质上也会反向影响上市首日交易者的预期及行为，不仅如此，因为中国 A 股 IPO 在事实上执行的是审批制，所以监管层会酌情收扩 IPO 力度，在历史上也曾出现多次 IPO 暂停的空窗期，导致该指标的可采用性和连续性均不佳。

(3)腾落指数

该指标以股票每天涨跌家数作为计算与观察的对象，进而了解股市人气，评估市场内在的动量是强势还是弱势，用以研判股市未来动向的技术性指标。Brown 和 Cliff(2004)发现用月度的腾落指数可以预测正交化后小市值股票的未来收益，且在 1%的显著性水平下显著，而该指标对大市值股票却没有作用。

(4)市场流动性

行为金融学认为，高流动性可以解释为投资者情绪高涨或低落，因为非理性投资者在有卖空约束的市场中积极或消极情绪都有可能导致估值过高或过低(Baker & Stein,2004)。

(5)权益融资占比

通常该指标可定义为总股权融资(包括 IPO 发行、定向增发)与总融资额(包括债务和权益)的比率。Baker 和 Wurgler(2000)认为，从经验上来看，上市公司的大额股权融资通常都发生在市场进入回报低迷的周期之前，以此作为投资者情绪的代理变量和择时指标。但对于应付职工薪酬、股权激励、可转债等小众情形,该指标并没有规定式的处理方法。

(6)零股买卖

以 A 股为例,通常情况下,最小交易单位为 1 手。学者们常将低于最小交易单位的订单多寡视作个人投资者情绪的代理变量和预测因子,并认为其与市场看涨呈正相关(Brodie,1940;Barber,1994)。也就是说,该指标主要用来度量小微投资者的情绪状况,若指标上升(或下降),则说明投资者情绪悲观(或乐观)。但是,该指标与投资收益之间的关系有时非常有限(Robert & Wheatley,1998)。

(7)看跌—看涨期权比率(P/C)

该比率计算的是看跌期权的交易量或未平仓头寸与看涨期权的比率,广泛用于预测股市波动性的市场情绪指标(Wang et al.,2006)。认购期权是预期未来上涨,代表看涨的权利;认沽期权则是预期未来下跌,代表看跌的权利。如果 P/C 持仓量比值升高,那么意味着市场购买看跌期权的数量多于看涨期权,显示市场中看空后市的投资者居多;反之,如果 P/C 持仓量比值降低,则说明市场中购买看涨期权的数量多于看跌期权,显示市场中看多后市的投资者居多。

(8)买卖失衡

该指标计算的是全市场口径下一定时间段内买入总量和卖出总量之差与买入总量和卖出总量之和的比值。Kumar 和 Lee(2006)将其作为投资者情绪的代理变量以及资产回报的预测因子。

(9)看跌情绪指数

看涨情绪指标=看涨投资者比例/(看涨投资者比例+看跌投资者比例);看跌情绪指标=看跌投资者比例/(看涨投资者比例+看跌投资者比例);二者之和等于 1(Solt & Statman,1988)。

(10)波动率指数(VIX)

芝加哥期权交易所编制的由标准普尔 500 指数成分股的期权波动性

组成,用于衡量 S&P 500 指数期权的隐含波动率,通常又称为恐慌指数或恐慌计量器,被广泛用作衡量市场风险和投资者恐慌度的指标(Baker & Wurgler,2007),也被广泛用于研究基金回报、市场择时和投资组合优化分析。VIX 数值实行实时计算和公布:当 VIX 达到极端水准,表明市场由悲观情绪主导;当它跌到低水准,则通常是乐观的市况。VIX 大于 30 时,通常与大量波动有关,表明市场中存在投资恐惧和不确定。而当数值低于 20 时,通常说明市场轻松,甚至满足。VIX 不是一个完美的顶部和底部的示警指标,但它有助于反映极端的市场情绪。国内学者也开始使用中国波指(iVIX)进行对投资者情绪的刻画(周亮,2017;李帅起,2018;许海川和周炜星,2018)。

需要说明的是,由于市场本身的复杂性,使得封闭式基金折价和 IPO 数据指标都在一定程度上受到批评(Qiu & Welch,2004),但仍被广泛用作投资者情绪的度量指标(Baker & Wurgler,2007)。这些度量指标的主要局限性在于,它们专注于直接利用市场测度,而没有将其放在一个定义明确的情绪标准范围内考虑。因此,在机构投资者话语权日渐增强的 A 股市场使用封闭式基金折价是否合理这一问题仍存争议。这些测度指标更多的是为了解释市场普遍存在的错误定价,可以用于事后分析,但预测能力尚待商榷。

2. 合成情绪指标

(1)Baker-Wurgler 情绪指数

Baker 和 Wurgler(2007)通过使用主成分分析法对六种市场衡量指标(封闭式基金折价、交易量、IPO 数量、IPO 首日收益、消费者信息指数、新增开户数)组合开发的综合情绪指数,以期克服单一市场衡量指标的局限性。该情绪指数有助于解释受到高度投机和主观观点所影响的股票横截面回报(尤其对于初创型高波动成长股而言)。基于此,学者们开展了系列研究:解释投资者情绪对债券市场的影响(Nayak,2010)、均值—方差均衡

(Yu & Yuan,2011)、研究全球市场和本地市场投资者情绪之间的关系(Baker et al.,2012)、对冲基金经理预测(Chen et al.,2021)等。

(2)CICSI 情绪指数

易志高和茅宁(2009)使用主成分分析法，通过使用六种市场衡量指标(封闭式基金折价、交易量、IPO 数量、IPO 首日收益、消费者信息指数、新增开户数)的组合，并进一步剔除宏观因素开发的综合情绪指数。CICSI 情绪指数和 Baker-Wurgler 情绪指数最大的不同在于，前者将前五个主成分加权平均①，而后者仅使用第一主成分。

(二)基于调查而形成的情绪指标

也有研究指出，调查方法能够直接应用于刻画投资者情绪(Qiu & Welch, 2004)，用于解决缺乏一致和精确的情感定义这一问题。21 世纪以来，基于调查方法形成的投资者情绪被广泛应用(Peterson,2016)。主要调查指标包括以下六个。

1. 美国个人投资者协会指数(AAII 指数)

美国个人投资者协会根据其向协会会员所做的关于未来六个月市场行情走势的问卷调查结果，统计得到反映市场投资者情绪变化的指数序列。AAII 指数包括牛市、中性和熊市三个子指数，数据结果均为百分比的形式，分别代表不同时点看多、看平和看空未来市场行情走势的投资者占比(Brown & Cliff,2004;Zwergel & Klein,2006;Verma & Verma,2008;Verma & Soydemir,2009;Maknickiene et al.,2018;任曈和刘洋,2020;Qiang et al.,2020)。该指标每周从美国个人投资组织成员中抽样，每一个成员每周只能投票一次。AAII 会员多数是 50 岁以上的男性，大学文化程

① 在易志高和茅宁(2009)的论文原文备注中有说明："如果只采用第一主成分(正交化旋转后的第一主成分方差解释率只有 29%多一点)，可能是由于信息丢失过多，那么会导致最后的实证结果不够稳健，所以采用前面 5 个主成分的加权平均。"

度。此外，超过一半的成员投资组合资产超过 50 万美元。基于以上因素，AAII 情绪调查在众多情绪调查中有独特之处，它代表了高端、活跃、亲力亲为的个人投资者。每周的情绪变化虽然不能显示情绪和市场表现关系的有用信息，但是，识别会员情绪的极端可能透视股市在接下来几个月的表现，常被用作个人投资者情绪的代理变量。

2. 投资者情报情绪指数

Chartcraft 通过汇编并分类百余份由市场专业人士撰写的时事通讯，从中提炼出看涨、看跌或中性情绪（Brown & Cliff，2004；Zwergel & Klein，2006；Verma & Verma，2008；Verma & Soydemir，2009）。该指数是情绪指数之一，包括投资顾问情绪评论和内部活动评论。一般情况下所说的投资者情报情绪指数，指的是顾问情绪，它是新闻写手推测市场的总结，新闻写手在他们的刊物发表独立的建议和评论，Chartcraft 会参看超过 100 项新闻评论而取得投资者情报情绪指数。情绪指数假设，一个大家都同意的走势通常会很快逆转，从而提供捕捉一个即将发生的价格走势逆转的机会。当整体意见集中在一个方向，反转的信号就会越强。

3. 消费者信心指数

消费者信心指数也常被认为是投资者情绪的有效代理变量，有研究者指出，如果投资者看好市场的经济基本面，那么他们投资股市的可能性也会增加，反之亦然（Qiu & Welch，2004），这支持了消费者信心与经济之间的正向关系。此外，反映美国私人投资者（而非瑞士）态度的瑞士银行投资者乐观指数也与之类似（Lemmon & Portniaguina，2006；Derrien & Kecskés，2009；Greenwood & Shleifer，2014；Gao & Süss，2015；Kaivanto & Zhang，2019）。

4. 欧盟 Sentix 投资者信心指数

该指数主要针对德国投资者（及其他国家）的反应，明确划分了个人投资者和机构投资者的反应，了解他们对未来六个月股指、债券市场、外汇市场和大宗商品的预期与不断变化的当前话题。受访者通常用四个答案来表达他们的价格预期：看涨、中立、看跌和无意见。该指数目前已用于多项研究，包括 Schmeling(2007)、Heiden 等(2013)、Bormann(2013)以及 Gao 等(2021)。

5. 长江商学院投资者情绪问卷调查指数(CKISS)

该调查指数来自对中国资本市场投资者情绪和预期的调查，由长江商学院推出，每季度更新一次。首次调查在 2018 年 1 月进行，主要调查对象是 60 多位拥有规模以上企业的企业家。2018 年 8 月起，扩大了调查范围，在全国 13 个重要城市展开调查。调查报告分两部分：第一部分以问卷调查的形式了解投资者对股票市场、房地产等资产价格未来走势的看法，以及对经济增长等宏观指标的预期；第二部分结合对宏观经济、上市公司等基本面的分析，探讨投资者情绪产生的原因。

6. 国海富兰克林基金中国投资者信心指数

国海富兰克林基金中国投资者信心指数是个先行指标，从投资者的情绪角度分析投资行为的心理变化和市场的冷暖程度，从而预判大盘走势。信心指数取值介于 0～100 之间，50 是信心强弱的临界点，表示投资者信心为中等水平。指数值越大，表示信心越强；反之，则表示信心越弱。该指数分为宏观指数、即期指数和预期指数三个子指数。

需要说明的是，尽管以调查为手段刻画投资者情绪是一种直截了当的方式，但其缺点也是显而易见的。参与调查者代表特定类型投资者的典型性、被调查者言行一致性、“洛阳铲”式的调查密度的频率合理性、空间上调查粒度的可靠性等，都对采用调查方式刻画投资者情绪的研究方法提出了多重挑战。Fisher 和 Statman(2000)采用调查方法对中小投资者和大型投资者的情绪进行了研究，发现两者情绪之间没有相关性。[①] Lemmon 和

① 孙建军和王美今(2007)使用卡尔曼滤波与瞬时维纳格兰杰因果检验等方法分析了投资者市场日度情绪指数，也同样发现个人投资者情绪和机构投资者情绪的生成本质是不一致的。

Portniaguina(2006)基于调查方法对个人投资者情绪进行了检验,发现其与直接市场指标(如封闭式基金折价)或 Baker-Wurgler 投资者情绪指数没有强相关性。

(三)通过情感分析形成的投资者情绪指标

长期以来,学者们试图使用情感分析来实证检验情绪类型与资本市场运动之间的关系,这一分析范式在近十年的受欢迎程度明显提升(Peterson,2016)。使用情绪分析的优势在于能够检查情绪的长期和短期性质。人们往往会将微博、股吧等社交媒体上的投资者情绪分为牛市情绪(或看涨支持倾向)和熊市情绪(或看跌支持倾向),以此分析投资者情绪对股市回报的影响。通过情绪分析,学者们还能够高频地、高颗粒度地刻画投资者情绪(Long et al.,2021),并进一步开发出从一天到数十天有利可图的交易策略(Mittal & Goel,2012)。这一研究方法的应用,开拓了学者们研究投资者情绪的视野,并推进研究向纵深发展。

通过分析正式和非正式渠道中表达观点的语言,来理解、提炼所欲表达本质的计算技术称为情感分析(Pang & Lee,2008),情感分析中主要使用的计算技术称为自然语言处理(natural language processing,简称NLP),这一方法克服了以调查为手段的局限性。由于非正式渠道的逐步增多,如 Blogger、Twitter 等,导致产生了大量的用户生成内容,与其他间接和直接市场测度方式相比,它的成本更低,多样化程度更高(Saxton et al.,2013)。举例来说,华尔街日报指数利用哈佛大学心理学词典(Havard IV-4 psychosocial dictionary)收集了 1884—1999 年"了解市场"专栏的文章内容,将其中的词汇划分为 77 类,这 77 类词汇分别体现了一个人通过语言体现出的心理倾向,如肯定、否定、乐观、悲观等等。而后按照心理倾向将词汇分类,分析每篇文章中相应词汇的比例,继而利用包括主成分分析在内的各种手段得出媒体指数。该指数解释了媒体高度悲观导致市场价格下跌,以及媒体极端悲观导致交易量高等现象。

北京大学国家发展研究院开发的中国投资者情绪指数与华尔街日报指数类似,在收集网络能反映投资者情绪的上亿条金融文本大数据的基础上,使用深度学习方法,度量文本信息中反映的中国投资者情绪,以此来刻画 2008 年以来金融市场中投资者的情绪变迁,并力求能够实时追踪当下投资者的情绪变化。还有学者将经济政策不确定性与投资者情绪置于统一框架下进行研究(Nartea et al.,2020;李凤羽等,2015;黄虹等,2021)。同样运用 NLP 技术,还有不少学者采用东方财富股吧、新浪微博等数据最终形成投资者情绪或支持倾向(Nofer et al.,2015;石善冲等,2018;钱宇等,2020;Long et al.,2021)。部慧等(2018)运用朴素贝叶斯分类算法对东方财富网股吧帖文加以分析、聚合、提炼,继而形成投资者情绪具体参数,并研究其对市场收益率、波动率和交易量的影响;钱宇等(2020)则改用卷积神经网络的分类算法分析在线金融社区用户评论数据。

(四)金融机构在实操中总结的投资者情绪指数

金融业界往往不以单一指数来刻画投资者情绪,很多金融机构或投资研究机构都会根据自身的经验开发投资者情绪指标体系。例如,原申银万国证券就曾开发过一套包含了数十项的投资者情绪指标体系(见表 2-3),并在《申万投资者情绪跟踪体系与应用之系列报告》上连载。

表 2-3　申万策略投资者情绪跟踪体系

序号	指标名称	体系	一级分类	二级分类	频率	与市场走势的相关性	适用指数
1	融资余额或融券余额	大势研判	交易行为	融资融券相关	日度	正相关	主板
2	全部 A 股上涨下跌成交额占比差	大势研判	交易行为	上涨下跌	日度	正相关	主板

续表

序号	指标名称	体系	一级分类	二级分类	频率	与市场走势的相关性	适用指数
3	创业板上涨下跌成交额占比差	大势研判	交易行为	上涨下跌	日度	正相关	创业板
4	全部 A 股上涨下跌成交额占比差	大势研判	交易行为	上涨下跌	周度	正相关	主板
5	创业板上涨下跌成交额占比差	大势研判	交易行为	上涨下跌	周度	正相关	创业板
6	AH 折溢价	大势研判	市场表现	AH 股	日度	正相关	主板
7	全部 A 股上涨下跌占比差	大势研判	市场表现	上涨下跌	日度	正相关	主板
8	创业板上涨下跌占比差	大势研判	市场表现	上涨下跌	日度	正相关	创业板
9	全部 A 股 240 天新高新低占比差	大势研判	市场表现	新高新低	日度	正相关	主板
10	创业板 240 天新高新低占比差	大势研判	市场表现	新高新低	日度	正相关	创业板
11	全部 A 股 MA60 强势股数占比	大势研判	市场表现	移动平均线强势股	日度	正相关	主板
12	创业板 MA60 强势股占比	大势研判	市场表现	移动平均线强势股	日度	正相关	创业板
13	全部 A 股涨跌停占比差	大势研判	市场表现	涨跌停	日度	正相关	主板
14	创业板涨跌停占比差	大势研判	市场表现	涨跌停	日度	正相关	创业板
15	分红市净率溢价	大势研判	特殊股票组合	分红	周度	负相关	主板
16	分红收益率溢价	大势研判	特殊股票组合	分红	周度	负相关	主板
17	分红收益率溢价(4 周累加)	大势研判	特殊股票组合	分红	周度	负相关	主板

续表

序号	指标名称	体系	一级分类	二级分类	频率	与市场走势的相关性	适用指数
18	分红收益率溢价(8周累加)	大势研判	特殊股票组合	分红	周度	负相关	主板
19	分红收益率溢价(12周累加)	大势研判	特殊股票组合	分红	周度	负相关	主板
20	绩差股超额收益	大势研判	特殊股票组合	绩差股	日度	正相关	主板
21	绩差股超额收益(4天累加)	大势研判	特殊股票组合	绩差股	日度	正相关	主板
22	绩差股超额收益(8天累加)	大势研判	特殊股票组合	绩差股	日度	正相关	主板
23	绩差股超额收益(12天累加)	大势研判	特殊股票组合	绩差股	日度	正相关	主板
24	综合行业超额收益	大势研判	特殊股票组合	综合行业	周度	正相关	主板
25	综合行业超额收益(4周累加)	大势研判	特殊股票组合	综合行业	周度	正相关	主板
26	综合行业超额收益(8周累加)	大势研判	特殊股票组合	综合行业	周度	正相关	主板
27	综合行业超额收益(12周累加)	大势研判	特殊股票组合	综合行业	周度	正相关	主板
28	股指期货机构净卖单占比	大势研判	衍生品相关	股指期货	日度	正相关	主板
29	分级基金溢价率	行业比较	基金相关	分级基金	周度	正相关	主板
30	股票型基金仓位	行业比较	基金相关	基金仓位	周度	正相关	主板
31	平衡型基金仓位	行业比较	基金相关	基金仓位	周度	正相关	主板
32	全部基金仓位	行业比较	基金相关	基金仓位	周度	正相关	主板
33	A股账户净新增	行业比较	交易行为	股票账户	周度	正相关	主板
34	A股账户增长率	行业比较	交易行为	股票账户	周度	正相关	主板
35	交易账户占比	行业比较	交易行为	股票账户	周度	正相关	主板

续表

序号	指标名称	体系	一级分类	二级分类	频率	与市场走势的相关性	适用指数
36	换手率	行业比较	交易行为	交易量	周度	正相关	主板
37	成交金额	行业比较	交易行为	交易量	周度	正相关	主板
38	上涨家数或下跌家数	行业比较	市场表现	上涨下跌	周度	正相关	主板
39	上涨家数占比	行业比较	市场表现	上涨下跌	周度	正相关	主板
40	上涨家数占比（4周累加）	行业比较	市场表现	上涨下跌	周度	正相关	主板
41	上涨家数占比（8周累加）	行业比较	市场表现	上涨下跌	周度	正相关	主板
42	上涨家数占比（12周累加）	行业比较	市场表现	上涨下跌	周度	正相关	主板
43	100天历史新高比历史新低	行业比较	市场表现	新高新低	周度	正相关	主板
44	历史新高家数	行业比较	市场表现	新高新低	周度	正相关	主板
45	历史新低家数	行业比较	市场表现	新高新低	周度	负相关	主板
46	MA60强势股占比	行业比较	市场表现	移动平均线强势股	周度	正相关	主板
47	MA60强势股占比（4周平均）	行业比较	市场表现	移动平均线强势股	周度	正相关	主板
48	MA60强势股占比（8周平均）	行业比较	市场表现	移动平均线强势股	周度	正相关	主板
49	MA60强势股占比（12周平均）	行业比较	市场表现	移动平均线强势股	周度	正相关	主板
50	MA20强势股占比	行业比较	市场表现	移动平均线强势股	周度	正相关	主板
51	MA20强势股占比（4周平均）	行业比较	市场表现	移动平均线强势股	周度	正相关	主板
52	MA20强势股占比（8周平均）	行业比较	市场表现	移动平均线强势股	周度	正相关	主板

续表

序号	指标名称	体系	一级分类	二级分类	频率	与市场走势的相关性	适用指数
53	MA20 强势股占比(12 周平均)	行业比较	市场表现	移动平均线强势股	周度	正相关	主板
54	IPO 数量	行业比较	特殊股票组合	IPO	周度	正相关	主板
55	IPO 数量(4 周)	行业比较	特殊股票组合	IPO	周度	正相关	主板
56	绩差股超额收益	行业比较	特殊股票组合	绩差股	周度	正相关	主板
57	绩差股超额收益(4 周累加)	行业比较	特殊股票组合	绩差股	周度	正相关	主板
58	绩差股超额收益(8 周累加)	行业比较	特殊股票组合	绩差股	周度	正相关	主板
59	绩差股超额收益(12 周累加)	行业比较	特殊股票组合	绩差股	周度	正相关	主板
65	股指期货机构净空单	行业比较	衍生品相关	股指期货	周度	负相关	主板
60	(指数)申万情绪精选	行业比较	情绪指数	情绪指数	周度	正相关	主板
61	(指数)申万情绪全样本	行业比较	情绪指数	情绪指数	周度	正相关	主板
62	(指数)申万情绪等权重	行业比较	情绪指数	情绪指数	周度	正相关	主板

四、投资者情绪与投资者关注的区别和联系

(一)投资者情绪与投资者关注的区别

有研究从研究方法和影响机制两个方面分析投资者情绪与投资者关注的差异(罗琦等,2020),发现两者的区别主要在于两点。

一是指标设计和实际含义不同。其中，投资者情绪指标通过语义分析对数据进行分类，并分别表示乐观或悲观的情绪，而投资者关注对此没有进行区分。虽然都是基于谷歌搜索指数构造的指标，但是投资者关注不反映任何情绪的公司股票名简称作为搜索关键词，而投资者情绪则按语义将搜索关键词进行情绪分类。因此，投资者关注只反映投资者对公司股票的关注度，而投资者情绪除了包含关注度，还包含投资者对未来经济活动的担忧，可以表明投资者的情绪（Da et al.，2011、2014）。

二是影响机制不同。投资者关注理论基于有限关注假说解释其对投资者行为的影响，认为投资者无法处理市场上的所有信息，因此只能集中投资引起自己关注的公司股票。而投资者情绪理论则认为非理性情绪干扰了投资者的认知并影响其行为决策，进而对公司股票市场定价产生作用。

（二）投资者情绪与投资者关注的联系

虽然投资者关注与投资者情绪的定义及其对资产定价的作用机理存在显著差异，但在资本市场中，投资者关注与投资者情绪可能对投资者的认知偏好产生共同作用，进一步影响投资者在股票市场的交易行为。现有研究表明，投资者受情绪影响，对于公司积极和消极信息的关注程度可能存在差异，并可能对特定信息产生过度反应（池丽旭和庄新田，2010）。国内外学者对投资者非理性行为进行了较多探讨，但在我国资本市场上，投资者主要表现出显著的非理性股利偏好和盈余乐观情绪。因此，本研究将基于这两种具有代表性的投资者非理性行为视角对相关文献进行梳理。

1. 投资者的非理性股利偏好行为

公司金融的股利理论指出，投资者股利需求受情绪驱动并随着时间而变化。投资者有时偏好稳定支付股利的低风险公司，有时偏好不支付股利但具有增长潜力的公司。而且，投资者在股票市场的交易行为受到股利情绪影响，从而引起股利发放水平不同的公司股票价格出现非理性变动。Kumar 等（2022）基于网络谷歌搜索数据构建股利情绪指数 S_{D_t}，并以此衡量市场投资者的非理性股利需求，研究发现，公司管理者进行股利决策时，会迎合投资者股利情绪以抬高股价，此外，市场投资者的股利情绪在经济形势下滑时较高，此时高股利支付率的共同基金的资金净流入更高，这说明投资者在不满意现行经济情况时，对稳定股利的非理性需求更显著。他们首先通过谷歌趋势获得股利相关词条的搜索量指数，然后计算出搜索量指数的月度数据，最后求出月搜索量指数变化率。

$$A_{D_t}=\ln(S_{D_t})-\ln(S_{D_{t-1}}) \tag{2-1}$$

式（2-1）中，S_{D_t} 代表第 t 个月的股利搜索量指数。此外，他们为了消除 A_{D_t} 中的季节性因素，将 A_{D_t} 与月份虚拟变量进行回归并取残差项作为月度股利情绪指数，并令季度股利情绪指数作为该季度的月度股利情绪指数的中位数。

2.投资者盈余乐观情绪

投资者对公司盈余信息的关注度不足，可能导致股票市场价格对公司盈余公告的反应存在延迟，因此，市场要经过一段时间的调整，才能将所有的信息纳入到股票价格中。权小锋和吴世农（2012）指出，有限关注的投资者由于无法及时处理市场上的公开信息，不能识别应计利润和经营现金流持续性的差别，这导致市场对公司的盈余构成存在错误定价。他们研究发现，投资者关注的增加能显著提高投资者对会计盈余构成信息的定价效率，从而降低管理者盈余操纵动机。同时，在这一过程中，市场投资者对公司未来盈利能力的预期容易受心理因素的影响，进而滋生出非理性的盈余乐观情绪并直接影响自身的交易行为。Peterson 等（2016）研究发现，公司盈余公告能引发 Twitter 用户的情绪变化，并且实证结果显示，用户情绪能预测公司盈余公告日异常收益率的正负情况，这表明情绪影响了投资者对公司盈余的预期。在此基础上，对公司盈余信息关注度不足的投资者因受自身情绪的影响，可能出现对公司正面信息和负面信息的反应不对称的情况。具体而言，过度乐观的投资者对公司的盈余预期过于乐观，从而对公司正向盈余意外的反应比对公司负向盈余意外的反应更为强烈。在市场盈余乐观情绪较低时，投资者对公司的盈余预期过于悲观，因此对公司的正向盈余意外的反应相对于负向盈余意外的反应而言略显不足。

第五节　当前工作的综合评述

投资者关注行为的相关研究是近年来发展迅速的研究课题，其核心的理论依据为投资者有限关注。基于投资者关注的约束条件是否为内生决定，可以将已有的理论研究分为关注度内生模型和关注度外生模型。常见的模型主要包括：通过单一的注意力约束内生化信息结构构建的理性忽视模型；根据投资者关注程度的差异所构建的异质注意力模型等。

投资者关注行为的度量方法一直是该领域研究的难点问题。通过对现有文献尽可能全面地梳理，发现用于表征投资者关注行为的变量主要包括：一是直接反映金融市场交易行为和资产价格变化的特征变量，如股票交易量、换手率、流通市值或公司规模、涨跌停事件、股票异常收益率等；二是间接影响金融市场交易行为和资产价格的变量，如媒介信息数量、广告费、机构投资者持股比例等；三是新兴的投资者互联网信息行为指标，如搜索量、股票论坛数据、金融终端数据和大众社交媒体数据等，尤其是网络大数据为刻画投资者关注行为提供了充足的数据来源，能够对证券市场变量（如收益率、交易量、收益波动性等）做出较好的预测。但以上变量各有优劣，需要在具体应用中不断完善。

在当前的投资者关注行为对股票市场的影响研究中，多数研究主要基于 Barber 和 Odean(2008)提出的“注意力驱动交易假说”而展开，这一假说在提出之后得到了广泛验证和较为一致的结论，即投资者关注度的增加对短期股票交易量存在正向影响,且投资者关注与投资者交易行为之间存在循环影响和反馈机制。投资者正向关注带来股票价格的上涨也被国内外大多数经验研究所证实,但从长期来看存在着价格反转现象。进一步,高关注度会带来高波动性,同时高波动性也会带来高关注度,两者无论是从短期还是从长期来看都是互动关系,存在着长期的因果影响。在投资者关注对资产定价的影响方面,这一领域中得到大部分学者认可的主要结论是:在正面信息的环境中,投资者关注对短期股票收益存在显著的正向影响,同时对长期股票收益存在显著的负向影响;而在负面信息环境中,投资者关注对短期股票收益存在显著的负向影响。

行为金融学中与投资者关注密切相关的概念——投资者情绪也引起了学者们的广泛关注,虽然投资者关注与投资者情绪的定义及其对资产定价的作用机理存在显著差异,但在资本市场中,投资者关注与投资者情绪可能对投资者的认知偏好产生共同作用,进一步影响投资者在股票市场的交易行为。通过系统的文献梳理发现,投资者情绪的测量方法可以分为三大类:一是基于市场整体情况的测度方式,二是基于调查而形成的情绪指标,三是通过情感分析形成的情绪指标。进一步从研究方法和影响机制两个方面分析投资者关注与投资者情绪的差异,以期为后续研究厘清概念打下基础。

在对投资者关注行为现有研究进行比较系统的梳理与评述后,我们发现相关研究主要存在以下不足:一是缺乏对投资者关注行为内在机理的研究,现有研究主要聚焦于投资者关注对股票市场的影响研究,但鲜有文章对投资者关注行为的内在机理进行深入分析;二是在投资者关注的度量指标方面,现有研究主要使用搜索量或发帖量等单一指标度量投资者关注,不同指标对资产定价的解释与预测能力尚欠比较,各类关注指标到投资者的交易行为之间可能还存在较长的逻辑链条;三是在投资者关注行为数据的价值发现方面,如投资者关注与股票价格关系方面,缺乏不同情境下投资者关注与股票价格关系的研究，现有文献未能注意到投资者关注可能存在的行业效应对股票价格的影响等，也就是说，投资者关注行为数据的价值实现路径还不够清晰。

第三章　投资者关注度的度量方法与统计特征

本章阐述了研究所采用的个股、证券组合、全市场的投资者关注度度量方法与统计特征。首先介绍投资者关注度的概念界定与理论模型，接着对投资者关注度的度量方法进行介绍和对比分析，并给出投资者关注度整体趋势的可视化统计分析，最后论述投资者关注度的分布、自相关性、平稳性和异方差性等统计特征。

第一节　投资者关注度的概念界定与理论模型

一、投资者关注度概念界定

（一）关注度概念

关注度是汉语词汇中的一个热词，意为关注的程度。它的对象包括人物、事件在内的种种，关注程度是指当下的、眼前的状态和热度。Kahneman(1973)通过研究关注来理解自我反省机制。Hirshleifer等(2003)从经济学角度对“关注”进行了具象化的定义，他指出“关注”包括两个过程：一是编码过程，二是对意识思维的处理过程。

近年来，随着大数据领域研究的逐渐拓展，基于各类网络平台的用户或媒体关注度的概念不断出现，如：百度用户关注度基于网民每天1亿多次搜索请求分析得出的用于反映百度数千万用户的关注程度；云财经提出的市场关注度指数(market attention index，简称MAI)，指的是市场整体对某只股票的关注程度统计，旨在反映整个证券市场的所有参与者对于股票、行业、市场、概念题材的关注程度。本书采用的投资者关注度是基于东方财务Choice金融终端数据，根据每日自选股的加入和剔除情况采集的，将各股票每日存于用户自选股的数量作为各股票的关注度。

（二）关注度的稀缺性

从19世纪50年代末起，关注逐渐成为认知心理学领域的热门研究问题，大多数学者都认为关注是一种稀缺的认知资源(Kahneman，1973)。Simon(1971)指出“稀缺的并非信息本身，而是关注并处理信息的能力”。投资者关注度的稀缺性表现为投资者在同一时间内只有有限的信息获取和处理能力，因而只能将其获取到的信息反映到资产价格之中。有研究指出，投资者对信息的关注程度越高，信息被反映到资产价格中的速度越快，反之亦然(向诚和陆静，2018)。

假设在一个经济体中存在X、Y两类投资者，假设X类投资者注意力有限，其占总投资者的比例为m，Y类投资者不存在注意力约束，可以随时关注所有市场信息。若存在唯一的风险资产股票S，假设初始期$t=0$时股票没有产生任何交易，股票在$t=1$期交易，在$t=2$期出清。此外，为简化模型，假设无风险利率为0。$t=0$时，股票的价格为P_0，若无新的信息影响，股价依据随机项ε服从随机游走，$\varepsilon \sim N(0,\sigma_\varepsilon^2)$是所有投资者的共同认识。$t=1$时，新信息对股票价格的影响为$v \sim N(\mu_v,\sigma_v^2)$，$v$与$\varepsilon$相互独立，假设投资者X没有注意到新信息，而投资者Y注意到了新信息。$t=2$时，所有投资者都注意到了新信息，假设所有投资者都是风险厌恶的，且存在均值—方差型效用函数,则投资者 $a(a=\mathrm{X},\mathrm{Y})$在财富约束下面临的消费最优化问题为:

$$U_a=\mathrm{E}(C_a)-\frac{1}{2}A_a\mathrm{var}(C_a) \tag{3-1}$$

$$\text{s. t. } C_a=W_{0,a}-(x_a-x_{0,a})P_1+x_aP_2$$

其中,$W_{0,a}$和$x_{0,a}$分别为投资者 a 的初始财富和股票持有数量,A_a为风险厌恶系数且$A_a=A_b=A$,x_a为投资者在 $t=1$ 时对股票的最优持有数,E 表示期望,var 表示方差。相当于求解:

$$\max\ x_a[\mathrm{E}_{1,a}(P_2)-P_1]-\frac{1}{2}A\mathrm{var}_{1,a}(x_aP_2) \tag{3-2}$$

根据式(3-2)可得:

$$x_a=\frac{\mathrm{E}_{1,a}(P_2)-P_1}{A\mathrm{var}_{1,a}(P_2)} \tag{3-3}$$

此时,市场出清条件为:

$$nx_{\mathrm{X}}+(1-n)x_{\mathrm{Y}}=I \tag{3-4}$$

假设净供给 I 为 0,股票仅在两类投资者之间换手,则得到:

$$P_1=\omega\mathrm{E}_{1,\mathrm{X}}(P_2)+(1-\omega)\mathrm{E}_{1,\mathrm{Y}}(P_2) \tag{3-5}$$

其中,$\omega=\dfrac{k_1}{k_1+k_2}$,$k_1=\dfrac{n}{\mathrm{var}_{1,a}(P_2)}$,$k_2=\dfrac{1-n}{\mathrm{var}_{1,b}(P_2)}$。

投资者 X 在 $t=1$ 时没有关注到信息的到达,故其期望可以表示为 $\mathrm{E}_{1,\mathrm{X}}(P_2|\varepsilon)=P_0+\varepsilon$,$\mathrm{var}_{1,\mathrm{X}}(P_2|\varepsilon)=\sigma_\varepsilon^2$;而投资者 Y 在 $t=1$ 时关注到了信息,因而有 $\mathrm{E}_{1,\mathrm{Y}}(P_2|\varepsilon,v)=P_0+v+\varepsilon$,$\mathrm{var}_{1,\mathrm{Y}}(P_2|\varepsilon,v)=\sigma_\varepsilon^2+\sigma_v^2$。综上可得:

$$P_1=P_0+\varepsilon+\frac{1-n}{1+mn}v \tag{3-6}$$

其中,$m=\dfrac{\sigma_v^2}{\sigma_\varepsilon^2}$,$1\geqslant\dfrac{1-n}{1+mn}\geqslant 0$,且为 n 的减函数。式(3-6)表明,投资者注意力的有限性造成信息缓慢反映到股票价值之中,股价反映新信息的速度与关注度有限的投资者比例 n 成反比。

二、投资者关注度相关理论模型

(一)理性忽视模型

理性忽视(rational inattention,简称 RI)模型的核心原理是 Shannon(1948)的信息通道(information channel)模型,即将信息流表达成信号输入某一通道,经过处理后,不确定性减少。Sims(2003)将信息所包含的不确定性设定为高斯分布,通过信息通道模型推导出来的最优化问题为二次线性函数,而 Sims(2006)在一个简单的两期储蓄模型中考虑了非二次效用函数,在数学上拓展了前期的理性忽视模型。

Matějka 和 McKay(2015)指出个人在选择投资之前研究回报需要付出高昂代价,因而使用理性疏忽的方法来描述期间的信息摩擦。研究发现,决策者的最优策略的概率选择符合广义多项式 logit 模型,既取决于行动的真实收益,也取决于先前的信念。Maćkowiak 和 Wiederholt(2015)基于理性忽视开发了一个动态随机均衡模型,该模型与货币政策冲击和总体技术冲击的实证脉冲响应相匹配。该研究还指出,理性忽视的利润损失和公共事业损失是非常小的。Steiner 等(2017)在演化状态与选择过程中代理反复获取昂贵信息的背景下构建了具有通用性的理性忽视动态选择模型,将该模型应用于维持现状偏见(the statusquo bias)与由行为惯性导致的冲击延迟调整,以及决策中的准确性和延迟性之间的折中。Maćkowiak 等(2018)通过具有记忆力与理性忽视的 agent 仿真其希望了解当前及未来的最优决策,在动态经济学中,理性忽视造成了由于最佳信号中的噪声引起的动作延迟和由于前瞻性信息选择引起的前瞻性动作的组合,并将此分析结果应用于宏观经济模型中的定价和新闻冲击下的商业周期模型。随后,学者们对此开展了系列研究(Luo et al. ,2010)。

(二)异质注意力模型

大多数行为金融模型认为金融市场上的资产交易是由于主体的异质

性引起的，因为各类投资者在禀赋、偏好、信念以及信息占有上具有差异，才会形成对不同数量的风险资产需求，因而产生资产交易。

Hirshleifer 和 Teoh(2003)、Lambert 等(2003)、Hirshleifer 等(2011)基于有限关注构建模型解释不同收益下的不足与过度反应，本书参考已有研究(彭叠峰，2011)将此模型称为异质注意力模型(heterogeneity attention model，简称 HAM)。该模型假定市场上有两类投资者，疏忽投资者(inattentive investors)和关注投资者(attentive investors)，比例分别为 f 和$(1-f)$。所有投资者均具有均值—方差偏好，关注投资者根据市场公开信息形成信念，疏忽投资者根据先验信念或启发式方法形成信念，在资产供给标准化为 0 的情况下，当前均衡资产价格 P_1 可以写成两类投资者对未来价格 P_2 的加权平均：

$$P_1 = \omega \mathrm{E}_I(P_2) + (1-\omega)\mathrm{E}_A(P_2) \tag{3-7}$$

其中，上标 I 和 A 分别代表疏忽和关注投资者的信念，疏忽信念的权重是疏忽投资者比例 f 的增函数，同时也受到两类投资者的期望风险的影响。

$$\omega = \frac{f/\mathrm{var}_I(P_2)}{f/\mathrm{var}_I(P_2) + (1-f)/\mathrm{var}_A(P_2)} \tag{3-8}$$

Boswijk 等(2007)根据投资者的异质性构建了动态资产定价模型，认为代理人对股票市场的看法要么持均值回归的观点，要么持趋势跟随的观点。其通过实证分析检验了近期股票市场上涨的原因，20 世纪 90 年代之前，趋势跟随只是偶然发生，而到了 90 年代后期，趋势跟随持续存在，造成股票价值偏离异常。近年来，均值回归的复活有助于推动股票价格回到其价值本身。Sicherman 等(2015)基于投资者异质性特点，采用投资者账户登录日志开展了实证研究，研究结果表明，投资者对投资组合信息具有关注选择性，投资者关注度水平及投资者组合收益与投资者自身特征(如性别、年龄等)显著相关。Ng 等(2015)考察了全球 39 个国家的境外投资者异质性在股票流动性中所发挥的作用，外资持股通过交易活动和信息渠道来解释股票流动性，外国直接投资者的监管力所带来的增值收益大于其流动性成本和高逆向选择溢价。Li 等（2016）认为投资者的选择随着投资能力和经验的不同而不同，并对个人投资者、蓝筹股机构投资者和业绩不佳的机构投资者这三类大股东进行了比较分析。研究结果显示，机构投资者会比个人投资者更多地利用公司治理信息，而蓝筹股机构投资者利用公司信息会发挥最大的作用。

除以上两类模型外，还有学者从其他角度提出了注意力配置的相关理论（Santos et al. ，2006；Gabaix et al. ，2001、2003、2005、2006）。Gabaix 等（2005）提出了在给定时间约束下最优注意力配置的过程的认知导向模型（directed cognition model）并得到了 Gabaix 等（2003、2006）的实证支持，在一定程度上解释了股权溢价之谜（Gabaix et al. ，2001）。另外，金雪军和周建锋（2015）根据投资者关注的约束条件是否为内生决定，将已有的理论研究分为关注度内生模型和关注度外生模型，并进行相应的总结与归纳，为充分认识该领域的理论研究起到了很好的梳理作用。

第二节　投资者关注度的度量方法

一、投资者关注度指标的不同度量方法

（一）变量的符号表示

本书采用东方财富 Choice 金融终端提供的投资者关注度数据作为投资者关注度的衡量指标，记作 IAVS，也称为累积用户关注度。假设有 X 个投资者（$x = 1,2,\cdots,X$），J 种股票（$j = 1,2,\cdots,J$），I 个投资组合或股票指数（$i= 1,2,\cdots,I$）。对于股票 j，$\mathrm{IAVS}_{j,t}$ 表示股票 j 在 t 时刻的关注度；

对于指数 i,$IAVS_{i,t}$ 表示股票指数 i 在 t 时刻的关注度。具体来讲,$N=IAVS_{j,t}$ 则表示 t 时刻在 Choice 金融终端平台共有 N 位投资者将股票 j 放入其自选股票池内。

（二）个股投资者关注度的度量方法

就个体投资者而言,相比出售股票的情况,投资者购买股票时更易受关注度的影响,因为当出售股票时,多数投资者只考虑他们拥有的股票,所以被考虑的股票数量是很少的。而当投资者购买股票时,他们若要评价每只可获得的股票几乎是不可能的,故投资者只能考虑近来能引起他们关注的那些股票。因此,本书重点关注金融终端内投资者对个股加关注的行为,即每日该股票在多少注册用户的自选股列表中。其中,自选股列表以用户在东方财富主页、东方财富 APP 产品、东方财富 PC 产品其中之一登录注册账号操作自选股后的最终自选股数据为准。例如,平安银行(000001. sz)在 2014 年 1 月 1 日的关注度为 112205 位,则表示截至 2014 年 1 月 1 日 0 点,平安银行被 112205 位注册用户加入其自选股中。

另外,从关注度基数上来看,由于个股上市时间、企业规模、所属行业等不同,其投资者关注度基数存在很大差异。也就是说,个股投资者关注度的绝对值存在显著差异,其相对值可能更有参考价值。因此,可以采用个股投资者关注度的日度增量来研究个股投资者关注度。记 $D\_IAVS_{j,t}$ 表示股票 j 在 t 时刻的关注度增量,计算方法见式(3-9)。

$$D\_IAVS_{j,t}=IAVS_{j,t}-IAVS_{j,t-1} \tag{3-9}$$

此外,也可以采用股票关注指数衡量关注度变化率,具体指的是当日自选股中有该股票的用户变化数量(即关注度增量)与上一日自选股中有该股票的用户总数(即累积用户关注度)的比值。记 $I\_IAVS_{j,t}$ 表示股票 j 在 t 时刻的受关注度指数,计算方法见式(3-10)。

$$I\_IAVS_{j,t}=\frac{D\_IAVS_{j,t}}{IAVS_{j,t-1}}\times 100 \tag{3-10}$$

与此同时，本书也将采用被广泛认可的搜索量来度量投资者关注度，以此方法作为对照变量来验证金融终端关注度数据的有效性。通过搜索引擎端来搜索股票相关信息一般有两种途径：一是通过股票名称搜索相关信息，二是通过股票代码搜索相关信息。用 $\mathrm{BIname}_{j,t}$ 表示用户在 t 时刻采用股票 j 的名称完成的搜索总量；$\mathrm{BIcode}_{j,t}$ 表示用户在 t 时刻采用股票 j 的代码完成的搜索总量；$BI_{j,t}$ 表示股票 j 在 t 时刻的用户搜索值，计算方法见式(3-11)。

$$BI_{j,t}=\mathrm{BIname}_{j,t}+\mathrm{BIcode}_{j,t} \tag{3-11}$$

（三）证券组合和市场的投资者关注度度量方法

证券组合的投资者关注度度量，需要考虑证券组合内个股的权重值，因此采用市值加权法计算。假设 t 时刻证券组合 X 内包含 n 只股票，记为 t 时刻股票 j 在证券组合 X 内的权重值，记 $\mathrm{IAVS}_{X,t}$ 为证券组合 X 在 t 时刻的累计关注度，计算方法见式(3-12)。

$$\mathrm{IAVS}_{X,t}=\sum_{j=1}^{n}(\mathrm{IAVS}_{j,t}\times w_{j,t}) \tag{3-12}$$

另记 $\mathrm{D\_IAVS}_{X,t}$ 为在 t 时刻证券组合 X 的关注度增量，计算方法见式(3-13)。

$$\mathrm{D\_IAVS}_{X,t}=\sum_{j=1}^{n}(\mathrm{D\_IAVS}_{j,t}\times w_{j,t}) \tag{3-13}$$

同样采用证券组合关注指数衡量关注度变化率，记 $\mathrm{I\_IAVS}_{X,t}$ 为证券组合 X 在 t 时刻的关注度变化率，计算方法见式(3-14)。

$$\mathrm{I\_IAVS}_{X,t}=\frac{\mathrm{D\_IAVS}_{X,t}}{\mathrm{IAVS}_{X,t-1}}\times 100 \tag{3-14}$$

全市场的投资者关注度与证券组合的投资者关注度计算方法类似，只是对应的股票是整个市场的股票，而不是证券组合中包含的股票。由于全市场内很难计算股票 j 的具体权重，因此，本书在计算全市场投资者关注度时,不考虑股票的权重值。

二、金融终端数据度量投资者关注度的特点

综合现有文献,相对于直接反映金融市场交易行为和资产价格变化的特征变量及间接影响金融市场交易行为与资产价格的变量来量化投资者关注程度而言,基于互联网层面的新兴投资者关注度代理变量是判断投资者对某只特定股票关注程度更为直接的衡量指标,能够对投资者行为和股票市场异象研究提供进一步的证据。而在基于互联网层面的新兴投资者关注度代理变量中,现有研究一致认为,搜索量是一个明显的注意力指标,如果投资者在谷歌或百度中搜索一只股票,那无疑表明投资者对这只股票是注意的(Da et al.,2011;Bank et al.,2011)。

本书采用Choice金融终端的投资者对股票加自选数据来度量投资者关注度,相较于搜索量而言,Choice金融终端投资者关注度数据具有以下特点。

一是更加聚焦投资者关注本身。事实上,股票市场真正的投资者大多借助专业的金融终端看盘或交易,很少有投资者从大众媒体或搜索引擎平台进入交易平台。

二是数据噪声低。金融终端数据提供了投资者关注某只股票的直接证据,而引起搜索平台用户对某只股票名称或代码进行搜索的原因有很多,有可能是对公司产品的关注,也有可能是对公司业务的关注。因此,从投资者关注度衡量角度而言,金融终端数据噪声要远低于搜索引擎。

因此,我们认为金融终端数据价值密度更大,可信度更高。本书第五章会基于这两类不同度量方法对股票市场波动的影响给出实证检验。为了方便起见,如果不加注明,文中的投资者关注度一般都采用Choice金融终端提供的投资者关注度数据进行度量。

第三节 投资者关注度分布

一、投资者关注度分布检验

(一)Jarque-Bera 正态性检验

正态性检验是利用观测数据判断总体是否服从正态分布的检验,它是统计分析中重要的一种特殊的拟合优度假设检验。正态性检验方法有很多,如 χ^2 检验、Sapiro-Wilk 检验、Kolmogorov-Smirnov 检验、Anderson-Darling 检验等。针对金融数据经常出现的高峰胖尾特征,本书采用 Bera 和 Jarque(1982)提出的基于偏度和峰度的正态性检验。

Jarque-Bera 检验基于数据样本的偏度和峰度,评价给定数据服从未知均值和方差正态分布的假设是否成立。随机变量 x 的偏度和峰度分别指 x 的三阶中心矩 V_1 与四阶中心矩 V_2。

$$V_1=\mathrm{E}\left\{\left[\frac{x-\mathrm{E}(x)}{\sqrt{\mathrm{D}(x)}}\right]^3\right\}=\frac{\mathrm{E}\{[x-\mathrm{E}(x)]^3\}}{[\mathrm{D}(x)]^{\frac{3}{2}}}$$

$$V_2=\mathrm{E}\left\{\left[\frac{x-\mathrm{E}(x)}{\sqrt{\mathrm{D}(x)}}\right]^4\right\}=\frac{\mathrm{E}\{[x-\mathrm{E}(x)]^4\}}{[\mathrm{D}(x)]^2} \tag{3-15}$$

若样本来自正态总体,则 $V_1=0$ 且 $V_2=3$。

记 V_1、V_2 的矩估计分别为 g_1、g_2,则 JB 统计量为:

$$JB=\frac{N}{6}g_1^2+\frac{N}{24}(g_2-3)^2 \tag{3-16}$$

当 x 服从正态分布时,JB 为一渐近 $\chi^2(2)$ 分布。当显著性水平分别为 0.01、0.05 和 0.10 时,其对应的临界值分别为 9.210、5.991 和 4.605。

(二)日关注度分布

数据:上海证券交易所上市的平安银行(000001.sz)的日关注度序列、

日关注度增量序列及日关注指数序列。

样本区间:2014 年 1 月 1 日—2018 年 10 月 31 日,共计 1765 日。

日关注度序列、日关注度增量序列及日关注指数序列的频率分布直方图及统计结果如图 3-1、图 3-2 和图 3-3 所示。

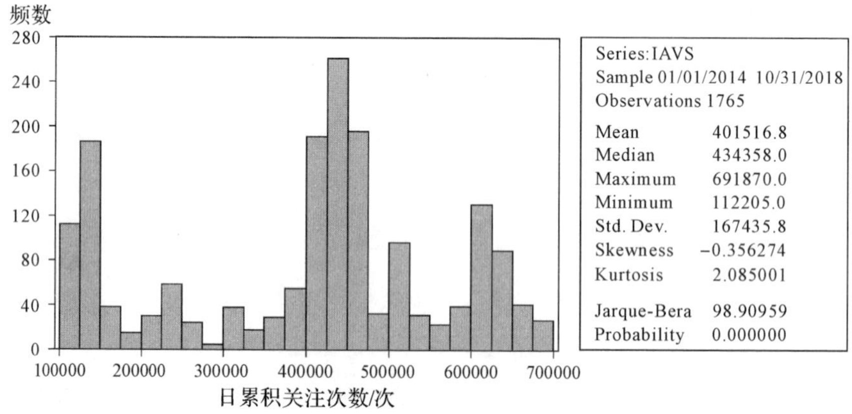

图 3-1 个股(以平安银行为例)日累积关注度频数分布直方图及统计结果

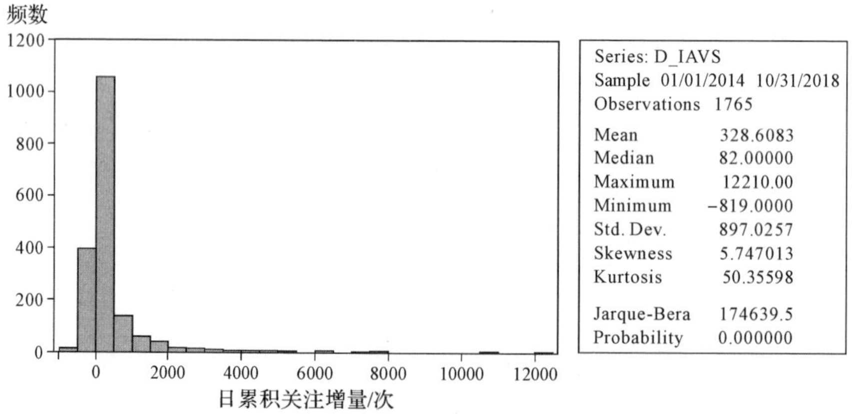

图 3-2 个股(以平安银行为例)日累积关注度增量频数分布直方图及统计结果

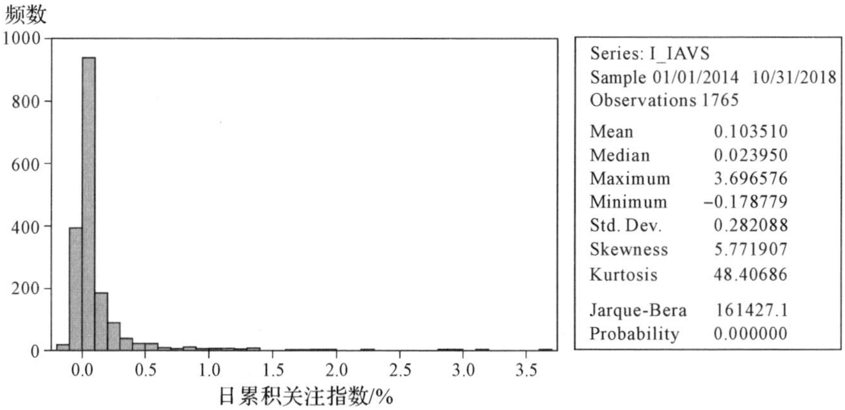

图 3-3 个股(以平安银行为例)日累积关注指数频数分布直方图及统计结果

（三）周关注度分布

数据：上海证券交易所上市的平安银行(000001. sz)的周关注度序列、周关注度增量序列及周关注指数序列。

样本区间：2014 年 1 月 1 日—2018 年 10 月 31 日，共计 251 周。

周关注度序列、周关注度增量序列及周关注指数序列的频率分布直方图及统计结果如图 3-4、图 3-5 和图 3-6 所示。

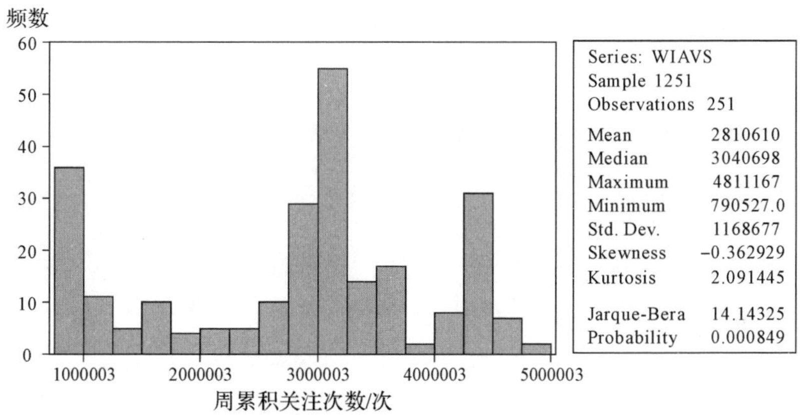

图 3-4 个股(以平安银行为例)周累积关注度频数分布直方图及统计结果

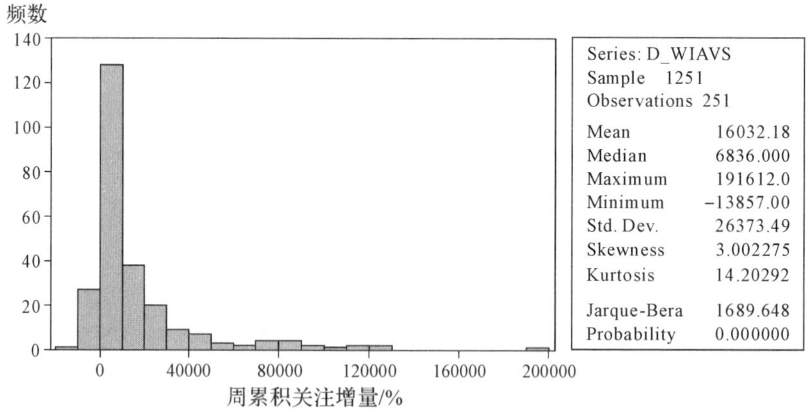

图 3-5　个股(以平安银行为例)周累积关注度增量频数分布直方图及统计结果

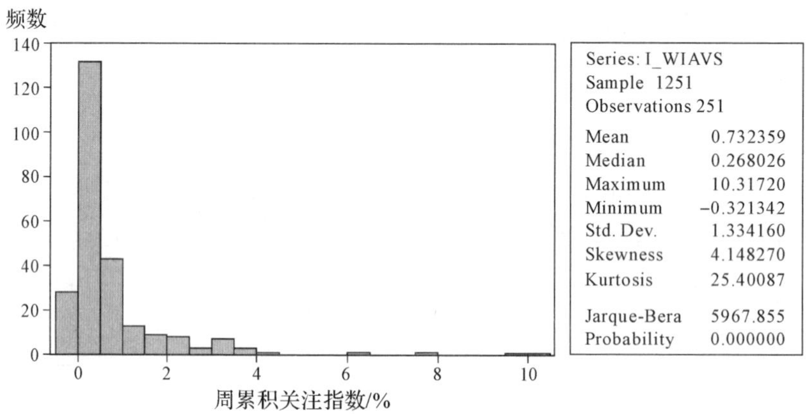

图 3-6　个股(以平安银行为例)周累积关注指数频数分布直方图及统计结果

(四)总结与讨论

本部分以平安银行为例,对个股的日度和周度关注度序列、关注度增量序列及关注指数序列的频率分布直方图及统计结果进行了分析,结果显示对应的临界值均大于 9.210,因此可以认为个股的日度和周度关注度、关注度增量及关注指数值均不满足正态分布。

二、投资者关注度趋势分布

(一)个股投资者关注度分布

为了直观认识关注度整体变化趋势，以2014年为例，给出个股（以平安银行为例）累积关注度和日关注度增量示意图，如图3-7所示。

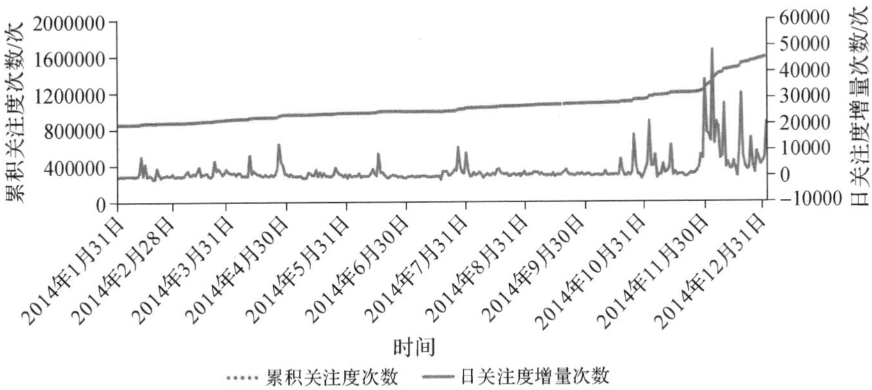

图3-7 2014年个股(以平安银行为例)累积关注度和日关注度增量

由图3-7可知，个股（平安银行为例）日关注度增量变化幅度较大，最高的日度增量次数接近50000，而最低的日度增量次数接近于0。2014年，个股（平安银行为例）累积关注度次数呈持续上升的趋势，且在2014年最后一个月增幅明显。

(二)证券组合加权累积关注度分布

数据：沪深300指数[①]（HSI300），剔除不完整数据（如样本期内上市的新股或退市的股票数据）。

样本区间：2014年1月1日—2017年12月31日所有交易日信息，共

① 沪深300指数以在上海证券交易所和深圳证券交易所上市的所有股票中选取规模大、流动性强且最具代表性的300家成分股作为编制对象，是沪深证券交易所联合开发的第一个反映A股市场整体走势的指数。

计 977 天。

按年份对样本期内沪深 300 指数的加权累积关注度 CW_IAVS 进行统计,结果如表 3-1 所示。

表 3-1 2014—2017 年沪深 300 指数年度加权累积关注度统计结果

年份	交易日数	Max(CW_IAVS)	Avg(CW_IAVS)	Med(CW_IAVS)	Min(CW_IAVS)
2014	245	17884858	9490507	8791583	6975109
2015	244	41475499	32474595	36072920	18212722
2016	244	50827245	46516714	46277060	41531298
2017	244	60952575	54411046	54260676	50159634

基于沪深 300 指数成分股权重及其对应的个股累积关注度,参照式(3-12)计算所得的沪深 300 指数加权累积关注度,给出了沪深 300 指数加权累积关注度趋势图,如图 3-8 所示。从图 3-8 可知,用户对股票指数的加权累积关注度呈逐年递增的趋势。

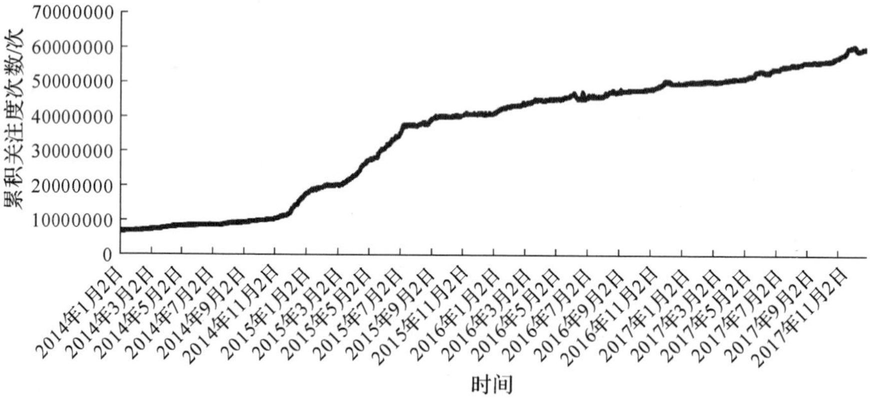

图 3-8 沪深 300 指数加权累积关注度趋势

(三)年度累积关注度分布

数据:上海证券交易所(Shanghai Stock Exchange,简称 SSE)和深圳证

券交易所(Shenzhen Stock Exchange,简称 SZSE)上市的所有股票,剔除不完整数据,如样本期内上市的新股或退市的股票数据。

样本区间:2014 年 1 月 1 日—2016 年 12 月 31 日所有日度数据(包括非交易日),共计 1095 天。

按照年份和证券市场区分,对每只股票的年度累积用户关注度C_IAVS进行统计,结果如表 3-2 所示,并对个股年度累积关注度分布情况进行可视化表达,如图 3-9 所示。

表 3-2　2014—2016 年个股年度累积关注度统计结果

年份	证券市场	股票数量	Max(C_IAVS)	Avg(C_IAVS)	Med(C_IAVS)	Min(C_IAVS)
2014	SSE	986	5403434	272959	217769	86
2015	SSE	984	12765074	783611	537831	401
2016	SSE	1073	28339129	1126740	819464	5621
2014	SZSE	1254	3154883	217230	178934	4
2015	SZSE	1202	8163248	550947	429314	113
2016	SZSE	1249	9514702	910789	746150	167

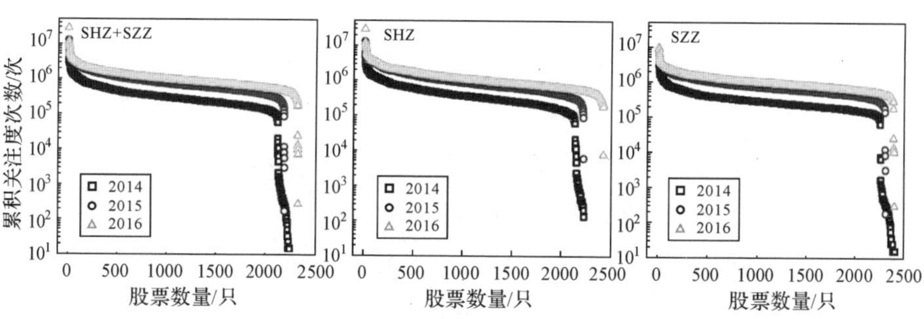

图 3-9　个股年度累积关注度分布

从表 3-2 和图 3-9 可知,不同股票的用户年度累积关注度存在很大差异,其中:年度累积关注最低股票的关注度数值为个位数,如 2014 年深圳证券交易所上市的某只股票年度累积关注度仅为 4;而年度累积关注最高股票的关注度数值超过 10^7,如 2016 年上海证券交易所上市的某只股票年度累积关注度为 28339129。但无论是上海证券交易所还是深圳证券交易所,个股年度累积关注度表现出较为一致的趋势,即个股年度累积关注度呈逐年递增的态势。

(四)分析与讨论

基于以上分析可知,市场整体关注度、证券组合加权累计关注度及个股累积关注度存在年度差异,但整体趋势呈逐年递增态势。

第四节　投资者关注度的自相关性、平稳性和异方差性

一、投资者关注度的自相关性

(一)自相关性检验方法

通常采用德宾-沃森统计量(DW 统计量)检验一阶序列相关。对于扰动项 μ_t 建立一阶自回归方程:

$$\mu_t=\rho\mu_{t-1}+\varepsilon_t,\quad t=1,2,\cdots,T \tag{3-17}$$

DW 统计量检验的原假设是 $\rho=0$,备选假设是 $\rho\neq0$。如果序列不相关,则 DW 值在 2 附近;如果存在正序列相关,则 DW 值将小于 2(最小为 0);如果存在负序列相关,则 DW 值将在 2～4 之间。

另外,还可以应用所估计回归方程残差序列的自相关和偏自相关系数,以及琼-博克斯 Q 统计量来检验序列相关。Q 统计量的表达式为:

$$Q_{LB}=T(T+2)\sum_{j=1}^{p}\frac{r_j^2}{T-j} \tag{3-18}$$

其中,r_j 是残差序列的 j 阶自相关系数,T 为样本容量,p 是设定的滞后阶数。

(二)股票指数关注度的自相关性

数据:股票指数(以沪深 300 指数为例)加权累积关注度增量。

样本区间:2014 年 1 月 1 日—2017 年 12 月 31 日所有交易日信息,共计 977 天。

图 3-10 是股票指数(以沪深 300 指数为例)加权累积关注度增量序列的 Q 检验结果。

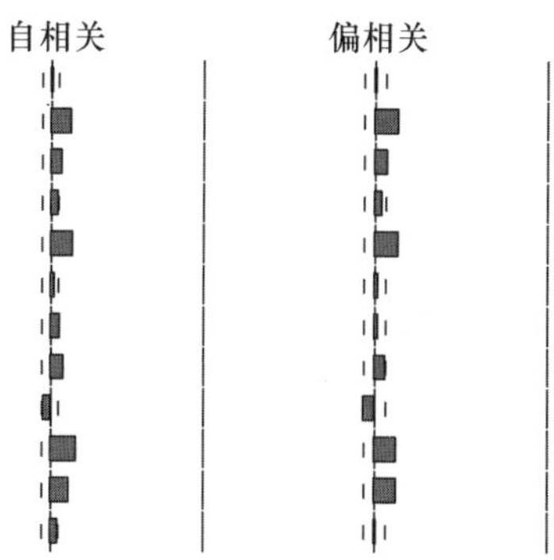

	自相关系数	偏相关系数	Q统计量	Prob.
1	0.002	0.002	0.0027	0.958
2	0.147	0.147	21.055	0.000
3	0.079	0.080	27.185	0.000
4	0.061	0.041	30.853	0.000
5	0.163	0.145	57.012	0.000
6	0.038	0.023	58.398	0.000
7	0.066	0.018	62.652	0.000
8	0.097	0.071	71.879	0.000
9	-0.041	-0.071	73.555	0.000
10	0.180	0.134	105.67	0.000
11	0.123	0.131	120.71	0.000
12	0.055	0.008	123.72	0.000

图 3-10　沪深 300 指数加权关注度增量序列的 Q 检验结果

DW 值为 2.0,表明沪深 300 指数加权累积关注度增量不存在一阶序列相关,但图 3-10 的检验结果显示,序列的第 2、3、5、8、9、10、11 阶偏相关系数都超出了虚线部分,且 Q 统计量的 P 值都小于 5%,说明在 5%的显著性水平下,拒绝原假设,存在序列相关。因此,沪深 300 指数加权关注度增量序列表现出自相关性。

(三)个股关注度的自相关性

数据:个股(以平安银行为例)的关注度增量序列。

样本期间:2014 年 1 月 1 日—2018 年 10 月 31 日所有日度数据(包括非交易日),共计 1765 日。

图 3-11 是个股(以平安银行为例)加权累积关注度增量序列的 Q 检验

结果。

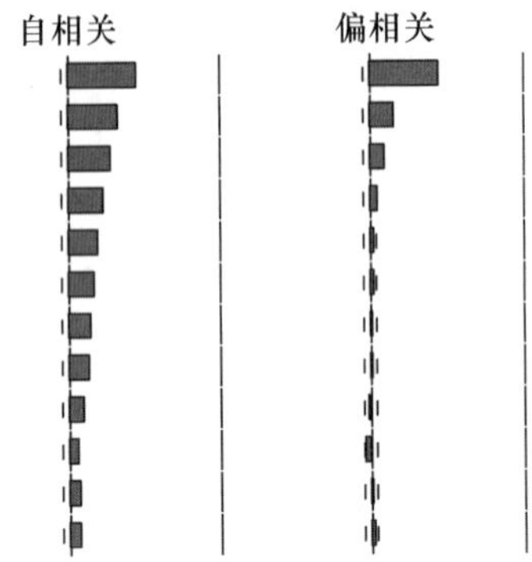

	自相关系数	偏相关系数	Q统计量	Prob.
1	0.469	0.469	389.06	0.000
2	0.350	0.167	606.30	0.000
3	0.301	0.113	766.44	0.000
4	0.245	0.050	872.87	0.000
5	0.211	0.039	951.52	0.000
6	0.187	0.033	1013.7	0.000
7	0.154	0.008	1055.5	0.000
8	0.142	0.024	1091.4	0.000
9	0.110	-0.009	1112.8	0.000
10	0.073	-0.025	1122.3	0.000
11	0.074	0.013	1132.1	0.000
12	0.084	0.031	1144.7	0.000

图 3-11　个股(平安银行为例)加权累积关注度增量序列的 Q 检验结果

由于 DW 值为 2.2138,则表明个股(以平安银行为例)加权累积关注度增量存在负的序列相关。从图 3-11 的检验结果还可以发现,序列的第 1～4 阶偏相关系数都超出了虚线部分,且 Q 统计量的 P 值都小于 5%,说明在 5%的显著性水平下,拒绝原假设,存在序列相关。因此,个股(以平安银行为例)关注度增量序列表现出自相关性。

(四)结论与讨论

对股票指数(以沪深 300 指数为例)加权累积关注度增量序列和个股(以平安银行为例)关注度增量序列的实证检验结果表明,股票指数和个股的投资者关注度序列表现出自相关性。

二、投资者关注度的平稳性

(一)平稳性的 ADF 检验

当前随机变量平稳性检验最常见的方法是 Dickey 等(1979)的 ADF 单位根检验。首先,Dickey 等(1979)提出了 DF 检验,其形式如下:

$$X_t - X_{t-1} = \mu + \beta X_{t-1} + e_t \tag{3-19}$$

若 β 显著为零，则接受原假设（X_t 具有单位根），X_t 是不平稳的，否则拒绝原假设，即 X_t 是平稳的。

为消除误差自相关及时间趋势，Dickey 和 Fuller（1979）在 DF 检验的基础上又提出了增广的 ADF 检验。

$$X_t - X_{t-1} = \mu + \beta X_{t-1} + \sum_{i=1}^{k} \alpha_t (X_{t-i} - X_{t-i-1}) + e_t \qquad (3\text{-}20)$$

若 β 显著为零，则 X_t 具有单位根，是不平稳的，否则 X_t 是平稳的。随后，MacKinnon（2010）给出了相应 t 检验的临界值，即当显著性水平为 0.01、0.05、0.10 时，其对应的临界值分别为 −3.4385、−2.8643、−2.5683。

（二）股票指数关注度的平稳性检验

数据：股票指数（以沪深 300 指数为例）加权累积关注度增量序列。

样本期间：2014 年 1 月 1 日—2017 年 12 月 31 日所有交易日信息，共计 977 天。

（三）个股关注度的平稳性检验

数据：个股（以平安银行为例）的关注度增量序列。

样本期间：2014 年 1 月 1 日—2018 年 10 月 31 日所有日度数据（包括非交易日），共计 1765 日。

表 3-3 给出了沪深 300 指数及平安银行关注度增量序列的 ADF 检验结果。

表 3-3 沪深 300 指数及平安银行关注度增量序列的 ADF 检验结果

项目名	t 统计量	Prob.
股票指数（沪深 300 指数）	6.00309	0.0000*
个股（平安银行）	14.94011	0.0000*

注：* 表明从 P 值来看，在 1% 的水平上具有显著性差异。

(四)结论与讨论

由表 3-3 可知,虽然股票指数(沪深 300 指数)和个股(平安银行)关注度增量序列存在自相关性,但 ADF 检验结果表明,它们不存在单位根,即无法拒绝序列平稳性的假设,因此可以认为股票指数(沪深 300 指数)和个股(平安银行)关注度增量序列具有平稳性特征。

三、投资者关注度的异方差性

本书采用波特曼托 Q 检验和拉格朗日乘子 LM 来检验模型的残差是否具有随时间而变化的异方差特征,以此对股票指数及个股的关注度序列进行实证检验。

(一)波特曼托 Q 检验

Mcleod 和 Li(1983)提出了波特曼托 Q 统计方法,用于检验残差平方序列的自相关性。该方法的构造思想是:如果残差序列方差非齐,且具有集群效应,则残差平方序列通常具有自相关性。所以方差非齐检验可以转化为残差平方序列的自相关性检验。

按照传统的 OLS 方法对 $y_t = x_t B + \varepsilon_t$ 进行回归,得到样本的残差值 $\hat{\varepsilon}_t$。波特曼托 Q 统计方法基于残差平方检验序列的独立性。

$$Q(q) = N(N+2)\sum_{i=1}^{q}\frac{r(i,\hat{\varepsilon}_t{}^2)}{N-i} \tag{3-21}$$

其中:

$$r(i,\hat{\varepsilon}_t^2) = \frac{\sum_{t=i+1}^{N}(\hat{\varepsilon}_t^2 - \hat{\sigma}^2)(\hat{\varepsilon}_{t-i}^2 - \hat{\sigma}^2)}{\sum_{t=1}^{N}(\hat{\varepsilon}_t^2 - \hat{\sigma}^2)^2}$$

$$\hat{\sigma}^2 = (1/N)\sum_{t=1}^{N}\hat{\varepsilon}_t^2$$

在残差值 ε_t 为白噪声的原假设下,式(3-21) 的 $Q(q)$统计量服从渐近

$\chi^2(q)$分布。

(二)拉格朗日乘子 LM 检验

Engle(1982)基于拉格朗日乘子原理得出拉格朗日乘子 LM 检验。按照传统的 OLS 方法对 $y_t = x_t B + \varepsilon_t$ 进行回归，得到样本的残差值 $\hat{\varepsilon}_t$。对于 q 阶 ARCH 过程的 LM 检验，见式(3-22)。

$$LM(q) = N \cdot \frac{W'Z(Z'Z)^{-1}Z'W}{W'W} \tag{3-22}$$

其中：

$$W = \left(\frac{\hat{\varepsilon}_1^2}{\hat{\sigma}^2}, \frac{\hat{\varepsilon}_2^2}{\hat{\sigma}^2}, \cdots, \frac{\hat{\varepsilon}_N^2}{\hat{\sigma}^2}\right)$$

$$Z = \begin{bmatrix} 1 & \hat{\varepsilon}_0^2 & \cdots & \hat{\varepsilon}_{1-q}^2 \\ 1 & \hat{\varepsilon}_1^2 & \cdots & \hat{\varepsilon}_{2-q}^2 \\ \vdots & \vdots & \vdots & \vdots \\ 1 & \hat{\varepsilon}_{N-1}^2 & \cdots & \hat{\varepsilon}_{N-q}^2 \end{bmatrix}$$

在残差值 ε_t 为白噪声的原假设下，式(3-22)的 $LM(q)$ 统计量服从渐近 $\chi^2(q)$分布。

(三)股票指数关注度的异方差性检验

数据：股票指数(以沪深 300 指数为例)加权累积关注度增量序列。

样本期间：2014 年 1 月 1 日—2017 年 12 月 31 日所有交易日信息，共计 977 天。

为了检验关注度增量序列的波动是否具有条件异方差性，本例进行估计的基本形式为：

$$\text{D\_IAVS}_{j,t} = \gamma \cdot \text{D\_IAVS}_{j,t-1} + \mu_t \tag{3-23}$$

首先，参照式(3-23)对股票指数(以沪深 300 指数为例)的加权关注度增量序列进行条件异方差的 LM 检验，得到了在滞后阶数 $p=3$ 时的 LM 检验结果(见表 3-4)和残差平方的自相关与偏相关系数(见图 3-12)。由于值为0,故拒绝原假设,说明式(3-23)对股票指数(以沪深300指数为例)加权关注度增量序列的检验结果是显著的,认为股票指数关注度增量序列存在异方差。

表 3-4　股票指数(以沪深 300 指数为例)加权关注度增量序列的异方差性检验

F-统计量	9.27529	Prob. *F*(3,1759)	0.0000
TR-squared	27.18999	Prob. Chi-Square(3)	0.0000

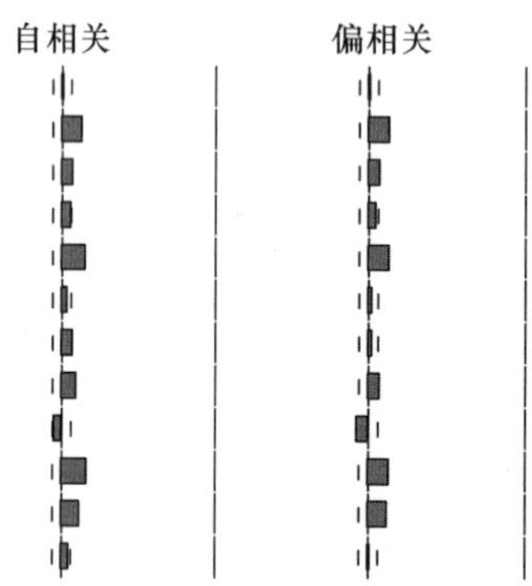

	自相关系数	偏相关系数	Q统计量	Prob.
1	0.002	0.002	0.0027	0.958
2	0.147	0.147	21.055	0.000
3	0.079	0.080	27.185	0.000
4	0.061	0.041	30.853	0.000
5	0.163	0.145	57.012	0.000
6	0.038	0.023	58.398	0.000
7	0.066	0.018	62.652	0.000
8	0.097	0.071	71.879	0.000
9	-0.041	-0.071	73.555	0.000
10	0.180	0.134	105.67	0.000
11	0.123	0.131	120.71	0.000
12	0.055	0.008	123.72	0.000

图 3-12　股票指数(以沪深 300 指数为例)加权关注度增量序列的 *Q* 检验结果

由于自相关系数和偏自相关系数显著不为0,而且*Q*统计量非常显著,所以可以认为,式(3-23)的残差序列存在异方差。

(四)个股关注度的异方差性检验

数据:个股(以平安银行为例)的关注度增量序列。

样本期间:2014年1月1日—2018年10月31日所有日度数据(包括非交易日),共计1765日。

参照式(3-23)对个股(以平安银行为例)关注度增量序列进行条件异方差的*LM*检验,得到了在滞后阶数$p=3$时的*LM*检验结果(见表3-5)和残差平方的自相关与偏相关系数(见图3-13)。由于*P*值为0,拒绝原假设，说明式(3-23)对个股(以平安银行为例)关注度增量序列的检验结果是显著的，所以可以认为个股关注度增量序列存在异方差。

表 3-5　个股(以平安银行为例)关注度增量序列的异方差性检验

F-统计量	26.12722	Prob. *F*(3,1759)	0.0000
TR-squared	75.25123	Prob. Chi-Square(3)	0.0000

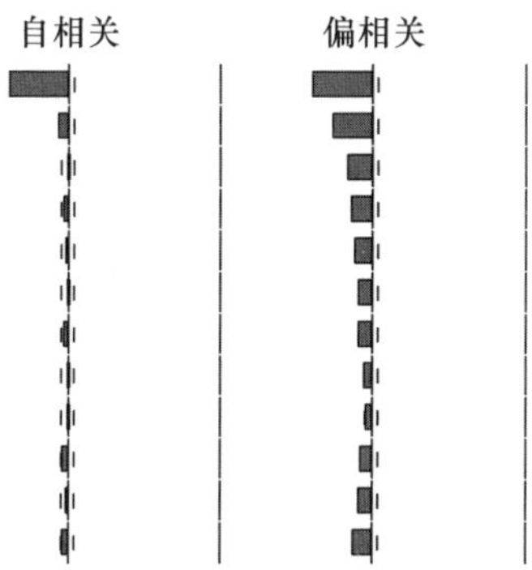

	自相关系数	偏相关系数	*Q*统计量	Prob.
1	-0.388	-0.388	266.20	0.000
2	-0.065	-0.254	273.67	0.000
3	0.006	-0.157	273.73	0.000
4	-0.020	-0.128	274.44	0.000
5	-0.011	-0.110	274.65	0.000
6	0.010	-0.077	274.82	0.000
7	-0.021	-0.085	275.58	0.000
8	0.020	-0.049	276.28	0.000
9	0.003	-0.031	276.30	0.000
10	-0.035	-0.067	278.45	0.000
11	-0.009	-0.081	278.59	0.000
12	-0.030	-0.122	280.17	0.000

图 3-13　个股(以平安银行为例)关注度增量序列的 *Q* 检验结果

由于自相关系数和偏自相关系数显著不为 0，而且 *Q* 统计量非常显著，所以认为式(3-23)的残差序列存在异方差。

(五)结论与讨论

由以上检验结果可知，不管是 *LM* 检验还是 *Q* 检验，对于股票指数(以沪深 300 指数为例)的加权关注度增量序列和个股(以平安银行为例)的关注度增量序列而言，其检验值均是显著的，故可以认为股票指数(以沪深 300 指数为例)的加权关注度增量序列和个股(以平安银行为例)的关注度增量序列存在异方差。

第五节　本章小结

本章讨论了投资者关注度的度量方法及其统计特征,主要内容概括如下:

第一节重点介绍了关注度的概念及其稀缺性,并对投资者关注度相关理论模型、理性忽视模型和异质注意力模型进行分析,尽可能较为全面地阐述投资者关注度的内涵。

第二节基于对现有投资者关注度度量方法的对比,介绍了本书拟采用Choice金融终端的投资者对自选股加关注数据来度量个股、证券组合及全市场的投资者关注度的方法。

第三节则从实证角度研究了投资者关注度增量序列的分布特征,通过股票指数(以沪深300指数为例)的加权关注度增量和个股(以平安银行为例)的关注度增量的实证检验,表明个股的日关注度和周关注度不满足正态分布。个股和指数的投资者累积关注度均呈逐年递增的趋势。

第四节研究了投资者关注度的时间序列特征——序列自相关性、平稳性和异方差性,股票指数(以沪深300指数为例)的加权关注度增量和个股(以平安银行为例)的关注度增量的实证检验表明,以上关注度序列具有序列自相关性、平稳性和异方差性。

第四章　投资者群体关注行为模式分析

本章将重点讨论累积关注与近期关注对于股票市场中投资者群体关注模式的作用。首先，基于群体智慧理论分析投资者群体关注的特征及其预测能力，并对投资者群体关注过程中的“择优选择”与“记忆效应”进行理论分析。然后，基于理论分析构建投资者群体关注行为模式生成模型。最后，通过优化实验仿真生成数据集和原始数据集的拟合度，得到最佳的投资者关注概率函数。结果显示，2014—2016 年不同证券市场(上海证券交易所和深圳证券交易所)投资者的股票关注行为更易受近期关注的影响。

第一节　投资者群体关注行为模式的理论基础

一、投资者群体关注理论

(一)群体智慧理论

群体智慧，也称集体智能、群智等，是一种共享的或者群体的智能，是集结众人意见进而转化为决策的一种过程。Mackay(1869)就讨论过群体是否有智慧的话题，他认为群体是疯狂的。这可能是因为群体总体判断被群体系统性的认识偏差所扭曲,也有可能是个体无法独立思考而导致他们的判断被群体观点所影响(Herzog et al.,2011;廖理等,2018)。

但是越来越多的研究却认为多数人的群体智慧超过少数人的个体智慧(Surowiecki,2004;Mennis,2010;Mollick et al.,2015)。群体智慧理论进一步指出,在适当的环境下,群体在智力上表现得非常出色,而且往往比群体中最聪明的人还要聪明。当在某一群体中对以一种正确的方式汇聚起来个体各自并不完善的判断力时,群体智慧往往表现得近乎完美。也就是说,作为一个独立的存在,群体本身具有超越一般个体智慧的功能。就股票市场而言,投资者关注行为便是群体智慧的集中表现。

(二)投资者群体关注特征

群体智慧理论指出,要使群体拥有超过"个体精英智慧"的群体智慧并能够做出明智的决定,至少需要具备以下四个特征:一是多样性,即每个人都必须拥有自己独立的见解。在证券市场中,个体投资者必然来自社会的多个阶层和行业,这说明股票市场投资者具有多样性的特征。二是独立性,即人们对事物的判断不仅仅依赖于周围人。具体到股票市场,虽然投资者交易会表现出"羊群效应",但个体投资者的关注行为和交易行为并不以依赖于周围人为主,其在更多时候表现出交易的独立性。三是分散与分权化,即人们可以充分发挥个体的独特性与差异性。基于互联网平台的股票交易在技术上能够体现其分散与分权化的特征。四是集中化,指一种能够集中诸个体判断,并在此基础上形成群体决策智慧的机制。在股票市场中,股吧论坛提供的交流渠道不仅能聚集大众智慧,形成智慧合力,又能尽可能地为个体投资者提供信息,是股票市场形成群体决策智慧的平台。因此认为,投资者关注行为契合群体智慧所要求具备的基本特征。

从理论上来讲,投资者关注能够落入群体智慧理论所设定的规范类型,并符合群体发挥其智慧的条件,因此,群体智慧理论可作为投资者关注的理论基石。投资者对股票市场的集体关注能够密切反映投资者的投资兴趣与潜在交易行为，因此，通过分析投资者对不同股票的集体关注与转移对于理解投资者关注行为本身具有重要意义。

（三）投资者群体关注的预测能力

来自不同地域，从事不同职业，处于不同年龄阶段的股票市场投资者，不论他们信奉怎样的投资理念或采取怎样的投资策略，他们都拥有一个共同的目标，即获利。从长远来看，单个投资者的关注行为对股票市场的影响微乎其微，然而，投资者关注作为一个有着共同目标的群体对股票市场的影响却不能被忽视。

投资者群体智慧的重要性体现在其对市场的预测能力上，如 Ray（2006）发现在利率、汇率、通胀率、股价、商品价格以及许多宏观经济金融变量的预测问题上，群体智慧都有着惊人的准确性。Heiberger（2015）采用网络分析方法，利用大量社会化媒体数据对集体注意力转移进行了研究，结果表明，集体注意力转移先于股票市场网络的结构变化。Heiberger（2015）的研究也指出，当今社会，网络的迅速发展使人们获取信息的时间缩短，通过谷歌指数中投资者对“坏消息”的搜索数据可以发现金融系统风险的前兆，而且在搜索量变化不太大的常规市场活动中，集体注意力转移会对其金融行为产生一定的影响。

二、投资者群体关注行为模式理论分析

投资者群体关注行为是影响群体决策的核心内容，并且已经在不同学科中得到了广泛关注。Wu 和 Huberman（2007）分析了一个交互式网站——digg. com 的 100 万用户对上千篇小说新闻的集体注意力的动态演化过程，指出群体内的新奇性会基于指数规律而衰减，进一步验证了注意力会随着时间尺度而衰减这一过程。关于投资者群体中潜在的关注行为

动态演化过程,可以考虑一只股票受到投资者关注的例子。当一只新股上市时,它可能会引起一些投资者的注意,其中部分投资者如果觉得这只股票具有很大的升值空间,就可能会把这只股票告知其他人,进而引起更多人开始关注这只股票,那么这只股票的投资者关注度就会持续增加并引起曝光率的增加,这就是所谓的正向强化。本章研究投资者群体关注行为就是想了解投资者对某只股票的关注是如何在大量人群中传播演化并最终消退的。

(一)投资者群体关注度的"择优选择"

择优选择,又可称作"偏好连接",这一理论是 Barabási 和 Albert(1999)在建立无标度网络(BA 网络)并解释节点度呈现幂律分布的特征时提出的。其核心思想是:在很多真实网络体系中,节点间新增的边并不是随机连接的,节点更倾向于和度较大的点相连接。现实中,这一理论反映了用户对产品选择的一种行为机制,用户倾向于购买累积销售量最高的商品,下载累积观看人数最多的电影,安装累积使用量最大的应用程序,关注累积好友人数最多的博主,等等,这一行为模式会使得原本就"优"的产品,变得更"优",产生所谓"富者更富"的产品流行性演化趋势。这一理论在人口动力学和网络科学中得到了广泛的验证,如:Szabo 和 Huberman(2010)的研究发现,用户对于网络内容的早期访问程度可以预测该内容的长期受欢迎程度;Borghol 等(2012)对 YouTube 等网站视频流行程度的"内容不可知(content-agnostic)"因素进行了分析,发现除了新视频外,视频的累积点击量是其长期受欢迎程度的主要影响因素。

证券市场中,每位投资者都急于获取更多的市场动态信息,而由于投资者有限关注的限制,大部分投资者在有限的时间和精力内只能关注某几只股票,他们往往会将其关注的股票放入个人账户的自选股中,以便及时查看这几只股票的最新动态。而在大部分的金融终端等交易平台,用户随时可以获取全市场关注度排名前十或前几十的股票信息，位于投资者关注度排名顶端位置的股票可能会吸引更多的投资者关注，从而导致出现“富者更富”现象。也就是说，在不完全信息的市场中，前人已形成了公共信息，而拥有极有限私有信息甚至无私有信息的投资人只能依据公共信息作出决策，使其行为表现出模仿的特性，逐渐形成了投资者群体关注度的“择优选择”效应。上述研究为解释股票市场中的投资者关注行为提供了理论依据。

（二）投资者群体关注度的“记忆效应”

对应于“富者更富”的择优选择机制，Bentley 等（2011）提出了一个引入“记忆”参数的群体行为随机模型，该“记忆”参数用于衡量影响个人决策的先验步骤的数量；Liu 等（2011）指出由于现实中多数系统的流行性过程存在异质性，用户的兴趣也可能存在共同利益与特定利益，择优选择机制中可能存在一定的记忆效应；有研究进一步指出，在线社交系统演化过程中客体流行度的异质性起到了重要作用（Zhou et al.，2006）。Li 等（2018）基于不同类型的 Facebook 应用的近期或累积下载量对其流行机制的影响进行了研究，发现近期下载量对于较新的、受欢迎程度高的应用程序的未来流行动态而言有更重要的影响，而累积下载量则在受欢迎程度较低的应用程序的未来流行动态中扮演着更重要的角色。这些研究均为研究投资者群体关注度的“记忆效应”提供了参考思路。

考虑到用户对于股票的关注行为，相比于对电影、音乐、应用程序等短时间内就可以完成的决策行为，大多数投资者可能会倾向于先关注某只股票一段时间，然后再作出选择决策的行为模式，投资者的选择关注决策过程就是投资者的选择偏好过程。关于群体投资者关注模式的记忆衰减过程的模拟主要是建立在牛顿冷却定律的基础之上，用于分析随着时间的变化，投资者对某一只股票关注度的衰减过程。本章在对投资者群体关注模式演化过程的研究中,引入了对记忆衰减模式的分析,为进一步理解投资者关注行为演化机制做出了基础性贡献。

第二节　投资者群体关注行为模式的实证模型

一、模型构建

(一)生成模型构建思想

构建投资者群体关注行为模式的生成模型是通过仿真投资者的关注行为模式,从而更好地拟合实证数据中投资者关注行为的演化过程(Gleeson et al.,2014)。因此,生成模型的核心方法是:首先,建立反映投资者在各时间节点上对各股票关注倾向的概率函数;然后,基于各概率值重新模拟各时刻投资者的关注行为,从而重现各时刻证券市场全部股票的总关注度增长值;最后,通过优化实验仿真生成数据集和原始数据集在实证指标上的拟合程度,得到最佳的投资者关注概率函数,也就是得到相对最优的投资者对股票的关注机制。

(二)生成模型构建方法

基于投资者对于个股的累积关注与近期关注数据,构建投资者群体关注行为生成模型来分析投资者群体关注行为模式。由于上海证券交易所和深圳证券交易所之间的显著差异①,在分析投资者群体关注行为模式的过程中考虑了不同交易所股票可能存在的差异,分别采用不同市场数据进行实证检验。

---

① 上海证券交易所以国民经济支柱企业、重点企业、基础行业企业和高新技术企业股票为主,而深圳证券交易所以中小企业、创业企业股票为主。

首先，在 t 时刻将市场内所有股票的总关注度记为 F_t，计算方法为：

$$F_t = \sum_i \tilde{f}_{i,t}, \quad i \in \text{SSE} \quad \text{or} \quad \text{SZSE}, \tag{4-1}$$

其中，$\tilde{f}_{i,t}$ 表示股票 i 在 t 时刻的关注度，且股票 i 属于上海证券交易所或深圳证券交易所。在建立投资者在各时间点对各只股票选择概率函数的过程中，考虑股票关注度的累积关注和近期关注对投资者选择行为的影响，从而形成线性加权和的概率函数公式，表示 t 时刻所有股票总关注度 F_t 以 $p_{i,t}$ 的概率重新分配给股票 i，计算方法为：

$$p_{i,t} = \gamma p_{i,t,c} + (1-\gamma) p_{i,t,r}, \tag{4-2}$$

其中，$p_{i,t,c}$ 表示 t 时刻股票 i 受到的累积关注度，具体计算方法见式(4-3)。

$$p_{i,t,c} = \frac{\tilde{n}_{i,t-1}}{\sum_i \tilde{n}_{i,t-1}}, \tag{4-3}$$

$p_{i,t,r}$ 表示 t 时刻股票 i 受到的近期关注度，具体计算方法见式(4-4)。

$$p_{i,t,r} = \frac{\sum_{\tau=1}^{t-1} \frac{1}{T} e^{\frac{-(\alpha-\tau)}{T}} \tilde{f}_{i,\tau}}{\sum_i \sum_{\tau=1}^{\alpha-1} \frac{1}{T} e^{\frac{-(\alpha-\tau)}{T}} \tilde{f}_{i,\tau}}, \tag{4-4}$$

其中，权重参数 $\gamma \in [0,1]$。当 $\gamma=0$(近期关注)时，表示投资者最新产生的关注只受近期关注度值的影响；当 $\gamma=1$(累积关注)时，表示投资者最新产生的关注只受累积关注度值的影响。$\tilde{n}_{i,t-1}$ 表示 t 时刻的前一个时刻股票累积关注度；$\tilde{f}_{i,\tau}$ 表示直到 $t-1$ 时刻的股票关注度增量；$e^{-(\alpha-\tau)}$ 是一个指数"记忆"函数，用于分配 τ 日前各时刻增量 $\tilde{f}_{i,\tau}$ 的权重(Bentley et al.，2011；Hou et al.，2014)；参数 T 用于调整近期关注度影响机制中各时刻增量的权重函数 $W_t = \frac{1}{T} e^{\frac{-(t-\tau)}{T}}$ 的初始最大值及随后的衰减程度。图 4-1 给出了 $W_t = \frac{1}{T} e^{\frac{-(t-\tau)}{T}}$ 的随机模拟结果，T 值越大，函数 W_t 初始值越小，衰减越缓慢,权重分配越均匀,即相当于对投资者关注行为产生相对显著影响的前序时刻也越多。

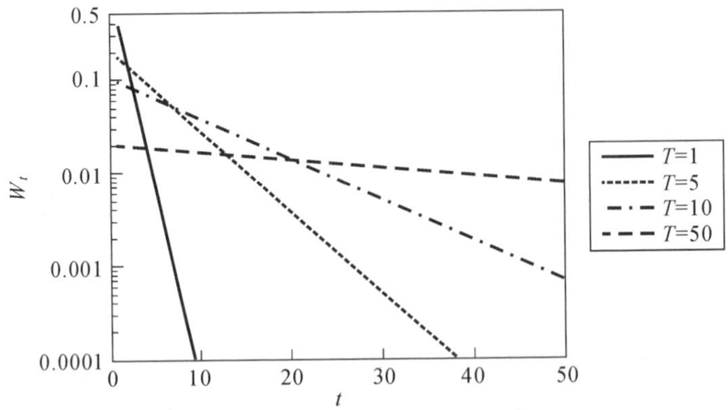

图 4-1 不同记忆参数 T 对应的衰减函数 W_t 的变化情况

需要进一步说明的是,$\tilde{n}_{i,t-1}$ 和 $\tilde{f}_{i,\tau}$ 均采用证券市场的真实数据,通过选择概率模拟各时刻投资者的关注行为。在分配了 t 时刻市场内所有股票的总关注度 F_t 后,通过仿真生成了股票 i 在 t 时刻的关注度 $\tilde{f}_{i,t}$。其中,初始关注度增量 $\tilde{f}_{i,1}$ 采用证券市场的真实数据,2014—2016 年每年最后一个交易日的群体关注值由模型再生,以此更好地拟合实证数据中投资者关注行为的演化过程。

二、衡量指标

在对投资者群体关注模式的研究中,本书采用肯德尔秩相关系数(Kendall,1938)对仿真模型进行评价,即通过肯德尔秩相关系数来衡量基于生成模型生成的投资者关注度生成值 f 与投资者关注度实际值 $\tilde{f}$ 排名的相关性。肯德尔秩相关系数计算方法为:

$$\tau = \frac{\sum_{i \in M}\sum_{j \in M}\mathrm{sgn}[(f_i - f_j)(\tilde{f}_i - \tilde{f}_j)]}{|M|(|M|-1)} \tag{4-5}$$

其中，M 指的是不同证券市场的数据集，这里包括上海证券交易所和深圳证券交易所。$\mathrm{sgn}(x)$为符号函数，返回参数的正负，即：当 $x>0$ 时，值为 1；当 $x=0$ 时，值为 0；而当 $x<0$ 时，值为 -1。由定义可知 $\tau\in[-1,1]$。如果两个变量排名是相同的，则 $\tau=1$，表明两个变量正相关；如果两个变量排名完全相反，则 $\tau=-1$，表明两个变量负相关；如果变量是完全独立的，则 $\tau=0$。也就是说，τ 值越高，表明生成数据的准确性越高。

第三节　投资者群体关注行为模式的实证检验

一、数据说明

数据：上海证券交易所和深圳证券交易所上市的所有股票。

样本区间：2014 年 1 月 1 日—2016 年 12 月 31 日所有日度数据（包括非交易日），共计 1095 天。剔除不完整数据，如样本期内上市的新股或退市的股票数据。

二、实证结果

第一，通过改变记忆参数 T（$T=\{1,5,10,50\}$）和权重参数 γ（$\gamma=\{0,0.1,0.2,0.3,0.4,0.5,0.6,0.7,0.8,0.9,1.0\}$）的值，分析 2014—2016 年不同证券市场下原始数据集和仿真数据集的肯德尔秩相关系数。第二，根据不同年度和不同市场分别讨论累积关注与近期关注对于证券市场中投资者群体关注模式的作用。分年份和市场论证的原因在于，不同年份证券市场的环境存在显著不同，不同证券市场包含的股票特征也存在很大的差异。分年份和市场论证的目的是发现不同市场背景下的共同点与差异性。实证结果见表 4-1 至表 4-6 及图 4-2。

表 4-1 不同参数 T 和 γ 对应的 τ 值分布(基于 2014 年 SSE 市场数据)

γ	$T=1$	$T=5$	$T=10$	$T=50$
0	0.84145	0.94844*	0.93580*	0.89627
0.1	0.85232	0.94631	0.93492	0.89751*
0.2	0.85956	0.93838	0.92873	0.89565
0.3	0.86314*	0.92570	0.91821	0.89026
0.4	0.86293	0.91075	0.90467	0.88178
0.5	0.85957	0.89350	0.88889	0.87152
0.6	0.85320	0.87518	0.87146	0.85857
0.7	0.84386	0.85584	0.85298	0.84414
0.8	0.83099	0.83599	0.83412	0.82840
0.9	0.81411	0.81487	0.81419	0.81102
1.0	0.79289	0.79289	0.79289	0.79289

注:* 表示参数模型达到最佳状态 τ^* 的值。

表 4-2 不同参数 T 和 γ 对应的 τ 值分布(基于 2015 年 SSE 市场数据)

γ	$T=1$	$T=5$	$T=10$	$T=50$
0	0.87017	0.94308*	0.94522*	0.89726*
0.1	0.87968	0.94206	0.94192	0.89366
0.2	0.88457*	0.93377	0.93199	0.88742
0.3	0.88363	0.92068	0.91751	0.87843
0.4	0.87718	0.90382	0.90059	0.86765
0.5	0.86648	0.88537	0.88214	0.85549
0.6	0.85282	0.86562	0.86310	0.84204
0.7	0.83762	0.84478	0.84302	0.82750
0.8	0.82035	0.82401	0.82275	0.81272
0.9	0.80151	0.80290	0.80241	0.79730
1.0	0.78140	0.78140	0.78140	0.78140

注:* 表示参数模型达到最佳状态 τ^* 的值。

表 4-3　不同参数 T 和 γ 对应的 τ 值分布(基于 2016 年 SSE 市场数据)

γ	$T=1$	$T=5$	$T=10$	$T=50$
0	0.84465	0.87136	0.95124	0.91731
0.1	0.85695	0.88060	0.95288*	0.92370
0.2	0.86724	0.88598	0.94818	0.92511*
0.3	0.87395	0.88868*	0.93825	0.92213
0.4	0.87743*	0.88785	0.92480	0.91494
0.5	0.87687	0.88359	0.90967	0.90429
0.6	0.87336	0.87674	0.89371	0.89089
0.7	0.86631	0.86813	0.87724	0.87608
0.8	0.85596	0.85686	0.86105	0.86030
0.9	0.84268	0.84312	0.84384	0.84377
1.0	0.82733	0.82733	0.82733	0.82733

注：* 表示参数模型达到最佳状态 τ^* 的值。

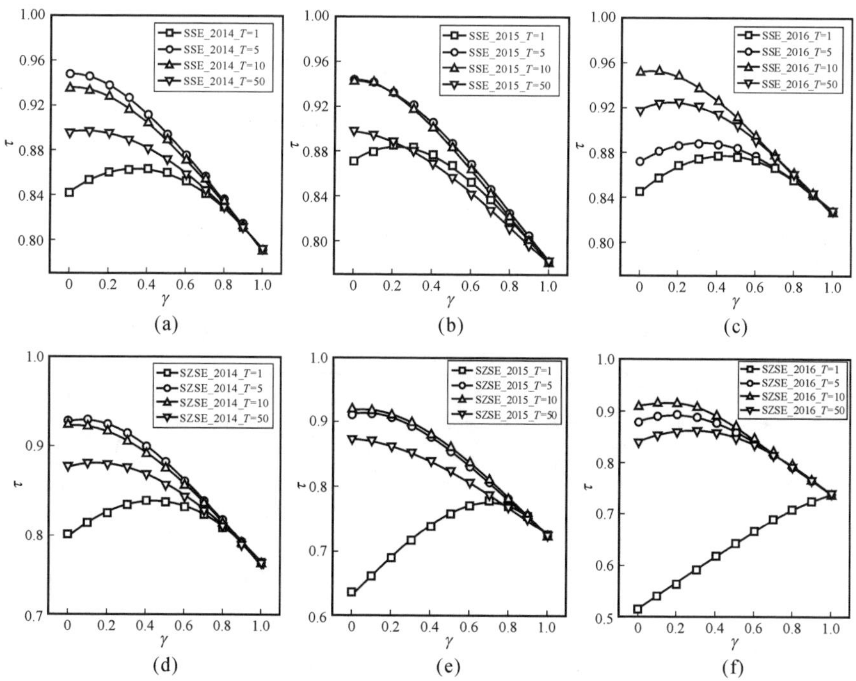

图 4-2　2014—2016 年不同参数 T 和 γ 对应的 τ 值分布

表 4-1、表 4-2、表 4-3、图 4-2(a-c)为 2014—2016 年在改变记忆参数 T 和权重参数 γ 的情况下,投资者利用上海证券交易所股票的实际关注值与仿真数据值计算所得的肯德尔秩相关系数 τ 的分布情况。总的来看:2014 年参数模型达到最佳状态 $\tau^*=0.94844$ 所对应的记忆参数 $T=5$,$\gamma=0$;2015 年参数模型达到最佳状态 $\tau^*=0.94522$ 所对应的记忆参数 $T=10$,$\gamma=0$;2016 年参数模型达到最佳状态 $\tau^*=0.95288$ 所对应的记忆参数 $T=10$,$\gamma=0.1$。因此,基于 2014—2016 年上海证券交易所市场数据可知,投资者新增关注度更可能受到近期关注($\gamma\leqslant 0.1$)的长期记忆效应($T=10$)影响。

从具体年份来看,在不同的记忆参数 T 下,2014 年上海证券交易所股票的参数模型达到最佳状态 τ^* 时对应的 $\gamma\leqslant 0.3$;2015 年上海证券交易所股票的参数模型达到最佳状态 τ^* 时对应的 $\gamma\leqslant 0.2$;2016 年上海证券交易所股票的参数模型达到最佳状态 τ^* 时对应的 $\gamma\leqslant 0.4$。由此可知,从短期记忆效应($T=1$)到长期记忆效应($T=50$),生成模型显示投资者近期关注对新产生关注的影响大于累积关注对新产生关注的影响。综合来看,投资者关注度更可能受到近期关注($\gamma\leqslant 0.1$)的长期记忆效应($T=10$)影响,也可能受到近期关注($\gamma\leqslant 0.4$)的短期记忆效应($T=5$ 或 $T=1$)影响。

表 4-4　不同参数 T 和 γ 对应的 τ 值分布(基于 2014 年 SZSE 市场数据)

γ	$T=1$	$T=5$	$T=10$	$T=50$
0	0.79344	0.92481	0.91938	0.87289
0.1	0.80760	0.92688*	0.92039*	0.87650*
0.2	0.81909	0.92096	0.91476	0.87572
0.3	0.82805	0.90936	0.90366	0.87074
0.4	0.83278*	0.89378	0.88832	0.86211

续表

γ	$T=1$	$T=5$	$T=10$	$T=50$
0.5	0.83267	0.87539	0.87024	0.85012
0.6	0.82746	0.85459	0.85040	0.83528
0.7	0.81739	0.83232	0.82899	0.81838
0.8	0.80231	0.80875	0.80641	0.79956
0.9	0.78247	0.78425	0.78311	0.77985
1.0	0.75939	0.75939	0.75939	0.75939

注：* 表示参数模型达到最佳状态 τ^* 的值。

表 4-5　不同参数 T 和 γ 对应的 τ 值分布(基于 2015 年 SZSE 市场数据)

γ	$T=1$	$T=5$	$T=10$	$T=50$
0	0.63510	0.91203	0.91906	0.87314*
0.1	0.66277	0.91375*	0.91914*	0.87031
0.2	0.68988	0.90797	0.91143	0.86342
0.3	0.71579	0.89501	0.89664	0.85285
0.4	0.73860	0.87728	0.87787	0.83965
0.5	0.75719	0.85667	0.85633	0.82446
0.6	0.77044	0.83372	0.83267	0.80697
0.7	0.77713*	0.80847	0.80738	0.78829
0.8	0.77397	0.78159	0.78028	0.76824
0.9	0.75807	0.75351	0.75284	0.74695
1.0	0.72450	0.72450	0.72450	0.72450

注：* 表示参数模型达到最佳状态 τ^* 的值。

表 4-6　不同参数 T 和 γ 对应的 τ 值分布(基于 2016 年 SZSE 市场数据)

γ	$T=1$	$T=5$	$T=10$	$T=50$
0	0.51725	0.87921	0.90832	0.84279
0.1	0.53952	0.88978	0.91583*	0.85317
0.2	0.56356	0.89306*	0.91390	0.85982
0.3	0.58877	0.88808	0.90385	0.86142*
0.4	0.61520	0.87677	0.88807	0.85762
0.5	0.64139	0.86082	0.86813	0.84762
0.6	0.66713	0.84054	0.84505	0.83253
0.7	0.69021	0.81834	0.81991	0.81302
0.8	0.71051	0.79342	0.79370	0.79022
0.9	0.72694	0.76671	0.76650	0.76520
1.0	0.73912*	0.73912	0.73912	0.73912

注:* 表示参数模型达到最佳状态 τ^* 的值。

表 4-4、表 4-5、表 4-6、图 4-2(e-f)为 2014—2016 年在改变记忆参数 T 和权重参数 γ 的情况下,投资者利用深圳证券交易所股票的实际关注值与仿真数据值计算所得的肯德尔秩相关系数 τ 的分布情况。总的来看:2014 年参数模型达到最佳状态 $\tau^*=0.92688$ 所对应的记忆参数 $T=5$,$\gamma=0.1$;2015 年参数模型达到最佳状态 $\tau^*=0.91914$ 所对应的记忆参数 $T=10$,$\gamma=0.1$;2016 年参数模型达到最佳状态 $\tau^*=0.92$ 所对应的记忆参数 $T=10$,$\gamma=0.1$。因此,基于 2014—2016 年深圳证券交易所市场数据可知,投资者关注度更可能受到近期关注($\gamma=0.1$)的长期记忆效应($T=10$)影响。

在不同的记忆参数 T 下,参数模型达到最佳状态 τ^* 时对应的 γ 值有所变化。在短期记忆效应($T=1$)的情况下,2014 年、2015 年、2016 年深圳证券交易所股票的参数模型达到最佳状态 τ^* 时分别对应 $\gamma=0.4$、$\gamma=0.7$ 和 $\gamma=1.0$;而在短期记忆效应($T=5$)到长期记忆效应($T=50$)之间,2014 年、2015 年、2016 年深圳证券交易所股票的参数模型达到最佳状态 τ^* 时对

应的 γ 均小于等于 0.3。以上结果说明：2014—2016 年在短期记忆效应下，投资者群体关注效应受到近期关注和累积关注的共同影响；而在长期记忆效应下，投资者群体关注更易受到近期关注的影响。

通过以上实验结果可以看出，在 2014—2016 年不同证券市场（上海证券交易所和深圳证券交易所）投资者对股票关注行为的数据集中，考虑近期关注与累积关注的生成模型可较好地仿真投资者群体关注行为模式。从总体上来看，对上证主板市场的仿真效果优于对深证主板市场的仿真效果。在将衰减函数参数 T 从 1 增大为 10 后，模型对两个市场各年份数据的仿真结果均有显著提高且趋于稳定，上海证券交易所和深圳证券交易所市场共同最稳定的结果是 $T=10$。当记忆参数 $T=10$ 和近期关注参数 $\gamma=0.1$ 时，模型对于上海证券交易所和深圳证券交易所市场数据集均可达到最优状态，这一结果进一步表明，投资者对股票的新增关注更多地倾向于受近期关注的影响，而且相比于短期决策行为，投资者对股票的关注行为更多地表现为在通过一段时间的持续关注后才会外显出的行为模式。

三、结论与讨论

证券市场投资者群体关注行为模式直接映射了投资者的关注兴趣与行为意向，因此，本节通过实证检验重点阐释了近期关注与累积关注对于证券市场中投资者群体关注行为模式演化的作用，以进一步认识和理解证券市场投资者群体关注行为模式演化机理。基于投资者群体关注行为模式的生成模型，就近期关注与累积关注对投资者新增关注的作用进行了实证检验，并使用肯德尔秩相关系数 τ 来衡量基于生成模型生成的投资者关注度生成值 f 与投资者关注度实际值 $\widetilde{f}$ 排名的相关性。模型实证结果表明，从长期记忆效应角度来看，无论是上海证券交易所还是深圳证券交易所，投资者关注更多地受到近期关注的影响。

在不同的股票市场环境下，近期关注与累积关注对于投资者群体关注行为模式的影响会随着时间效应的不同而有所变化,这与中国股票市场的实际状况密不可分。回顾2014—2016年的中国股票市场可知:2014年A股迎来“牛市”,上证指数突破3200点,涨幅高达52.87%,深证指数突破11000点,涨幅高达35.62%,且成交金额突破万亿元;2015年上证指数在最高点5178和最低点2850之间徘徊,深证指数在最高点18211和最低点9259之间徘徊,其被称为“震荡市”;2016年上证和深证市场均为负收益,波动幅度分别为-12.31%和-19.64%,即所谓的“熊市”,具体数据详见表4-7。

表4-7 2014—2016年SSE和SZSE证券市场指数概况

指标	点数	涨幅/%	换手率/%	振幅/%
2014SSE	3234.68	52.87	1.73	59.78
2015SSE	3539.18	9.41	3.88	71.95
2016SSE	3103.64	-12.31	1.58	25.44
2014SZSE	11014.62	35.62	26.59	50.38
2015SZSE	12664.89	14.98	26.95	81.27
2016SZSE	10177.14	-19.64	7.97	29.00

基于以上分析可以看出,2014—2016年的股票市场发生了重大变化。一方面,上证市场投资者近期关注在短期或长期记忆效应下都会对投资者新的关注行为产生重要影响,这表明融资规模较大的上市公司股票更有可能受到投资者近期关注的影响;另一方面,深证市场投资者群体关注行为与上证市场存在一定差异,从短期记忆效应来看,投资者近期关注与累积关注对于投资者新的关注行为产生均有一定的影响,这表明中小型上市公司股票可能受到投资者近期关注与累积关注的共同影响。也就是说,与融资规模较大的上市公司相比,投资者对于融资规模较小的上市公司股票的关注更可能从历史和近期的角度来衡量。这一结果将为深入理解投资者

对于金融市场的关注机制提供理论与实证参考。

第四节　本章小结

本章基于群体智慧理论，重点讨论证券市场中投资者群体关注模式的演化机制，主要内容包括：

第一节先是基于群体智慧理论分析了投资者群体关注的特征，认为投资者群体关注符合群体智慧所要求具备的四个特征，即多样性、独立性、分散与分权化以及集中化，并通过文献法论证了投资者群体关注的重要性及其对于市场的预测能力，然后对投资者群体关注过程中的“择优选择”与“记忆效应”进行了理论分析，为投资者群体关注模式的生成模型奠定了理论基础。

第二节对投资者群体关注行为生成模型的构建思想与方法进行了详细阐述，通过生成模型仿真投资者群体关注行为演化过程，从而更好地拟合投资者关注行为的实际数据，并给出了投资者群体关注行为模式生成模型的衡量指标，即通过肯德尔秩相关系数 τ 来衡量基于生成模型生成的投资者关注度生成值 f 与投资者关注度实际值 $\tilde{f}$ 排名的相关性。

第三节通过优化实验仿真生成数据集和原始数据集在实证指标上的拟合程度，得到最佳的投资者关注概率函数，也就是得到相对最优的投资者对股票的关注机制。实证结果显示，在 2014—2016 年不同证券市场（上海证券交易所和深圳证券交易所）投资者对股票关注行为的数据集中，考虑近期关注与累积关注的生成模型可较好地仿真投资者群体关注行为模式。实证结果进一步显示，投资者群体对股票的关注行为更易受其近期关注的影响。

第五章　投资者关注对股票市场的影响

本章研究目的是引入新的投资者关注度衡量指标来研究投资者关注行为对股票市场的影响。在分析投资者关注行为对股票市场影响的相关理论的同时，基于已有研究基础给出研究假设，并通过中证 100、中证 500 和中证全指等共计 485 个交易日数据对投资者关注行为对股票市场的影响进行实证检验：一是验证基于金融终端投资者关注度指标的有效性，二是进一步验证不同市场环境下投资者关注行为对股票市场交易量及收益率的影响作用。

第一节　投资者关注对股票市场影响的理论分析

一、理性行为理论

理性行为理论（theory of reasoned action，简称 TRA）由 Fishbein 和 Ajzen（1975）提出，该理论首先假设人是理性的，在进行某一行为前会综合各种信息来考虑自身行为的意义和后果。理性行为理论为研究人类行为提供了一个理论框架和通用模型，主要用于分析主体的态度如何有意识地影响其行为，由于其存在普适性的特点，故其能在各领域得到广泛应用。

理性行为理论认为行为的态度和主观准则决定主体的行为意向，最终导致行为改变。

股票投资，即投资者用积累起来的货币购买股票，借以获得收益，这一行为涉及资金量较大，故投资者在作出决策之前，会尝试进行理性思考。理性行为理论为研究投资者关注行为向交易行为转化的动因机理提供了经典理论框架和通用模型。但TRA是以在投资者理性且对市场信息充分关注的基础上作出行为决策为前提的，而在现实股票市场中，由于个体投资者注意力的有限性，投资者的投资决策通常是在信息不对称条件下进行的，所以会受到各种非理性因素的影响。因此，有必要在理性行为理论框架下，结合其他投资者决策行为理论的研究成果，进一步研究投资者关注行为向交易行为转化的动因机理。

二、有限理性理论

有限理性理论(theory of bounded rationality)是由Simon(1972)提出的，该理论用“社会人”取代“经济人”，大大拓展了决策理论的研究领域。有限理性理论认为人的理性是处于完全理性和完全非理性之间的一种有限理性，决策是一个有限理性的过程，即在一定合理性前提下，主体通过比较和选择各种行为，使总效用或边际效用达到最大的过程。

现实投资决策过程中，投资者的完全理性可能并不存在，投资者的“有限理性”决策更加符合事实情况。虽然投资者追求理性，但是由于能力有限，包括认知局限(知识有限、计算能力有限、推理能力有限)、心智局限(情绪控制力有限、个性不足)等，并不可能达到完全理性。同时，环境的不可控因素、信息的不对称特点等，使得个人投资者的决策行为必然是有限理性的。因此，在实际决策过程中，个人投资者在信息判断时可能会出现认知偏差，对复杂问题进行简化，或者采用更为简单直接的方法，借助经验、主观判断，甚至本能来思考并求解问题，在心理情绪等因素的作用下，有可能部分放弃理性法则,跟从他人意见。这就是学界普遍认可的投资者“有限理性”的决策过程。

三、行为金融学理论

对于投资者决策行为的研究经历了从理性人假设到正视非理性行为存在的过程。传统金融理论以完全理性、效用最大化为研究基础,而行为金融学则借鉴了行为科学、心理学等社会科学的研究成果,逐渐形成了以金融活动主体的心理因素和决策行为为特征的概念体系,并以此作为行为分析的微观基础。情感心理学的研究发现,个体投资者的过度自信、保守主义、厌恶损失等心理特征会直接影响其投资行为。同时,投资者的决策过程也就是投资者的选择偏好过程,与认知心理密切相关。

行为金融学从微观个体行为以及产生这种行为的心理等动因出发来解释、研究和预测金融市场的发展,试图深挖金融市场运作背后的奥秘,但研究还不够系统和透彻。在目前的行为金融学研究中,较为典型的投资行为模型主要有:Barberis 等(1998)所提出的 BSV 模型,Daniel 等(1998)提出的 DHS 模型,Hong 和 Stein(1999)提出的 HS 模型,Barberis 等(2001)结合前景理论(prospect theory)和私房钱效应(house money effect)构造的 BHS 模型。以上模型对投资者投资决策行为的研究包含了决策者认知局限性、主观心理因素以及环境对决策者的心理影响等因素,得到的模型具有较强的普适性,为本研究在理论研究框架中添加关注度因子提供了坚实的理论基础。

(一)BSV 模型

BSV 模型(Barberis et al. ,1998)指出,投资者在进行投资决策时往往会存在两种错误范式:一是选择性偏差,如投资者过分注重近期数据的变化模式,而对产生这一结果的数据总体特征重视不够,投资者的这一选择性偏差在本研究的实证环节给出了较为充分的验证结果；二是保守性偏差，如投资者很难根据市场变化及时修正预测模型。这就导致了股票市场中常见的投资者对信息的反应不足或反应过度。

（二）DHS 模型

DHS 模型(Daniel et al.,1998)假定投资者在进行投资决策时存在两种偏差：一是过度自信，如股票市场中投资者往往过高地估计了自身的预测能力，而低估了自身的预测误差，此外，大部分投资者会更为相信私人信息，因而忽略了公开信息的价值，这些都是造成个体投资者过度自信的原因所在；二是有偏自我评价或归因偏差，如投资者买入股票后股票价格持续上涨，往往被投资者认为是自身的高能力，而当市场情况与投资者的预期不一致时，往往被投资者认为是外在噪声或外部因素的影响。这一模型对于股票市场短期动量和长期反转问题具有一定的解释作用。

（三）HS 模型

HS 模型(Hong et al.,1999)将投资者分为“观察消息者”和“动量交易者”两类：“观察消息者”基于自身获得的关于未来趋势的信息对市场进行预测，该类投资者并不关心股票当前及过去的价格；“动量交易者”则基于市场过去的价格变化进行预测，其局限性在于对市场消息的吸收不足。该模型基于基本价值的信息扩散来解释反应不足和过度反应，模型认为最初由于“观察消息者”对私人信息反应不足，使得“动量交易者”力图通过套期策略来利用这一点，而这一结果恰好使投资者走向了另一个极端，也就是前文所说的过度反应。

（四）BHS 模型

BHS 模型(Barberis et al.,2001)将前景理论(prospect theory)的研究成果和前期结果影响(influence of prior outcomes)理论引入资产定价。前景理论，即投资者的效应不仅决定于财富水平，而且决定于财富变化，财富损失给投资者带来的痛苦比等量财富盈利给投资者带来的幸福更大。前期结果影响理论,即投资的前期结果对风险的选择具有影响。这一模型能较好地解释过度波动(反应过度和反应不足)以及“股权之谜”。

第二节 投资者关注对股票市场影响的实证模型

一、研究基准

正如前文文献综述所提到的,投资者对股票的关注体现在不同层面上:一是关注直接反映股票市场交易行为和资产价格变化的市场指标,二是关注间接反映股票市场变化的面向上市公司的媒介信息,三是通过基于互联网平台产生的社会化媒体大数据关注某只股票,四是基于特定平台产生的投资者关注行为数据。以上关注度指标各有优劣,目前搜索量被认为是直接测度投资者注意力程度的重要指标。多项最新的研究集中在采用搜索量来度量投资者关注行为(Kristoufek,2013),如:Da 等(2011)采用谷歌趋势数据来度量投资者关注,指出投资者关注度的上升会引起近期的价格动量与长期的价格反转;Aouadi 等(2013)也指出谷歌搜索量是投资者关注度的可靠代理变量,与交易量密切相关;Kim 等(2018)对谷歌搜索量与挪威股票市场表现的相关性进行了分析,发现谷歌搜索量的增加预示着波动性和交易量的增加。

基于以上分析,本书将基于搜索量的投资者关注度度量方法作为研究基准,引入新的投资者关注度代理变量,即以 Choice 金融终端的投资者对自选股加关注数据 IAVS 来度量投资者关注度,原因在于:第一,与搜索引擎相比,金融终端用户群投资者占比更大。具体来看,股票市场真正的投资者大多借助专业的金融终端看盘或交易,很少有投资者通过大众媒体或搜索引擎进入交易平台,因此,可以认为基于金融终端的数据更贴近投资者关注本身。第二,金融终端数据噪声较低。用户基于搜索引擎平台对某股票名称或代码产生的关注,有可能是对该公司产品或公司层面信息产生的关注,而金融终端数据是投资者参与股票市场更为直接的证据。因此认为,与搜索引擎相比,金融终端的数据噪声要小很多。

综上所述,本章的实证研究将对基于金融终端的投资者关注度与基于百度指数的投资者关注度开展对比研究,研究目的主要包括:第一,为投资者关注度引入更为直接、有效的度量指标,并通过与基准指标对比,检验其有效性;第二,从多角度检验投资者关注度对股票市场的影响,以期丰富投资者关注行为的实证研究。

二、研究假设

(一)投资者关注行为与对应股票同期成交量的关系

"注意力驱动交易假说(attention-grabbing trading hypothesis)"(Barber et al.,2008)指出,在买入股票时投资者面临着成千上万种投资选择,而由于人的有限关注,故只有那些吸引投资者关注的股票才会进入投资者交易的考虑集。也就是说:当投资者尤其是个人投资者面临买入决策时,更倾向于购买那些引起他们关注的股票;而当面临卖出决策时,因受卖空约束的限制,故不会面临严重的注意力约束问题。这种注意力约束对买卖决策的非对称影响势必导致投资者对那些被关注股票产生净买入行为。以上研究指出,投资者对股票市场的影响是通过其交易行为实现的,那么,投资者关注是市场反应的前提条件(权小锋和吴世农,2010)。基于以上分析,提出如下假设。

H_{1a}:投资者关注度 *BI* 与股票市场交易行为显著相关,且投资者关注度越高的股票,其同期成交量越高。

H_{1b}:投资者关注度 IAVS 与股票市场交易行为显著相关,且投资者关注度越高的股票,其同期成交量越高。

(二)投资者关注行为与对应股票同期收益的关系

在投资者有限关注的条件下,那些能够吸引投资者注意力的股票能否获得超过市场平均收益的溢价,这一问题一直是投资者关注相关研究的焦点(俞庆进和张兵,2012)。Da 等(2011)对美国股票市场的研究表明,关于某只股票的搜索量增加预示着该股票在随后两周的价格上升及一年内价格的最终反转。俞庆进和张兵(2012)对中国股票市场进行了实证分析,指出百度指数和创业板股票市场表现具有相关性,投资者的有限关注能引起股票近期价格动量和长期反转。Ying 等(2015)指出,在卖空限制和异质信念的前提下,关注程度越高的股票价格短期内被高估的程度越高。基于以上分析,提出如下假设。

H_{2a}:投资者关注度 *BI* 与股票市场收益显著相关,且投资者关注度越高的股票,其同期收益率越高。

H_{2b}:投资者关注度 IAVS 与股票市场收益显著相关,且投资者关注度越高的股票,其同期收益率越高。

(三)投资者关注行为与对应股票未来收益的关系

互联网环境推动了投资者关注度与股票市场之间关系的深入研究,如:Aboody 等(2010)发现尽管在公告日之前有超额收益,但在公告日后五日内超额收益为负;Hirshleifer 等(2008、2011)研究发现,由于投资者有限关注,投资者对盈余信息的忽视能够导致公告后的价格漂移及利润异常;宋双杰等(2011)利用用户通过搜索引擎的使用数据对 IPO 定价进行研究,发现投资者关注引起的新股价格过度反应会引起随后的长期表现低迷;张继德等(2014)基于"过度关注弱势假说",通过短期内显著的价格反转来验证之前股价的上涨仅是单纯的注意力驱动而没有相应的新信息支撑。基于以上分析,提出如下假设。

H_{3a}：投资者关注度 *BI* 与其对应股票未来收益率显著相关。

H_{3b}：投资者关注度 IAVS 与其对应股票未来收益率显著相关。

图 5-1 给出了本章研究假设框架图。

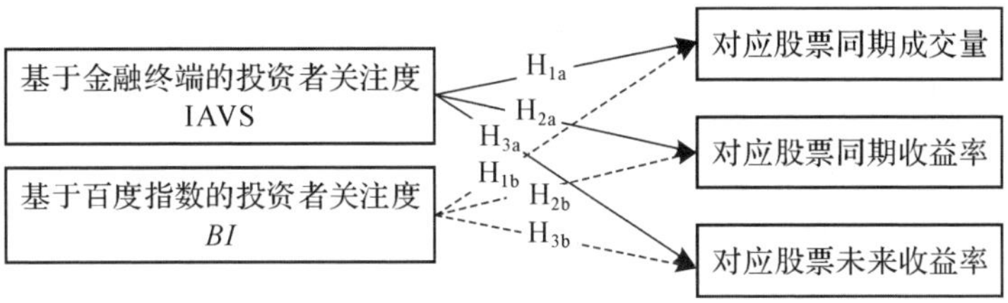

图 5-1　本章研究假设框架

三、数据说明

（一）数据来源

本章实证部分数据涵盖三个数据源，包括：百度指数平台用户对于股票代码及名称的日度搜索量、Choice 金融终端投资者将某只股票加入自选股的日度增量和股票市场日度交易数据。其中：百度指数（http://index.baidu.com/）是以百度海量网民行为数据为基础的数据分享平台；Choice 金融终端（http://choice.eastmoney.com/）是中国最具影响力的财经门户网站——东方财富网旗下专业的金融数据平台，据比达咨询（BigData-Research）监测数据显示，在目前主要股票类 APP 月活跃用户数方面，东方财富网排行第三，月活跃用户数为 3378 万人，由此可以判断其平台数据的代表性和可靠性。

本章分别选取中证 100 指数（简称 CSI100）、中证 500 指数（简称 CSI500）和中证全指（简称 CSI-ALL）研究投资者关注度对股票市场波动的影响。中证 100 指数是从沪深 300 指数样本股中挑选规模最大的 100 只股票组成样本股，以综合反映沪深证券市场中最具市场影响力的一批大市值公司的整体状况；中证 500 指数样本空间内股票是由全部 A 股中剔除沪深

300 指数成分股(即总市值排名前 300 名的股票)后的总市值排名靠前的 500 只股票组成,综合反映了中国 A 股市场中一批中小市值公司的股票价格表现;整体市场指数由全部 A 股市场股票构成,以期反映市场总体状况。为了对数据有初步认识,图 5-2 给出了本章研究所涉及的核心数据。

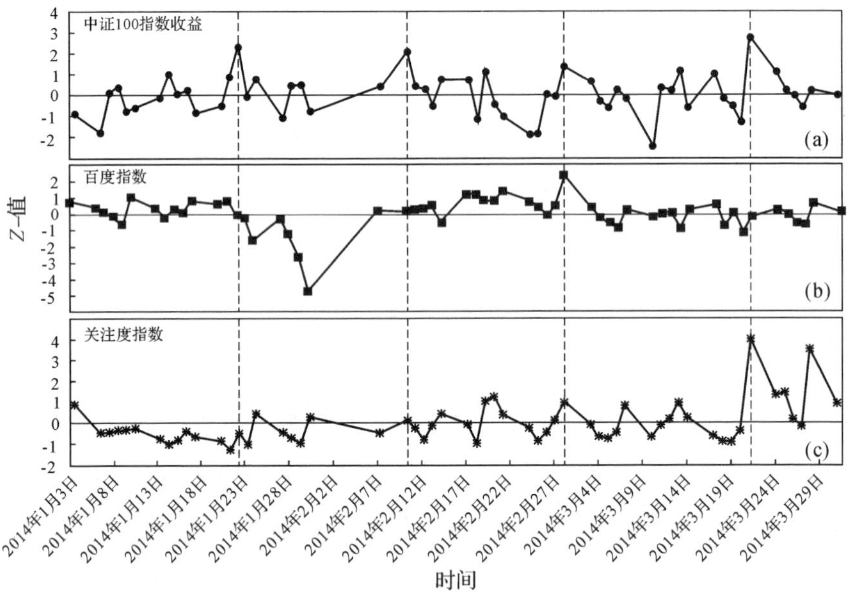

图 5-2　投资者关注度与股票指数收益波动

在时间区间的选择上,本章选用 2014 年 1 月 3 日—2015 年 12 月 31 日 485 个交易日的数据,原因是通过百度指数仅获取到这一期间 CSI100 成分股的用户搜索量数据,剔除不完整数据,保留股票指数 CSI100 的 73 只成分股数据,具体有:包钢股份、比亚迪、格力电器、贵州茅台、海螺水泥、华夏银行、宝钢股份、大秦铁路、工商银行、国电电力、海通证券、交通银行、保利地产、东方财富、光大银行、国投电力、华侨城 A、京东方 A、北方稀土、东方航空、光大证券、海康威视、华泰证券、康美药业、北京银行、东方明珠、广发证券、海澜之家、华夏幸福、乐视网、美的集团、上港集团、伊利股份、中国船舶、中国人寿、中海油服、民生银行、上海电气、云南白药、中国电建、中国神华、中航动力、宁波港、上汽集团、长安汽车、中国国航、中国石化、中航资本、农业银行、苏宁云商、长城汽车、中国建筑、中国太保、中信证券、平安银行、五粮液、长江电力、中国联通、中国中车、中兴通讯、浦发银行、新华保险、招商银行、中国铝业、中国中铁、浙能电力、青岛海尔、兴业银行、招商证券、中国平安、中国中冶、兴业证券、三一重工。

(二)变量设计

本章引入东方财富 Choice 金融终端自选股数据 $D\_IAVS_{j,t}$ 作为投资者关注度代理变量,以对投资者关注行为进行更为直接的度量。为了检验引入指标 IAVS 的有效性,将其与现有研究较多采纳的用户搜索量一同作为研究基准。本章用到的变量主要包括:投资者关注度指标、股票指数交易量指标及股票指数收益率指标。

1. 基于金融终端的投资者关注度 IAVS

研究采用个股投资者关注度的日度增量来研究个股投资者关注度变化情况,记 $D\_IAVS_{j,t}$ 表示股票 j 在第 t 个交易日的关注度增量,计算方法详见式(3-9)。对于股票指数 i 的投资者累积关注度增量,采用式(3-13)进行计算。需要说明的是,由于样本区间内中证 100 指数权重曾做过多次调整,为了简化起见,本章指数内股票权重值设为等权重。

2. 基于百度指数的投资者关注度 BI

用户通过搜索引擎平台来搜索股票相关信息一般有两种途径:一是通过股票名称 BIname 搜索,二是通过股票代码 BIcode 搜索。为此,记 $BI_{j,t}$ 表示股票 j 在第 t 个交易日的投资者关注度,对于股票指数 i 的投资者关注度 BI 的计算方法如下:

$$BI_{i,t} = \sum_{j=1}^{n} (\mathrm{BIname}_{j,i,t} + \mathrm{BIcode}_{j,i,t}) \tag{5-1}$$

其中，$BIname_{j,i,t}$指的是在第 t 个交易日用户基于股票指数 i 的成分股 j 的名称所产生的搜索量，$BIcode_{j,i,t}$指的是在第 t 个交易日用户基于股票指数 i 的成分股 j 的代码所产生的搜索量，n 指的是股票指数 i 包含的成分股数量。

3. 成交量 Volume

股票市场成交量为股票买卖双方达成交易的数量，是单边的，例如，某只股票成交量为十万股，在计算时成交量是十万股，即：买方买进了十万股，同时卖方卖出十万股。市场成交量反映了成交数量的多少，本书以成交股数来衡量。$Volume_{j,t}$表示在第 t 个交易日股票 j 的成交量，以 $D_Volume_{j,t}$表示股票 j 在第 t 个交易日较其前一个交易日的成交量变化情况，计算方法为：$D\_Volume_{j,t}=Volume_{j,t}-Volume_{j,t-1}$。股票指数 i 在第七个交易日的成交量 Volume 计算方法如下：

$$Volume_{i,t} = \sum_{j=1}^{n} D\_Volume_{j,i,t} \tag{5-2}$$

其中，n 指的是股票指数 i 包含的成分股数量。

4. 换手率 Turnover

换手率指在一定时间内市场中股票转手买卖的频率，是反映股票流通性强弱的指标之一。例如，某只股票在一个月内成交了 2000 万股，并且该股票的流通股为 1 亿股，则该股票在这个月的换手率为 20%。本书以 $Turnover_{i,t}$表示在第 t 个交易日股票指数 i 的换手率，以 $D_Turnover_{i,t}$表示股票指数 i 在第 t 个交易日较其前一个交易日的换手率变化情况，计算方法为：

$$D\_Turnover_{i,t}=Turnover_{i,t}-Turnover_{i,t-1} \tag{5-3}$$

5. 收益率 Return

一般来说，股票收益率是指收益占投资的比例，一般以百分比表示。其计算公式为：收益率＝(股息＋卖出价格－买进价格)/买进价格×100％，其中，股息是指股份公司从留存收益中派发给股东的那一部分，包括配息和配股，并且只会派发给在除息日前一日持有股票至除息日当日的人士，在除息日当日或以后才买入股票的人则不能获派股利。为了便于计算，本书股票收益率将股息忽略不计。$\text{Return}_{i,t}$表示在第 t 个交易日股票指数 i 的收益率，计算方法为：

$$\text{Return}_{i,t}=\frac{\text{Closeprice}_{i,t}-\text{Closeprice}_{i,t-1}}{\text{Closeprice}_{i,t-1}}\times 100\% \tag{5-4}$$

其中，$\text{Closeprice}_{i,t}$为指数 i 在第 t 日的收盘价。

表 5-1 对上述变量的定义及数据来源进行了总结。

表 5-1　变量定义与数据来源

变量名	变量定义	数据来源
$\text{D\_IAVS}_{i,t}$	投资者在第 t 日对股票指数 i 包含股票的加自选关注度增量	采用东方财富 Choice 金融终端数据库中用户加自选股的数据
投资者关注度$BI_{i,t}$	投资者在第 t 日对股票指数 i 所包含股票的搜索量	采用百度指数平台用户对股票的搜索量数据
成交量$\text{Volume}_{i,t}$	第 t 日股票指数 i 所包含股票的成交数量	采用东方财富 Choice 金融终端数据库中的日度交易数据
换手率$\text{Turnover}_{i,t}$	第 t 日股票指数 i 的转手买卖频率	采用东方财富 Choice 金融终端数据库提供的换手率值作为股票指数 i 的换手率
收益率$\text{Return}_{i,t}$	第 t 日股票指数 i 的收益率	采用东方财富 Choice 金融终端数据库中的日度交易数据

第三节 投资者关注对股票市场影响的实证检验

一、实证结果

(一)平稳性检验

为了防止出现数据的“伪回归”现象,首先对本章实证环节中使用的时间序列数据进行平稳性检验。如果随机过程$u_t=\{\cdots,u_{-1},u_0,u_1,u_2,\cdots,u_T,u_{T+1},\cdots\}$的均值、方差和自协方差都不取决于$t$,则称$u_t$是协方差平稳的或弱平稳的。

$$E(u_t)=\mu,\quad \text{对所有的 } t \tag{5-5}$$

$$\mathrm{var}(u_t)=\sigma^2,\quad \text{对所有的 } t \tag{5-6}$$

$$E(u_t-\mu)(u_{t-s}-\mu)=\gamma_s,\quad \text{对所有的 } t \text{ 和 } s \tag{5-7}$$

如果一个随机过程是弱平稳的,则u_t与u_{t-s}之间的协方差仅取决于s,即仅与观测值之间的间隔长度s有关,而与t无关。一般所说的“平稳性”含义就是上述的弱平稳定义(Hamilton,1994)。在序列的平稳性的检验中最常用的方法是单位根检验ADF(Dickey et al.,1979)。本节采用EViews的ADF检验完成对各序列的单位根检验。

为了研究结果的稳定性,研究还采用KPSS检验(Kwiatkowski et al.,1992)对各序列的平稳性进行分析。为了涵盖多种组合关系,本书采用KPSS和ADF来检验原始序列与一阶差分序列的平稳性。以上两种检验方法的序列平稳性检验结果见表5-2。

表 5-2　序列平稳性检验结果

变量	序列	KPSS 检验结果	P 值	ADF 检验结果	P 值
$BI_{i,t}$	CSI100	0.276009	<0.01	−2.13259	>0.10
$D\_BI_{i,t}$	CSI100	0.044411	>0.10	−27.83859	<0.01
$IAVS_{i,t}$	CSI100	0.377744	<0.01	−3.78659	<0.01
	CSI500	0.015477	>0.10	−9.46785	<0.01
	CSI-ALL	0.242247	>0.10	−2.61124	0.091
$D\_IAVS_{i,t}$	CSI100	0.035909	>0.10	−13.20771	<0.01
	CSI500	0.022385	>0.10	−16.02537	<0.01
	CSI-ALL	0.019503	>0.10	−13.46182	<0.01
$Volume_{i,t}$	CSI100	0.376207	<0.01	−2.42427	>0.10
	CSI500	0.317824	<0.01	−2.92312	0.043
	CSI-ALL	0.359602	<0.01	−2.59171	0.095
$D\_Volume_{i,t}$	CSI100	0.052324	>0.10	−17.11328	<0.01
	CSI500	0.089301	>0.10	−21.15403	<0.01
	CSI-ALL	0.053544	>0.10	−20.02379	<0.01
$Turnover_{i,t}$	CSI100	0.376946	<0.01	−2.48470	>0.10
	CSI500	0.365704	<0.01	−3.13819	0.025
	CSI-ALL	0.374594	<0.01	−2.63659	0.086
$D\_Turnover_{i,t}$	CSI100	0.057903	>0.10	−16.74485	<0.01
	CSI500	0.079107	>0.10	−20.92297	<0.01
	CSI-ALL	0.052227	>0.10	−19.95849	<0.01
$Return_{i,t}$	CSI100	0.093809	0.056	−17.41606	<0.01
	CSI500	0.073448	>0.10	−18.52367	<0.01
	CSI-ALL	0.142376	>0.10	−16.34231	<0.01
$D\_Return_{i,t}$	CSI100	0.078490	>0.10	−15.5809	<0.01
	CSI500	0.041082	>0.10	−15.46948	<0.01
	CSI-ALL	0.021329	>0.10	−15.14518	<0.01

由表5-2可知，原始序列大多是非平稳的，并且包含单位根，而相对应的一阶差分序列都是平稳序列。出于这个原因，本书选择一阶差分序列完成进一步的检验。

（二）序列相关性检验

对于线性回归模型：

$$y_t=\beta_0+\beta_1 x_{1,t}+\beta_2 x_{2,t}+\cdots+\beta_k x_{k,t}+u_t,\quad t=1,2,\cdots,T \tag{5-8}$$

随机扰动项之间不相关，即无序列相关的基本假设为：

$$\mathrm{cov}(u_t,u_{t-s})=0,\quad s\neq 0,\quad t=1,2,\cdots,T \tag{5-9}$$

如果扰动项序列u_t表现为：

$$\mathrm{cov}(u_t,u_{t-s})\neq 0,\quad s\neq 0,\quad t=1,2,\cdots,T \tag{5-10}$$

即对于不同的样本点，随机扰动项之间不再是完全相互独立的，而是存在某种相关性，则认为出现了序列相关性。由于通常假设随机扰动项都服从均值为0、同方差的正态分布，则序列相关性也可以表示为：

$$\mathrm{E}(u_t,u_{t-s})\neq 0,\quad s\neq 0,\quad t=1,2,\cdots,T \tag{5-11}$$

如果仅存在：

$$\mathrm{E}(u_t,u_{t-1})\neq 0,\quad t=1,2,\cdots,T \tag{5-12}$$

就称为一阶序列相关，这是一种常见的序列相关问题。

本书采用所估计回归方程残差序列的自相关和偏相关系数，以及琼-博克斯Q统计量来检验序列相关。Q统计量的表达式为：

$$Q_{LB}=T(T+2)\sum_{j=1}^{p}\frac{r_j^2}{T-j} \tag{5-13}$$

其中，r_j是残差序列的j阶自相关系数，T为样本容量，p是设定的滞后阶数。

另外，分别对$\mathrm{D_BI}_{i,t}$和$\mathrm{D_Turnover}_{i,t}$序列、$\mathrm{D_IAVS}_{i,t}$和$\mathrm{D_Turnover}_{i,t}$序列、$\mathrm{D_BI}_{i,t}$和$\mathrm{D_Return}_{i,t}$序列、$\mathrm{D_IAVS}_{i,t}$和$\mathrm{D_Return}_{i,t}$序列进行相关性

检验。通过观察序列相关性检验的 Q 统计量发现，所有修正后的回归方程之间没有序列相关性，因此可以认为估计结果是有效的。

（三）回归结果

研究采用单因素回归式(5-14)对投资者关注度与股票市场交易量相关性进行检验，并采用不同股票指数数据进行对比分析，回归方程如下：

$$\text{Trading\_Activities}_{i,t}=\beta_1+\beta_2\text{D\_Attention}_{i,t}+\varepsilon_{i,t} \tag{5-14}$$

采用单因素回归式(5-15)对投资者关注度与股票市场收益相关性进行检验，并采用不同股票指数数据进行对比分析，回归方程如下：

$$\text{Return}_{i,T}=\beta_3+\beta_4\text{D\_Attention}_{i,T}+\varepsilon_{i,T} \tag{5-15}$$

其中：$\text{Trading_Activities}_{i,t}$指的是反映股票市场交易情况的成交量变化 $\text{D_Volume}_{i,t}$或换手率 $\text{Turnover}_{i,t}$；$\text{Return}_{i,T}$指的是反映股票市场收益情况的股指收益率，其中 T 可取 t、$t+1$、$t+2$，分别指同一交易日、滞后一个交易日及滞后两个交易日的股指收益；$\text{D_Attention}_{i,T}$指的是投资者关注度代理变量 $\text{D_BI}_{i,T}$或 $\text{D\_IAVS}_{i,T}$。

需要特别说明的是，本研究采用单因素回归方程的原因在于：第一，本章研究目的重点是以基于百度指数的投资者关注度 BI 为研究基准，引入基于金融终端的投资者关注度 IAVS 进行对比研究，因此，为了聚焦研究问题本身，由于对于两个不同的投资者关注度代理变量而言，市场其他因素的作用是一致的，所以采用单因素回归方程进行对比分析；第二，关于投资者关注度对股票市场的影响已经得到大量研究的证实(Da et al.，2011；俞庆进和张兵，2012；俞庆进，2013)，主要采用 Fama-French 多因子模型进行验证，这一研究在本书第六章给出了实证结果，在此不再重复列出。

1. 中证 100 指数回归结果

为了验证引入金融终端自选股数据 $\text{D_IAVS}_{j,t}$作为新的投资者关注度代理变量的有效性，首先对基于百度指数的投资者关注度 BI 和基于金融终端的投资者关注度IAVS与股票市场指标相关性的回归结果进行对比分析,结果详见表5-3。

表5-3 2014—2015年基于CSI100的投资者关注度与股票交易及收益的回归结果

变量	$D\_BI_{i,t}$(2014)	$D\_IAVS_{i,t}$(2014)	$D\_BI_{i,t}$(2015)	$D\_IAVS_{i,t}$(2015)
$D\_Turnover_{i,t}$	−0.000	0.234*	−0.032	0.181
	(0.983)	(0.026)	(0.289)	(0.087)
$Return_{i,t}$	0.201**	0.419**	−0.147	0.261**
	(0.009)	(0.000)	(0.138)	(0.000)
$Return_{i,t+1}$	0.533**	−0.360**	−0.058	−0.141*
	(0.000)	(0.000)	(0.597)	(0.011)

注:本表给出了回归结果,即回归系数;括号内的值为显著性检验结果,即P值,**表示$P<0.01$,*表示$0.01\leqslant P<0.05$。

以上回归结果显示:基于CSI100数据,投资者关注度IAVS与股票市场换手率在2014年呈显著正相关,支持假设H_{1a},也就是说金融终端投资者关注度越高,其对应股票的市场表现越活跃;样本期内,投资者关注度IAVS与对应股票当日收益呈显著正相关,支持假设H_{2a},也就是说金融终端投资者关注度越高,其对应股票的当期收益就越高;样本期内,投资者关注度IAVS与对应股票滞后一个交易日收益呈显著负相关,支持假设H_{3a},也就是说金融终端投资者关注度越高的股票,其未来市场收益出现反转的概率就越高。而基于百度指数的投资者关注度BI的数据结果则缺乏稳定性,2014年投资者关注度BI与对应股票当日收益及滞后一个交易日收益均呈显著正相关,但在2015年并未呈现显著性。

具体来看,基于不同代理变量研究投资者关注度对股票市场的影响所得到的结果并不一致,主要的原因可能包括:一是与数据所对应的用户群体不同有一定关系,因为百度搜索中的数据来自各个层面的用户,并不一定都是投资者,而金融终端用户多数是股票市场的投资者群体;二是与不同的市场环境有关,2014年中国股票市场全年表现为平稳上升的趋势,而

2015 年中国股票市场则呈现出明显的震荡市，由此可见，投资者关注度与股票市场交易行为的关系随着市场环境的改变而有所不同；三是数据发布时间具有差异性，百度数据是在次日的 0 时生成当天的用户搜索量，而 Choice 金融终端则在每天 0 点发布最新一天的投资者关注度值，相比而言，Choice 金融终端投资者关注度值在时间上有一天的领先。

2. 中证 500 指数回归结果

为了进一步验证基于金融终端的投资者关注度度量指标 IAVS 的有效性，对基于金融终端的投资者关注度 IAVS 与股票指数 CSI500 的市场表现进行相关性分析，2014—2015 年股票指数 CSI500 的投资者关注度与交易量、换手率、收益率的回归结果详见表 5-4。

表 5-4　2014—2015 年基于 CSI500 的投资者关注度与股票交易及收益的回归结果

变量	$D\_IAVS_{i,t}$(2014)	$D\_IAVS_{i,t}$(2015)
成交量变化值 $D\_Volume_{i,t}$	0.878** (0.000)	0.076 (0.332)
换手率变化值 $D\_Turnover_{i,t}$	0.146** (0.000)	0.175 (0.346)
当日收益 $Return_{i,t}$	0.118** (0.009)	0.164 (0.155)
滞后一日收益 $Return_{i,t+1}$	0.284** (0.022)	0.104 (0.370)
滞后两日收益 $Return_{i,t+2}$	0.214** (0.013)	0.102 (0.482)

注：本表给出了回归结果，即回归系数；括号内的值为显著性检验结果，即 P 值，** 表示 $P<0.01$，* 表示 $0.01\leqslant P<0.05$。

以上回归结果显示，基于 CSI500 数据，投资者关注度 IAVS 与股票市场交易量、换手率、当期及滞后两个交易日收益在 2014 年呈现出显著的正相关，支持假设 H_{1a}、H_{2a}、H_{3a}，也就是说金融终端投资者关注度越高，其对应股票的交易量、换手率、同期交易日收益率呈显著正相关，且相应股票滞后两个交易日的收益率价格动量持续，但2015年的数据并没有呈现显著结果，这可能与股票市场的整体状况有关，后文中的讨论部分会对此加以分析。

3. 中证全指回归结果

为了进一步验证基于金融终端的投资者关注度度量指标IAVS的有效性，对基于金融终端的投资者关注度IAVS与股票指数CSI-ALL的市场表现进行相关性分析，2014—2015年基于CSI-ALL的投资者关注度与交易量、换手率、收益率的回归结果详见表5-5。

表5-5　2014—2015年基于CSI-ALL的投资者关注度与股票交易及收益的回归结果

变量	$D\_IAVS_{i,t}$(2014)	$D\_IAVS_{i,t}$(2015)
成交量变化值 $D\_Volume_{i,t}$	0.641**	0.256*
	(0.000)	(0.010)
换手率变化值 $D\_Turnover_{i,t}$	0.175**	0.089*
	(0.000)	(0.020)
当日收益 $Return_{i,t}$	0.109**	0.090*
	(0.000)	(0.019)
滞后一日收益 $Return_{i,t+1}$	0.115**	0.006
	(0.000)	(0.783)
滞后两日收益 $Return_{i,t+2}$	0.107**	−0.015
	(0.000)	(0.742)

注：本表给出了回归结果，即回归系数；括号内的值为显著性检验结果，即 P 值，** 表示 $P<0.01$，* 表示 $0.01\leqslant P<0.05$。

由于受百度指数数据可得性的限制，CSI500及CSI-ALL实证部分仅采用IAVS进行研究。

以上回归结果显示，基于CSI-ALL数据，投资者关注度IAVS与股票市场交易量、换手率、同期收益在2014—2015年均呈现出显著的正相关，支持假设 H_{1a}、H_{2a}，也就是说金融终端投资者关注度与其对应股票的交易量、换手率及同期收益均呈显著正相关关系。另外，2014年投资者关注度

IAVS 与对应股票滞后两个交易日的收益呈显著正相关关系，也就是说在相对平稳的市场环境下，投资者关注度对股票市场收益率的影响具有一定的持续性。

二、结论与讨论

为了更为准确地刻画投资者关注度并进一步研究其对股票市场波动性的影响，本节采用了两个不同的代理变量进行实证分析，即基于百度指数的投资者关注度 *BI* 和基于金融终端的投资者关注度 IAVS。其中，BI 为目前研究认可度最高的投资者关注度代理变量，而 IAVS 为本书引入的投资者关注度代理变量。实证结果显示，与基于百度指数的投资者关注度 *BI* 相比，基于金融终端的投资者关注度 IAVS 对股票市场的影响更为显著和稳定。具体来看，基于中证 100 指数、中证 500 指数和中证全指在 2014—2015 年交易日数据的实证分析，我们能够得到一致的结论：一是基于金融终端的投资者关注度 IAVS 与当日对应股票指数的交易量呈显著正相关关系；二是采用 IAVS 作为衡量指标的投资者关注度与当日对应股票指数的收益率呈显著正相关关系；三是基于金融终端的投资者关注度 IAVS 对整个股票市场交易情况的影响与其对中小企业股票市场交易情况的影响相一致。

研究进一步发现，投资者关注度与股票市场交易行为及收益率的关系随着市场环境的改变而有所不同。2014 年，中国股票市场全年表现为平稳上升的趋势，基于不同指数数据集所得到的实证结果也较为一致。投资者关注度 IAVS 与同一交易日股票指数的换手率、交易量、当日收益率均呈显著正相关关系。而 2015 年中国 A 股市场震荡较为剧烈，个别指标显著性不明显，但总体趋势与 2014 年基于金融终端的投资者关注度的实证结果相一致。另外，投资者关注度对股票市场的影响与对应的上市公司规模有一定关系，初步研究结果显示，投资者关注度对规模较大公司的影响相对来说更为显著。

从理论上来讲,本节研究丰富了投资者关注度与股票市场交易行为之间的关系研究。具体来说,基于金融终端的投资者关注度 IAVS 不仅能很好地刻画投资者关注度,也可以用于金融市场风险预测,并进一步理解投资者群体的关注行为。从实证角度来看,基于金融终端的投资者关注度 IAVS 可以在一定程度上帮助个体投资者预测股票指数的走势,进而帮助其理性交易。

第四节　本章小结

本章基于投资者关注行为对股票市场影响的理论分析,采用三个具有代表性的股票指数:中证 100 指数、中证 500 指数和中证全指,选用 2014 年 1 月 3 日—2015 年 12 月 31 日 485 个交易日的数据,实证检验了投资者关注度指标 IAVS 对股票市场的影响,主要内容包括以下几个方面。

第一节先是指出理性行为理论为研究投资者关注行为向交易行为转化的动因机理提供了通用模型,由于在现实投资决策过程中,投资者的完全理性可能并不存在,投资者的"有限理性"决策更加符合现实情况,故进一步分析了有限理性理论。随着行为金融学研究的不断拓展,本章也对较为典型的投资行为模型——BSV 模型、DHS 模型、HS 模型和 BHS 模型进行了梳理。

第二节采用了两个不同的代理变量,即基于百度指数的投资者关注度 BI 和基于金融终端的投资者关注度 IAVS,参照现有研究分析了投资者关注度对股票市场的影响,给出了本章的实证模型,并对研究中用到的变量及数据进行了详细阐述。

第三节对实证结果进行了分析。结果显示,与基于百度指数的投资者关注度 BI 相比,基于金融终端的投资者关注度 IAVS 对股票市场的影响更为显著和稳定。投资者关注度 IAVS 与同一交易日股票指数的换手率、交易量、当日收益率呈显著正相关关系；基于金融终端的投资者关注度 IAVS 对规模较大公司的股票表现影响更显著，对整个股票市场交易情况的影响与其对中小企业股票市场交易情况的影响相一致。

第六章　投资者关注与股票价格的相互作用

本章的研究目的是探讨投资者关注度与股票市场收益之间的相互关系。本章采用脉冲响应模型对中证100指数、中证500指数、中证全指的投资者关注度与股票市场收益之间的关系进行实证检验。实证结果显示，在不同的市场背景下，投资者关注度与股票市场收益之间的关系有所变化，但其相互影响效应具有一定的规律性。股票指数收益率的正向冲击往往会引起投资者关注度的正向波动，而投资者关注度的正向冲击也会引起大盘股指数同一交易日的正向波动和接下来一个交易日的负向波动。

第一节　投资者关注与股票价格相互影响的理论分析

一、价值投资理念

（一）理性与非理性市场

在一个高度健康、成熟的股票市场，股票价格应与股票内在价值保持高度的一致性，价格及时反映内在价值的变化，市场能充分发挥价格发现和资金优化配置功能。投资者的投资行为表现为价值投资，而非投机。而在一个新兴的股票市场，市场效率低下，价格操纵行为普遍，投资者购买股票是为了投机，股票价格与股票内在价值严重偏离，投资者不可能通过以价值研究为导向的投资行为获得满意的收益。这样的股票市场不但丧失了基本的功能，而且严重影响和阻碍了实体经济的发展，促使企业不以提升内在价值为首要目标，而以制造概念、操纵利润等行为为手段，影响投资者的投资心理，进而虚化股价，从而达到在资本市场上圈钱的目的。

当然以上描述的只是股市的两种极端情况，现实中几乎没有任何股市与这两种极端情况完全吻合，大都处于二者之间的中间状态。也就是说，任何股市都具有两面性，既有理性的成分，又有非理性的成分，不同股市的差异只是体现在市场理性成分的多少，所以，判断一个股票市场的特征通常都是通过分析其价格行为所表现出来的理性或非理性因素对股票价格的解释比率来进行的。如果股票价格的解释因素更多的来自决定股票内在价值的基本面因素，我们则说股市表现得较为理性；而如果股票价格的解释因素更多的来自政策、庄家、羊群效应等非基本面因素，我们则认为股市表现为非理性(林斗志，2004)。

(二)价值投资

本杰明·格雷厄姆、菲利普·费雪作为价值投资的第一代领袖，分别提出了静态的价值投资策略和动态的价值投资策略。格雷厄姆主要考虑的是股价与账面价值的背离，利用安全边际的价值投资策略，通过对公司价值的估算并比较其内在价值与股价之间的差价来选择股票，当两者之间的差价达到一定程度时买入该公司的股票。而费雪运用的是成长股价值投资策略，研究公司运营、公司管理水平等。巴菲特将格雷厄姆的定量分析与费雪的定性分析结合起来，成为第二代价值投资的领袖人物。价值投资的第三代领袖人物是彼得·林奇，他将成长性看作自己整个价值投资体系的核心。价值投资可以协助投资人在股市过热时预做卖出准备，而在股市空头气氛消减时抢得买入先机。

许多学者已经证明在美国、日本、欧洲等成熟股票市场上运用价值反转投资策略可以取得显著的超额收益。De Bondt 和 Thaler(1985)通过个股的月累计超常收益率计算,提出了“过度反应假说”,通过实证研究表明,输家组合(价值股)的平均收益率比市场的平均收益率高 19.6%,赢家组合(成长股)的收益率比市场平均收益率低 5%。Fama 和 French(1992)以从1963 年到 1990 年所有在纽约证券交易所、美国证券交易所和纳斯达克证券交易所上市的股票为样本分别以 B/M 与 E/P 为标准将股票分成 12 个等权投资组合,发现 B/M 值最高的组合(价值组合)月均收益率超过 B/M 值最低的组合(魅力组合),超出值达 1.53%,相比之下,E/P 效应差异不那么明显。Fama 和 French(1998)以 13 个国家股票市场的股票为样本,以 B/M、C/P、E/P 和 D/P(每股股息与股价之比)为指标构造价值股票组合与魅力股票组合。结果显示,除了意大利股票市场的 B/M 和 E/P 指标、德国与新加坡股票市场的 D/P 指标构造的价值投资策略失败外,价值投资策略在其余国家和地区均有良好业绩。Chan 等(1991)对东京股票交易所的股票,Strong 和 Xu(1997)对英国股市也进行了类似的研究,证明了价值投资策略能产生较高的超额收益率。Basu 等(2007)利用资本资产定价模型(capital asset pricing model,简称 CAPM)得出结论:与整个市场相比,低市盈率股票能获取超额收益,而高市盈率则不然。Goodman 和 Peavy(1983)利用行业市盈率分析也得到了同样的结论。另外,在 16 个新兴市场,同样发现了价值股组合相对于成长股组合的超额收益率。Lakonishok 等(1992、1993)对纽约证券交易所和美国证券交易所的股票进行研究,得出了类似的结论(肖军和徐信忠,2004;王春艳和欧阳令南,2004)。

二、羊群效应

(一)羊群效应及相关研究

羊群效应指的是管理学中一些企业市场行为的一种常见现象。经济学里经常用“羊群效应”来描述经济个体的从众跟风心理,现实中的人都有一种从众心理,从众心理很容易导致盲从,而盲从往往会陷入骗局或遭受失败。羊群效应的出现一般在一个竞争非常激烈的行业中,如果这个行业中有一个领先者(领头羊)占据了主要的注意力,那么整个羊群就会不断模仿这个领头羊的一举一动,领头羊到哪里去“吃草”,其他的羊就会去哪里“淘金”。

随着资本市场的逐步开放和发展,行为金融学的研究也逐渐深入,出现了许多对投资者行为模式的深层次思考(Chiang et al.,2010;李学峰等,2013;马丽,2016;李学峰和李连文,2022)。羊群效应为该行为模式提出了新的解释,并且在经济学(Hwang et al.,2001)、物理学(Sornette,2003)和社会学(Richards,1999)等领域被广泛检验。文献中,羊群效应也被区分为理性羊群效应和非理性羊群效应。理性羊群效应认为由于信息获取的困难性、行为主体的激励因素和支付外部性的存在,羊群效应成为行为主体的最优策略。这种理性的羊群效应有利于加快市场发现其公允价值的速度,维护市场的稳定。非理性羊群效应是投资者由于受到心理情绪等因素的影响,部分或完全地放弃理性分析而盲目跟从他人的行为(赵红红和黄春燕,2013)。非理性的羊群效应不利于市场发现其公允价值,加剧了市场的动荡,不利于维护市场的稳定(吴福龙等,2003)。

首先,中国股票市场仍然是一个新兴市场,很多方面都不成熟,制度结构也一直处于动态变化中。管理部门的过度行政干预,扰乱了证券市场的正常运作,使得投资者容易对政策方向产生高度依赖感,决策时倾向于猜测政策导向和底线,表现出典型的羊群行为。其次,由于我国信息披露机制的不完善和监管手段较缺乏,投资者之间存在严重的信息不对称问题,普通投资者信息获取成本较高,在此环境下,投资者最优决策即通过观察市场主力投资者的行为趋势来制定自己的决策,但由于决策极易改变,所以容易出现很强的羊群行为。最后,我国投资者交易主要以短期为主,大部分投资者在交易时会进行投机操作,且投资者专业程度普遍不高,一些投资者容易受股市评论和媒体信息影响,出现跟风行为,从而加剧市场波动。在投机性强的市场里,投资者往往通过交易情况、技术分析指标等因素推测他人掌握的信息,故易受市场氛围影响,在操作上出现跟风行为,导致羊群效应的产生(彭惠,2000;孙培源和施东晖,2002;许年行等,2013)。

对中国股票市场羊群效应的研究主要集中在市场羊群效应存在性和对称性的验证与强度的测算上,部分学者运用 ARCH 模型对我国股市的羊群效应进行实证研究(宋军和吴冲锋,2001;孙培源和施东晖,2002;薛宇峰,2013;程希明,2004),也有学者利用基于资本资产定价模型建立的横截面收益绝对偏差与市场收益的关系模型(CCK 模型),考察我国证券投资基金的羊群效应,分析羊群效应与股价波动和基金收益之间的关系(傅亚平等,2012),还有学者基于 CCK 模型检验方法建立 VAR 模型对我国创业板股票的羊群效应进行研究(王春丽和吴丽颖,2015)。

(二)羊群效应的测度方法

对羊群效应的实证研究主要有两种方法:第一种是 Lakonishok 等(1992)所提出的运用统计学方法来测量羊群效应,即 LSV 方法。该方法将羊群效应定义为相对于投资者个体独立交易的预期与一群投资者同时买进或卖出某一特定股票的一般倾向。虞跃斌和李新路(2007)运用该方法对我国股票市场进行研究,得出我国股市个体投资者表现出显著的羊群效应,并且卖方羊群效应强于买方。第二种是基于股价分散度的金融市场羊群效应分析，该方法主要用于分析整个市场的羊群效应，但 LSV 方法颇具争议。首先，LSV 方法虽然衡量了交易的相关性，但是并未提供任何关于羊群效应根本决定因素方面的信息。其次，LSV 方法没有考虑是由于羊群效应的模仿行为导致了相关联交易，还是交易的相关联只是因为交易者使用了相同的信息。此外，如果市场不允许或限制卖空，那么使用 LSV 法还会导致测量偏差。

第二节　投资者关注与股票价格相互影响的实证模型

一、脉冲响应函数

Sims(2003)将向量自回归(VAR)模型引入经济学中，用于预测相互联系的时间序列系统及分析随机扰动对变量系统的动态冲击，从而解释各种经济冲击对经济变量造成的影响。脉冲响应函数方法用时间序列模型来分析影响关系，考虑了扰动项的影响是如何传播到各变量的，因而建立以下模型。

$$\begin{cases} x_t=\alpha_1 x_{t-1}+\alpha_2 x_{t-2}+b_1 z_{t-1}+b_2 z_{t-2}+\varepsilon_{1,t}, \\ z_t=c_1 x_{t-1}+c_2 x_{t-2}+d_1 z_{t-1}+d_2 z_{t-2}+\varepsilon_{2,t}, \end{cases} \quad t=1,2,\cdots,T \tag{6-1}$$

其中，α_i, b_i, c_i, d_i是参数，扰动项 $\varepsilon_t=\{\varepsilon_{1,t},\varepsilon_{2,t}\}$，假定是具有如下性质的白噪声向量。

$$\begin{aligned} &\mathrm{E}(\varepsilon_{it})=0, \quad \text{对于} \quad \forall i=1,2 \\ &\mathrm{var}(\varepsilon_t)=\mathrm{E}(\varepsilon_t\varepsilon_t')=\Sigma=\{\sigma_{i,j}\}, \quad \text{对于} \forall t \\ &\mathrm{E}(\varepsilon_{i,t}\varepsilon_{i,s})=0, \quad \text{对于} \forall t\neq s, \quad i=1,2 \end{aligned} \tag{6-2}$$

假定上述系统从 0 期开始，且设$x_{-1}=x_{-2}=z_{-1}=z_{-2}=0$，又设于第 0 期给定扰动项$\varepsilon_{1,0}=1$，$\varepsilon_{2,0}=0$，并且其后均为 0，即$\varepsilon_{1,t}=\varepsilon_{2,t}=0(t=1,2,\cdots)$，

称此为第 0 期给 x 以脉冲,即 $t=0$ 时,有:

$$x_0=1,\quad z_0=0$$

将其结果代入式(6-1),当 $t=1$ 时,有:

$$x_1=\alpha_1,\quad z_1=c_1$$

再把此结果代入式(6-1),当 $t=2$ 时,有:

$$x_2=\alpha_1^2+\alpha_2+b_1c_1,$$

$$z_2=c_1\alpha_1+c_2+d_1c_1$$

继续可求得 x_0,x_1,x_2,x_3,x_4……为由 x 的脉冲引起 x 的响应函数。同样可求得 z_0,z_1,z_2,z_3,z_4……为由 x 的脉冲引起 z 的响应函数。当然,第 0 期的脉冲反过来,从 $\varepsilon_{1,0}=0,\varepsilon_{2,0}=1$ 出发,可以求得由 z 的脉冲引起 x 的响应函数和 z 的响应函数。

二、脉冲响应模型

在投资者关注度引起股票市场波动的同时,股票市场的巨大波动也会引发投资者新的关注,也就是说,投资者关注行为与股票市场波动具有相互作用,如 2008 年 10 月 10 日,道琼斯工业平均指数创调整新低 7884 点,收于 8451 点,这一剧烈波动也引起了超过平均搜索量 11 倍的搜索值(Dimpfl et al. ,2016)。Dimpfl 等(2016)研究了股票市场波动和散户关注度的动态变化,发现格兰杰因果关系是双向的,股票的高搜索量遵循高波动性,且高波动性伴随着高搜索量。为了进一步研究投资者关注行为与股票市场表现的关系,本节采用脉冲响应函数来验证其相互作用。具体模型见式(6-3)。

$$\begin{bmatrix}\text{return}\\ \text{IAVS}\end{bmatrix}_{i,t}=A+\sum_{j=1}^{2}B_j\begin{bmatrix}\text{return}\\ \text{IAVS}\end{bmatrix}_{i,t-j}+\varepsilon_j \tag{6-3}$$

三、数据说明

本节内容所采用的数据与本章第二节所采用的数据完全一致,样本区间为2014年1月3日—2015年12月31日共计485个交易日，所采用的数据均作了协整检验，存在协整关系，所选用的投资者关注度数据与对应的股票指数收益率之间具有长期的均衡关系。

第三节　投资者关注与股票价格相互影响的实证检验

基于式(6-3)，按交易年份分别给投资者关注度IAVS一个正的单位大小的冲击，得到对应股票指数收益率Return的脉冲效应函数图。同样，给股票指数收益率Return一个正的单位大小的冲击，也可以得到对应股票指数投资者关注度IAVS的脉冲效应函数图。

一、实证结果

(一)中证100指数实证结果

从图6-1(a)中可以看出，当在本期给股票指数收益率Return一个正冲击后，投资者关注度IAVS在同一交易日的波动不明显，而在下一个交易日达到最高点，且在随后的第三个交易日回归初始状态。这表明基于2014年中证100指数，股票指数收益率Return受外部条件的某一冲击后，经市场传递给投资者，给投资者关注度IAVS带来同向的冲击，而且这一冲击持续效应较短。

从图6-1(b)中可以看出，当在本期给投资者关注度IAVS一个正冲击后，股票指数收益率Return在同一交易日正向波动达到最高点，而在下一个交易日达到负向最低点，且在随后的第三个交易日波动变缓并逐渐回归初始状态。这表明基于2014年中证100指数，投资者关注度IAVS受外部条件的某一冲击后，经市场传递，给股票指数收益率Return带来当日正向的反应后迅速反转，并且这一冲击持续效应较短。

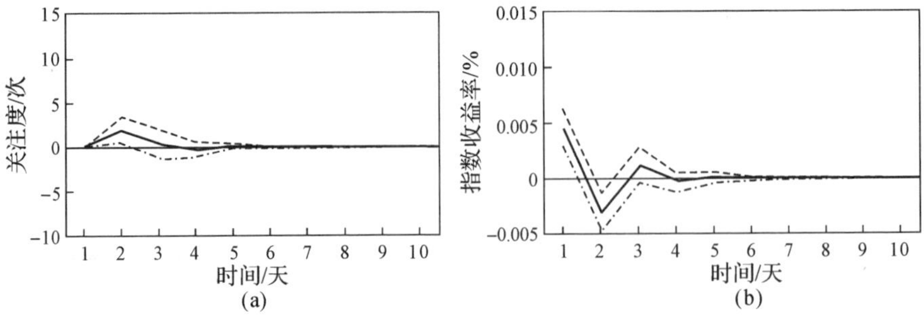

图 6-1　投资者关注度与股票指数收益的相互脉冲响应变化（以 2014 年 CSI100 为例）

从图 6-2(a)中可以看出，当在本期给股票指数收益率 Return 一个正冲击后，投资者关注度 IAVS 在同一交易日有一定程度的正向波动，且在下一个交易日波动变缓并逐步回归初始状态。这表明基于 2015 年中证 100 指数，股票指数收益率 Return 受外部条件的某一冲击后，经市场传递给投资者，给投资者关注度 IAVS 带来短期波动，并且这一冲击持续效应较短。

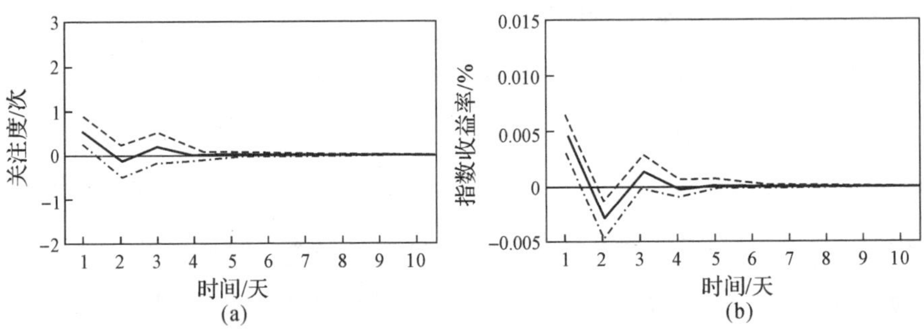

图 6-2　投资者关注度与股票指数收益的相互脉冲响应变化（以 2015 年 CSI100 为例）

从图 6-2(b)中可以看出，当在本期给投资者关注度 IAVS 一个正冲击后，股票指数收益率 Return 在同一交易日正向波动达到最高点，而在下一个交易日达到负向最低点，且在随后的第三个交易日波动变缓并逐渐回归初始状态。这表明基于 2015 年中证 100 指数，投资者关注度 IAVS 受外部条件的某一冲击后，经市场传递，给股票指数收益率 Return 带来当日正向的反应后迅速反转，并且这一冲击持续效应较短。

对比以上基于不同年份中证100指数的实证结果发现，股票指数收益率Return对投资者关注度IAVS的冲击效果并不稳定，而投资者关注度IAVS给股票指数收益率Return带来的冲击效果一致，均为当日正向的反应后迅速反转，且在三个工作日后回归初始状态，这也说明投资者关注度对市场大企业股票指数影响持续效应较短。

（二）中证500指数实证结果

从图6-3(a)中可以看出，当在本期给股票指数收益率Return一个正冲击后，投资者关注度IAVS在同一交易日表现出较弱的正向波动，并在下一个交易日正向波动达到最高点，且在随后的第三个交易日逐渐回归初始状态。这表明基于2014年中证500指数，股票指数收益率Return受外部条件的某一冲击后，经市场传递给投资者，给投资者关注度IAVS带来下一个交易日同向的冲击，而且这一冲击持续效应较短。

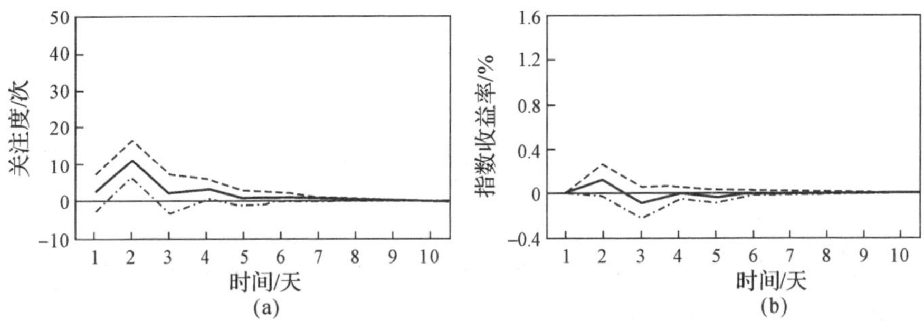

图6-3　投资者关注度与股票指数收益的相互脉冲响应变化（以2014年CSI500为例）

从图6-3(b)中可以看出，当在本期给投资者关注度IAVS一个正冲击后，股票指数收益率Return在同一交易日没有明显波动，而在下一个交易日达到正向波动最高点，且在第三个交易日达到负向波动最大值，随后逐渐回归初始状态。这表明基于2014年中证500指数，投资者关注度IAVS受外部条件的某一冲击后，经市场传递，给股票指数收益率Return带来次日正向的反应后迅速反转,这一冲击波动较为平缓且持续效应较短。

从图 6-4(a)中可以看出,当在本期给股票指数收益率 Return 一个正冲击后,投资者关注度 IAVS 在同一交易日表现出较弱的正向波动,而在下一个交易日正向波动达到最高点,且在随后的第三个交易日波动逐渐回落到初始状态。这表明基于 2015 年中证 500 指数,股票指数收益率 Return 受外部条件的某一冲击后,经市场传递给投资者,给投资者关注度 IAVS 带来下一个交易日同向的冲击,而且这一冲击持续了近一周的时间。

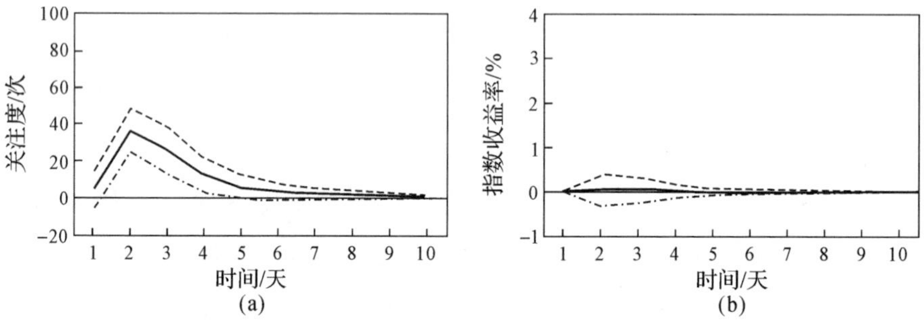

图 6-4　投资者关注度与股票指数收益的相互脉冲响应变化(以 2015 年 CSI500 为例)

从图 6-4(b)中可以看出,当在本期给投资者关注度 IAVS 一个正冲击后,股票指数收益率 Return 在随后的交易日没有明显波动。这表明基于 2015 年中证 500 指数,投资者关注度 IAVS 受外部条件的某一冲击后,经市场传递,给股票指数收益率 Return 带来的冲击波动平缓且持续效应较短。

基于不同年份中证 500 指数的实证结果发现,股票指数收益率 Return 对投资者关注度 IAVS 的冲击效果较为明显,均为在同一交易日表现出较弱的正向波动,并在下一个交易日正向波动达到最高点,且在随后的第三个交易日波动变缓并逐渐回落到初始状态。而投资者关注度 IAVS 给股票指数收益率 Return 带来的冲击效果并不明显,这也说明投资者关注度对市场小企业股票指数影响较小,市场小企业股票指数的价格波动易引起下一个交易日投资者关注度的正向波动。

（三）中证全指实证结果

从图 6-5(a)中可以看出，当在本期给股票指数收益率 Return 一个正冲击后，投资者关注度 IAVS 在同一交易日表现出较弱的正向波动，并在下一个交易日正向波动达到最高点，且在随后的第三个交易日逐渐回归初始状态。这表明基于 2014 年中证全指，股票指数收益率 Return 受外部条件的某一冲击后，经市场传递给投资者，给投资者关注度 IAVS 带来下一个交易日同向的冲击，而且这一冲击持续效应较短。

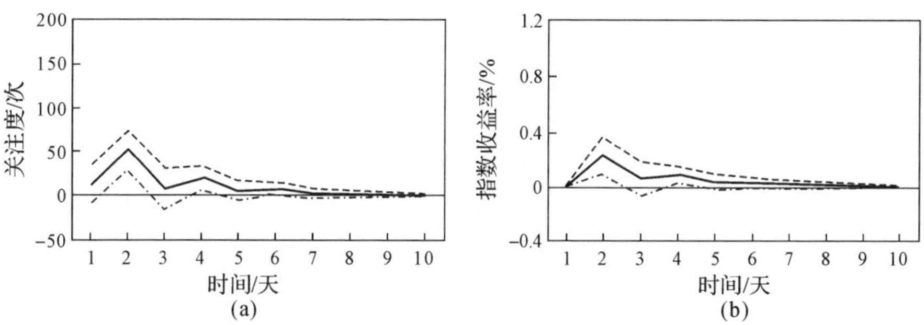

图 6-5　投资者关注度与股票指数收益的相互脉冲响应变化(以 2014 年 CSI-ALL 为例)

从图 6-5(b)中可以看出，当在本期给投资者关注度 IAVS 一个正冲击后，股票指数收益率 Return 在同一交易日没有明显波动，而在下一个交易日达到正向波动最高点，且在第三个交易日波动逐渐回落到初始状态。这表明基于 2014 年中证全指，投资者关注度 IAVS 受外部条件的某一冲击后，经市场传递，给股票指数收益率 Return 带来次日正向的反应后逐渐回归初始状态，而且这一冲击持续效应较短。

从图 6-6(a)中可以看出，当在本期给股票指数收益率 Return 一个正冲击后，投资者关注度 IAVS 在同一交易日波动不明显，而在下一个交易日正向波动达到最高点，且在随后的第三个交易日波动逐渐回落。这表明基于 2015 年中证全指，股票指数收益率 Return 受外部条件的某一冲击后，经市场场传递给投资者,给投资者关注度 IAVS 带来下一个交易日同向的冲击,这一冲击持续效应较短。

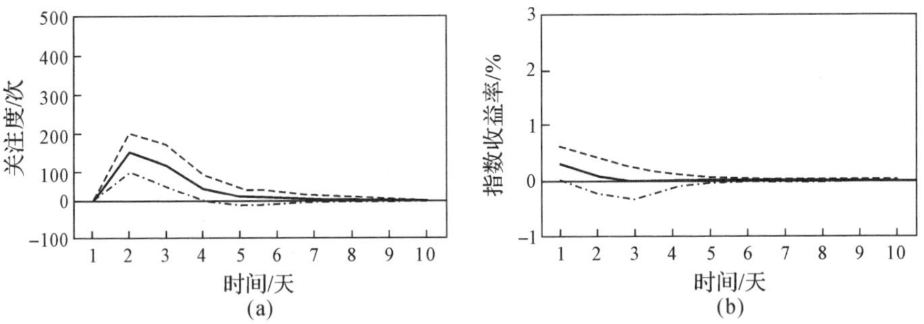

图 6-6 投资者关注度与股票指数收益的相互脉冲响应变化(以 2015 年 CSI-ALL 为例)

从图 6-6(b)中可以看出,当在本期给投资者关注度 IAVS 一个正冲击后,股票指数收益率 Return 在同一交易日表现出一定的正向波动,而在随后的交易日逐渐回归初始状态。这表明基于 2015 年中证全指,投资者关注度 IAVS 受外部条件的某一冲击后,经市场传递,给股票指数收益率 Return 带来的冲击波动平缓且持续效应较短。

对比以上基于不同年份中证全指的实证结果发现,股票指数收益率 Return 对投资者关注度 IAVS 的冲击效果较为明显,均为在同一交易日表现出较弱的正向波动,而在下一个交易日正向波动达到最高点,且在随后的第三个交易日波动变缓并逐渐回落到初始状态,这一结果与中证 500 指数实证结果一致。而投资者关注度 IAVS 给股票指数收益率 Return 带来的冲击效果并不明显,这也说明投资者关注度对中证市场全指影响较小,反倒是中证市场全指的价格波动易引起下一个交易日投资者关注度的正向波动。

二、结论与讨论

对比以上基于不同年份不同指数的实证结果发现，股票指数收益率 Return 和投资者关注度 IAVS 之间存在着相互作用。一方面，股票指数收益率 Return 的正冲击往往会引起投资者关注度 IAVS 的正向波动。2014 年 CSI100、CSI500、CSI-ALL，以及 2015 年 CSI500、CSI-ALL 的实证结果显示，当在本期给股票指数收益率 Return 一个正冲击后，投资者关注度 IAVS 通常在下一个交易日正向波动达到最高点，随后在短期内（3～5 个交易日）回到初始状态。这也说明，在不同的市场环境下，股票市场收益的波动都会引起投资者对相应股票的短期关注。

另一方面，投资者关注度 IAVS 也会给股票指数收益率 Return 带来一定的冲击，2014—2015 年 CSI100 的实证结果显示，当在本期给投资者关注度 IAVS 一个正向冲击后，股票指数收益率 Return 会在同一个交易日达到正向波动最高点，而在下一个交易日转为负向最低点，且在随后的第三个交易日波动变缓并逐渐回归初始状态，这与第二节的回归结果表现一致。这也说明，在不同的市场环境下，投资者关注度会对部分股票（如大盘股）的价格收益产生影响。

研究进一步发现，投资者关注度与股票市场收益的相互关系随着市场环境的改变而有所不同，与 2015 年中国股市的震荡市相比，2014 年中国股票市场全年表现为平稳上升的趋势，基于不同指数数据所得的实证结果也较为一致。另外，投资者关注度对股票市场的影响与对应上市公司规模有一定关系，研究结果显示，投资者关注度 IAVS 对规模较大公司的影响相对来说更为显著。

本节研究丰富了投资者关注度与股票市场收益之间相互关系的研究，虽然在不同的市场背景下投资者关注度与股票市场收益之间的关系有所变化，但其相互影响效应具有一定的规律性。具体来说，股票指数收益率的正向冲击往往会引起投资者关注度的正向波动,而投资者关注度的正向冲击也会引起大盘股指数同一交易日的正向波动和接下来一个交易日的负向波动。

第四节　本章小结

本章基于投资者关注行为对股票市场影响的理论分析,采用三个具有代表性的股票指数:中证 100 指数、中证 500 指数和中证全指,选用 2014 年 1 月 3 日—2015 年 12 月 31 日 485 个交易日的数据,采用脉冲响应函数刻画了投资者关注行为与股票市场收益波动之间的相互作用,结果显示,股票指数收益率 Return 的正向冲击往往会引起投资者关注度 IAVS 的正向波动,投资者关注度 IAVS 的变化也会引起股票指数收益率 Return 的波动。研究进一步发现,投资者关注度与股票市场收益的相互关系随着市场环境的改变而有所不同,投资者关注度对股票市场的影响与对应上市公司规模有一定关系,对规模较大公司的影响相对来说更为显著。本章所讨论的内容可以总结为如下几点。

第一,当在本期给股票收益一个正冲击后,关注度增量会在随后三期存在小幅波动,且在滞后二、三期达到高点,并在五期后逐渐递减。

第二,当在本期给关注度增量一个正冲击后,股票收益在不同的市场环境下波动反应不同:

一是市场平稳上升期,股票收益也会受到正冲击,在第一期冲击达到最高点,并且在十期以后冲击作用减弱。市场平稳上升期,东方财富 Choice 金融终端关注度增量对股票收益存在长期(大于 20 天)影响——显著正相关,并且影响逐渐降低。

二是市场震荡期,股票收益也会受到正冲击,在第一期冲击达到最高点,并且在三期以后冲击作用减弱。市场震荡期,东方财富 Choice 金融终端关注度增量对股票收益存在短期(两天内)影响——显著正相关,而从第三期起相关作用不显著。

总的来说,在不同市场环境下,关注度的正冲击对第一期和第二期的股票收益都存在正冲击影响。在不同市场环境下,关注度都会在短期内正向影响股票收益。

第七章 基于投资者关注行为的股票市场动量效应

动量效应和反转效应是股票市场中两大著名的行为金融异象，已有的理论和实证论文均对动量效应给出了理性的解释，而近期文献开始关注对动量效应的行为金融学解释（Chui et al.，2010）。大量研究证实了动量效应不同程度地存在于欧洲各国的金融市场中，而对于动量效应在中国股票市场中是否显著这一问题目前仍未达成一致结果（Zhang et al.，2018）。由于股票收益与投资者关注相互影响（Statman et al.，2006；Barber et al.，2008），因此，从行为金融学视角出发，研究投资者关注与股票市场动量的交叉效应，既是对投资者关注行为研究的进一步拓展，也能为股票市场动量效应研究提供新的解释空间。本章内容旨在回答两个研究问题：一是近十年的中国 A 股市场是否存在价格动量效应？二是投资者关注行为是否能对中国 A 股市场价格动量效应产生影响？

为了从投资者关注角度回答以上两个问题，我们做了如下工作：首先，基于已有文献对股票市场价格动量的相关理论进行梳理；其次，参考 Jegadeesh 和 Titman（1993）提出的价格动量 J-K 策略，采用沪深 300 指数成分股在 2008 年 1 月—2017 年 12 月合计 520 周的上市公司周频数据，检验中国 A 股市场价格动量与动量反转效应；再次，构建投资者关注与股票历史收益共同作用下的投资组合，以此为研究投资者关注度作用下的股票价格动量效应提供实证参考；最后，运用 Fama-French 五因素模型对投资者关注的信息内容进行探究，验证了投资者关注对股票价格动量的价值所在。

第一节 股票市场动量效应的理论分析

一、动量效应与反转效应

（一）动量效应

动量效应可简单概括为证券收益延续原来运动方向的趋势特征，即前期获得较高（低）收益的股票在下一期继续获得显著较高（低）的收益。该现象最先由 Jegadeesh 和 Titman（1993）在美国股票市场上发现，随后，Rouwenhorst（1998）、Doukas 和 McKnight（2005）、Asness 等（2013）分别通过实证检验的方法证实了动量效应在欧美各国金融市场中的存在性。在大数据背景下，学者们通过挖掘金融论坛的结构化和非结构化数据，研究发现了市值规模、账面市值比和行业等市场因素仅能解释约 30％的动量效应，而基于行为金融的投资者非理性因素——投资者情绪、投资者关注度和情绪传播度，都是动量效应形成的重要因素，在市场因素的基础上还能继续解释 35％左右的动量效应（唐也然等，2020）。

基于股票动量效应，投资者可以通过买入过去收益率高的股票，卖出过去收益率低的股票获利，这种利用股价动量效应构造的投资策略被称为动量投资策略。Jegadeesh 和 Titman（2001）认为购买在过去表现好的股票和卖出过去表现差的股票这一策略可在 3～12 个月的持有期内产生显著的正向收益，进而评估了美国股票市场中动量策略盈利能力的各种解释。

Rouwenhorst(1998)的研究指出,其研究涵盖的所有12个样本国家都存在股票价格动量效应,且平均持续时间约为一年。Chen等(2016)为信息缓慢扩散到股票市场的股票动量利润更大提供了实证证据。曹强和田新(2022)的研究发现,无论是从短期还是从长期来看,区块链板块都存在稳定的动量效应,且该效应在短期内显著。

对于股票市场的动量效应,学者们进行了大量研究,进一步发现动量策略的利润对形成期和持有期的期限存在敏感性这一问题。

(二)反转效应

与动量效应相对的是反转效应,指过去一段时间收益率较高的股票在未来获得的收益率将会低于过去收益率较低的股票。De Bondt等(1985、1987)基于证券价格研究中心的月度收益数据,提出了长期价格反转这一现象,即过去的长期输家在随后的3～5年内表现会优于过去的长期赢家。一些学者也从行为金融学的角度对动量效应作出了解释,Barberis等(1998)认为保守性偏差导致投资者对新信息反应不足,使得股价在短期表现出惯性,但以偏概全倾向导致投资者对新信息反应过度,结果使股价出现反转。阎畅(2019)的研究指出:我国股票市场日频率上存在动量,周频率显著反转,月频率仍是反转但显著性降低,年频率反转且仅略微强于动量;我国股市小市值股票的反转特性较强,大市值股票没有表现出动量反转特性。刘颖等(2020)指出,在牛市、熊市和震荡盘等不同市场周期下投资者关注度与股市流动性之间存在非对称关系。

二、动量效应的存在性与成因分析

(一)动量效应的存在性

西方学者对动量效应存在性的检验获得了一致的结论,这一方面说明动量效应的存在具有普遍性,另一方面也说明西方股票市场的数据特征较为接近。与西方发达市场相比，中国、韩国等亚洲新兴市场的动量效应并不一致，到目前为止，中国A股市场的动量策略在中长期和短期收益延续上仍没有统一的结论(Chui et al.,2010;Fama et al.,2012)。与发达国家股票市场不同，中国股票市场是世界上散户投资者最多的最大新兴市场。正如英国《金融时报》所指出的，中国90%的A股是散户持有的，而中国的散户大多没有受过良好的培训，这一点与西方发达国家存在很大差异(Yao et al.,2014)。

部分研究指出中国股票市场不存在动量效应，如：王永宏和赵学军(2001)在研究了深沪两市1993—2000年的所有股票之后指出，沪深股票市场存在明显的收益反转现象，但没有发现明显的收益惯性现象；杨忻等(2004)选取2001年8月27日—2002年3月25日所有上证A股667只股票数据进行研究，结果显示，中型投资者和机构投资者的交易额变化对市场价格因素没有依赖性；刘博和皮天雷(2007)运用1994—2005年全样本月度数据进行研究发现，在中国A股市场基本不存在惯性现象，但存在显著的反转现象。

(二)动量效应的成因分析

1. 动量效应的传统金融学解释

经典金融理论派学者以资本资产定价模型为基础，试图对动量效应成因进行解析。Jegadeesh和Titman(1993)试用资本资产定价模型对动量效应进行解释，结果发现动量组合所承担的市场风险不足以解释其高额收益；Fama和French(1993)基于资本资产定价模型，通过增加规模和价值风险因子，构造了Fama-French三因子模型来解释动量效应。

徐信忠和郑纯毅(2006)通过对中国股票市场动量效应的实证分析发现，在中国股票市场上动量效应现象的确存在，但持续时间远低于西方股票市场，并指出风险、规模、账面价值与市值比、流通股比例、换手率等因子均对中国股票市场存在的动量效应有一定程度的解释作用。杜兴强和聂志萍(2007)基于 1994—2004 年的中国股票市场数据进行实证检验,发现 Fama-French 三因素模型的解释力度不大。陈蓉等(2014)指出,尽管学者们基于传统金融学对动量效应成因分析做了大量努力,但并未得到一致认可的结论。

2. 动量效应的行为金融学解释

最近的研究中,越来越多的研究者开始重点关注动量收益的行为金融学解释。例如,Barberis 等(1998、2000)和 Hong 等(1999)的研究指出,投资者的保守主义和新闻的缓慢传播导致投资者对信息的反应不足,从而导致股票市场的价格动量。Ahmed 等(2018)认为这是一个令人费解的现象,因为使用过去的收益,未来的收益似乎是可以预测的,这表明股票市场投资者没有及时、完整地处理这类股票的信息。再者,Daniel 等(1998)开发了一个模型,在该模型中,投资者过度自信和有偏见的自我归因会导致对信息的延迟过度反应,并导致股票市场的价格动量。Huynh 等(2017)认为,具有重要利好消息的股票表现出更强的收益持续性,国际市场的投资者对具有同样性质的新闻特征反应相似。同时,投资者关注度的实证研究表明,投资者关注度在解释股票市场的运行中起着重要作用。因此,投资者关注度可能在股票市场的表现、收益的可预测性以及价格动量的持续性和逆转等方面起作用。受此启发,本书在价格动量研究过程中引入了投资者关注,从投资者关注角度出发试图解释价格动量。

三、股票市场动量效应的相关理论

(一)前景理论——锚定偏误与处置效应

前景理论是行为金融学的重要理论基础(Kahneman,2003),该理论认为投资者在面对风险时的决策并不像经典预期效用理论描述得那样理性。

前景理论得到的效用函数是一条S形曲线，在盈利范围内是凹的，而在损失范围内是凸的。该理论发现：人们在面对得失时的风险偏好行为不一致，在面对“失”时变得风险追求，而面对“得”时却表现出风险规避的行为；参考点的设立和变化影响人们的得失感受，进而影响人们的决策。前景理论的两个重要推论就是锚定偏误和处置效应。

如图7-1所示，横轴和纵轴分别是投资者的财富与效用。假设 W_0 是投资者的初始财富或者参考财富。可以看到，前景理论下，效用的大小与 W_0 的位置有关，也与财富变化使投资者的财富总量高于 W_0 还是低于 W_0 有关。W_0 的大小直接影响了投资者在不同财富水平的风险厌恶，从而影响投资者的主观贴现率。根据资产定价的未来收益贴现模型，如果对未来收益的预期不变，那么主观贴现率的改变将改变资产价格，这就是锚定偏误产生的原因。

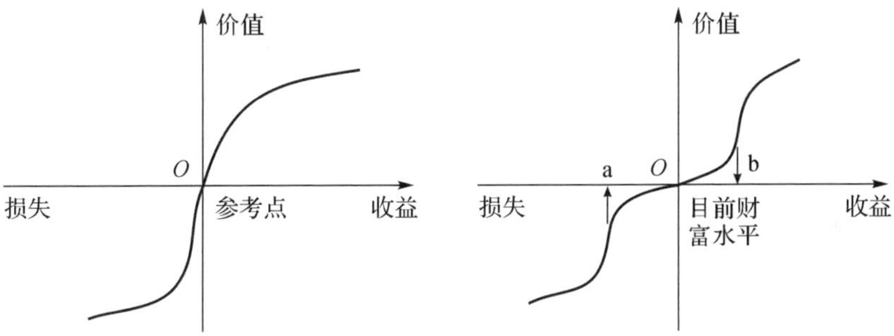

图7-1　传统效用函数和前景理论的价值函数

此外，投资者在损失和盈利的临界点风险厌恶水平发生突变，也会影响投资者的主观贴现率。当股价上升，投资者获得盈利时，他们的风险厌恶水平会变低，所要求的贴现率下降，从而将价格进一步推高；反之，当股价下跌，投资者产生损失时，他们的风险厌恶水平和所要求的贴现率都会变高，导致价格进一步被低估。总之，在面对损失和盈利时，由于投资者的风险态度不同导致出现了处置效应。

如果锚定偏误和处置效应存在,那么股票价格与历史极端价格的比率、股票价格与平均持仓价格的比率就可能会影响到投资者的风险态度,从而影响预期收益率。这是因为历史极端价格是投资者最容易获得和谈论最多的价格之一,故其很容易成为投资者判断股票实际价值的锚定点;而股票价格大于或小于平均持仓价格则直接关系到处于盈利或亏损的投资者的比例。

(二)Fama-French 多因子模型

为了研究特质风险和股票超额预期收益两者之间的关系,由于特质风险不能直接测量,故通常采用 Fama-French 多因子模型来衡量。

Fama-French 三因子模型(Fama et al.,1993)指出,股票组合的平均收益率和市场溢酬因子 MKT、规模因子 SMB、账面市值比 HML 这三个因子有关(Fama et al.,1993)。Carhart 四因子模型(Carhart,1997)中除了以上三因子,还加入了动量因子 MOM,但之后的研究发现,中国股票市场情况与西方发达市场不同,需要具体情况具体分析,如欧阳志刚和李飞(2016)采用流通市值加权计算动量因子,发现股票定价在六个月内发生反转效应,从第七个月开始转变为动量效应,而采用等权计算动量因子则会发现月度数据中股票定价发生反转。Fama 等(2015)在三因子的基础上继续增加两个因子——盈利能力因子 RMW 和投资因子 CMA,得到五因子模型。在未充分分散投资的前提下,基于资本资产定价模型,根据优化的 Fama-French 三因子、四因子、五因子模型,采用个股的日收益率来计算特质波动率。

$$\text{CAPM}: R_{k,t} = \alpha_t + \beta_k \text{MKT}_{k,t} + \varepsilon_{k,t} \tag{7-1}$$

$$\text{FF3}: R_{k,t} = \alpha_t + \beta_k \text{MKT}_{k,t} + s_k \text{SMB}_{k,t} + h_k \text{HML}_{k,t} + \varepsilon_{k,t} \tag{7-2}$$

$$\text{Carhart4}: R_{k,t} = \alpha_t + \beta_k \text{MKT}_{k,t} + s_k \text{SMB}_{k,t} + h_k \text{HML}_{k,t} + m_k \text{MOM}_{k,t} + \varepsilon_{k,t} \tag{7-3}$$

$$\text{FF5}: R_{k,t} = \alpha_t + \beta_k \text{MKT}_{k,t} + s_k \text{SMB}_{k,t} + h_k \text{HML}_{k,t} + r_k \text{RMW}_{k,t} + c_k \text{CMA}_{k,t} + \varepsilon_{k,t} \tag{7-4}$$

其中，$R_{k,t}$是股票 k 在 t 月的超额收益率，$\text{MKT}_{k,t}$、$\text{SMB}_{k,t}$、$\text{HML}_{k,t}$、$\text{MOM}_{k,t}$、$\text{RMW}_{k,t}$、$\text{CMA}_{k,t}$分别是股票组合的市场溢酬因子、规模因子、账面市值比因子、动量因子、盈利能力因子和投资因子，$\varepsilon_{k,t}$是模型的回归残差。

第二节　数据与方法

一、数据说明

（一）数据来源

本章实证研究共采用两个数据集：其中一个数据集是沪深 300 指数 2008 年 1 月—2017 年 12 月合计 520 周对应股票的周频收益，用来检验价格动量；另一个数据集是沪深 300 指数成分股在 2014 年 1 月—2017 年 12 月合计 208 周投资者关注度的周频数据，用于研究基于过去投资者关注和过去收益情况下的未来收益的联合分布。其中，第二个数据集选择时间段较短的原因是从金融终端所能获取到的关于投资者关注度数据的最早时间为 2014 年 1 月 1 日。以上两个数据集均来自东方财富网旗下的股票交易平台 Choice 金融终端。沪深 300 成分股及其权重数据均来自国泰安数据库。

需要说明两点：一是以往国内动量研究的时间区间大多集中在 2010 年以前，而近十年中国股票市场发生了巨大变化。因此，本章对中国 A 股市场近十年的价格动量进行实证分析。二是 Pan 等（2013）认为，中国股票价格由于频繁的投机性交易而一直处于快速波动中，同时考虑到对日度数据的经济性解释不足，因此，在中国股票市场采用周度数据开展研究更为合理。在这个想法的启发下，本章以中国股票市场的周度数据来研究价格动量。

本章选取沪深300指数成分股作为研究样本,且剔除了研究选取时间段内信息缺失的成分股。选取沪深300指数成分股作为研究样本有两个原因:一是沪深300指数样本选自沪深两个证券市场,覆盖了大部分流通市值。成分股为市场中市场代表性好,流动性高,交易活跃的主流投资股票,能够反映市场主流投资的收益情况。二是在沪深300指数中的上市企业具有较高的稳定性,沪深300指数的行业分布与整个市场基本一致。另外,纳入本章研究样本中的股票,均具备研究期内历史收益和投资者关注度等完整信息。

(二)变量设计

本章继续采用Choice金融终端(东方财富)自选股数据作为投资者关注度代理变量。本章重点研究股票指数关注度与指数收益的关系,因此对其分别计算。

1. 基于金融终端的投资者关注度变化率R_IAVS

本章研究采用个股投资者关注度的周度增量来研究个股投资者关注度的变化情况,$D_IAVS_{j,w}$表示股票j在第w个交易周的关注度增量,计算方法为:$D\_IAVS_{j,w}=IAVS_{j,w}-IAVS_{j,w-h}$。对于股票$j$的投资者关注度变化率R_IAVS,计算方法如下:

$$R\_IAVS_{j,w}=\frac{D\_IAVS_{j,w}}{IAVS_{j,w-h}}\times 100\% \tag{7-5}$$

其中,w表示第w个交易周,h表示股票j的持有期。

2. 收益率Return

本章计算的是股票周度收益率,为了便于计算,周度股票收益率将股息忽略不计。$Return_{j,w}$表示在第w个交易周股票j的收益率,计算方法见式(7-6)。

$$Return_{j,w}=\ln(Cloprice_{j,w})-\ln(Cloprice_{j,w-1}) \tag{7-6}$$

其中,$Cloprice_{j,w}$指的是股票j在第w周的收盘价。

二、研究方法

（一）价格动量

本章借鉴 Jegadeesh 和 Titman（1993）提出的价格动量 J-K 策略来检验中国股票市场的价格动量。一般地，J-K 策略是对所有符合条件的股票基于其过去 J 期的历史收益进行独立排名。具体来说，根据前 J 周的收益将沪深 300 指数成分股分为三组（三分位）投资组合，然后买进表现最好的股票，卖出表现最差的股票，并在接下来的 K 个时期持有对冲组合。需要明确的是，由于交易频率高、买卖价差低，没有像 Zhang 等（2018）的研究那样，在持有期和形成期之间考虑滞后期。进一步，将前 J 个周期中收益最高的投资组合称为赢家 R_3，把前 J 个周期中收益最低的投资组合称为输家 R_1。如果在相应的持有期 K 周内，赢家的表现优于输家，则认为价格动量持续，否则认为价格动量反转。因此，本章实证环节关注的是在持有期间的赢家和输家的周收益。

（二）基于投资者关注度的价格动量

为了检验投资者关注度与价格动量之间的关系，参照已有研究（Jegadeesh et al.，1993；Lee et al.，2000），在将投资者关注度变化率 R_IAVS和其历史收益率 Return 进行独立分组交叉后建立投资组合。

构建投资组合方法如下：

第一，根据过去 J 周（J 称为排序期，$J=1,2,3,4,6,8,12,16,20,26,52$）的收益从低到高，将相应的股票分为 1、2、3 组，记为 R_1、R_2、R_3。根据与收益相同的过去 J 周的关注度从低到高，将相应的股票分为 1、2、3 组，记为 A_1、A_2、A_3。

第二，按照两种分组方式进行交叉分组，可以将股票分为九个“价格动量—关注度”的投资组合，将股票按照其在沪深 300 指数中的权重进行加权,然后构建投资组合并持有,计算其在未来 K 周(K 称为持有期,$K=1$,2,3,4,6,8,12,16,20,26,52,78,104)的收益。其中,排序依据中的收益为过去 J 周的对数收益率,关注度为过去 J 周股票关注人数的增加值或股票关注人数的变化率。另使用 Newey-West 方法来计算周收益的 t 统计量(Newey et al. ,1987)。

(三)Fama-French 五因子模型

为了检验价格动量和投资者关注度所引起的价格波动是否可以用目前的风险因子解释,本章采用最为广泛使用的 Fama-French 五因子模型对实证结果进行了拓展(Fama et al. ,2015),具体的时间序列回归模型为:

$$R_{j,t}-R_{F,t}=\alpha_j+b_j\mathrm{MKT}_t+s_j\mathrm{SMB}_t+h_j\mathrm{HML}_t+r_j\mathrm{RMW}_t+c_j\mathrm{CMA}_t+\varepsilon_{j,t} \tag{7-7}$$

其中,$R_{j,t}$是投资组合 j 在时段 t 的收益,$R_{F,t}$是无风险收益,$R_{j,t}-R_{F,t}$是投资组合 j 在时段 t 超过无风险收益的收益,MKT_t是加权市场投资在时段 t 超过无风险收益的收益,SMB_t、HML_t、RMW_t和CMA_t分别指规模、价值、盈利和投资因子。特别地,SMB_t是小公司减去大公司的投资组合收益,HML_t是高低 B/M 投资组合收益之差,RMW_t是高低盈利投资组合收益之差,CMA_t是保守与激进投资公司收益之差。另外,b_j、s_j、h_j、r_j、c_j是相应的因子系数,α_j是投资组合的截距。

第三节 基于投资者关注的价格动量策略实证分析

一、动量策略的实证结果

基于 2008 年 1 月—2017 年 12 月沪深 300 指数的股票成分数据,根据过去 J 周($J=1,2,3,4,8,12,16,20,24$)的股票收益,对其进行排序并分为三个投资组合(R_1,R_2,R_3)。对于每个投资组合,计算其未来 K 周的市值加权平均收益(K=1,2,3,4,8,12,16,20,24)。实证所采用的策略是买入极端赢家并卖出极端输家(R_3-R_1),表 7-1 总结了价格动量投资组合策略的结果,以此来说明所取样本的价格动量特征。

表 7-1　动量策略(R_3-R_1)的周收益率及其显著性

J	K=1	K=2	K=3	K=4	K=8	K=12	K=16	K=20	K=24
1	−0.43***	−0.04	0.09	0.10*	0.15***	0.16***	0.17***	0.17***	0.15***
	(−4.07)	(−0.58)	(1.38)	(1.80)	(3.74)	(5.63)	(7.19)	(7.71)	(8.52)
2	−0.22**	0.04	0.09	0.07	0.10***	0.11***	0.11***	0.10***	0.09***
	(−2.11)	(0.52)	(1.41)	(1.30)	(2.58)	(3.74)	(4.61)	(5.08)	(5.47)
3	−0.07	0.02	0.04	0.01	0.04	0.06*	0.06***	0.07***	0.05***
	(−0.61)	(0.33)	(0.61)	(0.05)	(1.06)	(1.87)	(2.64)	(3.59)	(2.92)
4	−0.11	−0.06	−0.04	−0.06	0.01	0.02	0.03	0.05**	0.02
	(−1.08)	(−0.78)	(−0.76)	(−1.05)	(0.14)	(0.70)	(1.55)	(2.49)	(1.43)
8	−0.22*	−0.13*	−0.09	−0.10*	−0.05	−0.03	0.00	−0.02	−0.04**
	(−1.89)	(−1.71)	(−1.50)	(−1.75)	(−1.32)	(−1.09)	(−0.33)	(−1.10)	(−2.01)
12	−0.20*	−0.13*	−0.10	−0.09	−0.04	−0.03	−0.05**	−0.05**	−0.04*
	(−1.74)	(−1.72)	(−1.50)	(−1.51)	(−1.20)	(−1.21)	(−2.18)	(−2.29)	(−1.91)
16	−0.20*	−0.15**	−0.11*	−0.09	−0.05	−0.08***	−0.08***	−0.06***	−0.03*
	(−1.73)	(−1.96)	(−1.74)	(−1.60)	(−1.20)	(−2.94)	(−3.43)	(−2.64)	(−1.95)
20	−0.14	−0.09	−0.07	−0.06	−0.08**	−0.09***	−0.08***	−0.05**	−0.04**
	(−1.13)	(−1.15)	(−1.10)	(−1.09)	(−2.23)	(−3.43)	(−3.22)	(−2.31)	(−2.11)
24	−0.20*	−0.19**	−0.17**	−0.17***	−0.13***	−0.11***	−0.08***	−0.05**	−0.04**
	(−1.67)	(−2.32)	(−2.57)	(−2.99)	(−3.61)	(−4.07)	(−3.09)	(−2.29)	(−2.30)

注:此表显示了 2008 年 1 月 1 日—2017 年 12 月 31 日以 CSI300 为样本,买入极端赢家和卖出极端输家(R_3-R_1)价格动量投资组合策略的周收益率。根据 CSI300 所有股票在前 J 周的回报率(J=1,2,3,4,8,12,16,20,24)进行排名并分为三个投资组合(R_1 至 R_3),其中,R_1 指的是前 J 周收益最低的输家投资组合,R_3 指的是前 J 周收益最高的赢家投资组合。在投资组合形成期(J=1,2,3,4,8,12,16,20,24)和持有期(K=1,2,3,4,8,12,16,20,24)计算价格动量投资组合策略(R_3-R_1)的周回报率。股票周度收益率见式(7-6),为了便于计算,周度股票收益率将股息忽略不计。括号中的数字表示基于 Newey-West 计算的 t 统计量,*、**、*** 分别表示在 10%、5%和 1%水平上的统计显著性。

首先，当持有期极短（$K=1$）时，（R_3-R_1）每周的持有期收益率为负。例如，持有期和形成期均为1周的投资组合（$J=1, K=1$），（R_3-R_1）的值为−0.43%，且在统计学上具有显著意义。这一结果表明，在超短期内中国股票市场的收益出现显著反转，这与沈可挺和刘煜辉（2006）的研究结果一致。

此外，当形成期小于4周（$J=1,2,3$）、持有期超过2周（$K>2$）时，（R_3-R_1）的值为正，且大部分结果在统计学上具有显著意义，与高秋明等（2014）的研究结果一致。这一结果进一步表明，中国股票市场存在一个形成期小于4周（我们称之为短期）的价格动量效应。例如，对于形成期为2周的投资组合（$J=2$），过去的赢家在接下来的8～24周（$8<K<24$），每周的表现都优于过去的输家近0.10%。然而，形成期为4周的股票投资组合，价格动量效应逐渐消失，初步的价格反转效应出现。形成期超过4周（$J>4$）时（本书称之为中期），所有的（J,K）单元的（R_3-R_1）收益都为负，价格动量效应完全消失。虽然在某些情况下，赢家和输家之间的收益差异很小，但在大多数情况下是具有统计学意义的，这表明中国股票市场存在中短期动量反转效应。例如6周的形成期和2周的持有期（$J=6, K=2$）的（R_3-R_1）的周平均收益差是−0.15%。

总的来说，表7-1的实证结果与之前的多数关于中国A股市场的价格动量研究结果一致，即中国股票市场在超短期内（持有期小于1周）存在动量反转效应，在短期内（形成期小于4周）存在价格动量效应。与此同时，我们进一步使用周度数据研究了中国A股市场的中期价格动量反转效应，将形成期延长到4周以上，发现短期的价格动量效应完全逆转，这一结果从实证角度拓展了该领域的相关研究。实证结果进一步表明，价格动量效应不仅取决于投资组合的持有期，还取决于投资组合的形成期。

二、基于投资者关注的动量策略实证结果

(一)基于投资者关注度的价格动量整体趋势分析

目前,投资者关注度对股票收益影响只停留在"投资者关注度对股票收益有影响"这一基础层面上,而没有进一步区分关注度在不同价格动量投资组合中的影响,以及不同关注度水平下的价格动量及其反转效应。图7-2从整体上直观展示了基于投资者关注度的股票价格动量策略的实证结果。

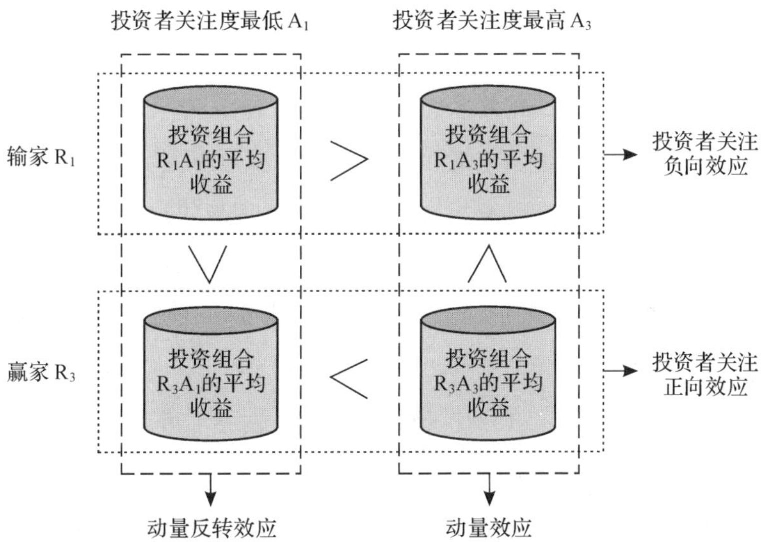

图7-2 基于投资者关注度的股票价格动量

1. 投资者关注度对不同动量投资组合的影响存在显著的非对称性

在赢家组合中,投资者关注度对股票期望收益有正向影响(正效应);而在输家组合中,投资者关注度对股票期望收益有负向影响(负效应)。

(1)高关注度赢家组合表现优于低关注度赢家组合($R_3A_3 > R_3A_1$)

对赢家R_3投资组合而言,股价在过去一段时间内持续上涨,投资者情

绪高涨,容易吸引更多投资者关注并引起交易行为,基于“关注驱动交易假说”,在关注度上涨的情况下,股票被购买的可能性增大,对股票的短期需求上升,在市场存在异质信念和卖空限制的情况下,短期内股票价格会上升,其市场表现也更为活跃。所以对赢家 R_3 投资组合而言,投资者关注度在短期内能给股票带来期望超额收益,对股票短期期望收益正效应明显。

(2)低关注度输家组合表现优于高关注度输家组合($R_1A_1 > R_1A_3$)

对输家 R_1 投资组合而言,股价在过去一段时间内下跌,投资者更容易出现“恐慌”,其情绪较为悲观和消极。对前期关注度高的股票而言,投资者只是关注了股票,出于“损失厌恶”的心态,其在考虑是否买入时会异常谨慎。所以,虽然投资者关注度很高,但对这些股票的相对净买入行为较少,未来短期需求减少。在输家组合中,关注度越高,往往意味着业绩或预期释放得比较充分,故给未来股价造成的向上压力越大,同时在市场中的表现相对越弱。此外,在输家组合中,高关注度带来的溢价没有基本面信息的支撑,而投资者“有限注意”导致的溢价消息可能更快反应,则价格反转在短期内容易显现出来。高关注度的股票表现出弱势,与基于“有限注意”的“过度关注弱势”假设一致。

2. 动量效应和投资者关注度呈正相关关系,关注度高的股票动量持续,关注度低的股票动量反转

(1)关注度高的“热门股”未来短期动量持续($R_3A_3 > R_1A_3$)

考虑不同价格动量投资组合在未来短期的表现,在高关注度分组中,之前的赢家投资组合比之前的输家投资组合的未来表现好,即涨势前期相对比较好的股票往往后期的涨势会持续好,正所谓“强者恒强,弱者恒弱”,这在投资者关注度高的分组中得到了充分的体现,因为当关注度相对较高时,涨势比较喜人的股票往往是强业绩支撑或以行业垄断增长为背景的公司股票,往往有主力资金在进行运作,容易出现拉升,行情大概率还是会延续原来的趋势。

(2)关注度低的“冷门股”未来短期动量反转($R_1A_1>R_3A_1$)

股票关注度过低会导致反应不足从而产生“冷门股效应”。低关注度输家组合 R_1A_1 由于缺乏投资者关注，其表现往往落后于市场其他股，但相比低关注度赢家组合 R_3A_1 而言往往有更多的投资机会。低关注度水平下，市场活跃度低，交易量也随之下降。同时，前期的输家投资组合与基本价格的偏离程度大，对股价造成向上的价格压力也较小，股价更容易回升。因此，低关注度水平下，投资者更愿意在输家 R_1 中选择“抄底”而放弃在赢家 R_3 中继续“贪婪”，这也说明“抄底”比“贪婪”效果更好。

(二)基于投资者关注度的价格动量具体结果分析

为了进一步分析基于历史收益和投资者关注的交叉分组而形成的投资组合收益，研究给出了未来 K 周以上投资组合的加权平均周收益($K=4,8,12,16,20,24$)，详见表 7-2。另外需要说明的是，研究也考虑了($J=1,2,3$)和($K=1,2,3$)的情况，(R_3-R_1)收益的方向与表 6-2 的实证结果一致，因此省略了类似的研究结果。

表 7-2　基于投资者关注度的动量策略(R_3-R_1)周收益率及其显著性

		K=4			K=8			K=12		
J		A1	A3	(A3－A1)	A1	A3	(A3－A1)	A1	A3	(A3－A1)
4	R1	0.26**	0.01	－0.25**	0.23**	0.08	－0.15***	0.23**	0.13	－0.10**
		(2.03)	(0.07)	(－2.50)	(2.14)	(0.68)	(－2.79)	(2.38)	(1.33)	(－2.00)
	R3	－0.15	0.17	0.33***	－0.06	0.22*	0.28***	－0.06	0.25**	0.31***
		(－0.93)	(0.94)	(2.68)	(－0.55)	(1.71)	(2.79)	(－0.58)	(2.49)	(3.97)
	(R3－R1)	－0.42***	0.16	0.58***	－0.29***	0.13	0.42***	－0.29***	0.13*	0.41***
		(－3.49)	(1.34)	(4.22)	(－3.36)	(1.64)	(4.10)	(－3.84)	(1.94)	(4.46)
8	R1	0.33**	0.22	－0.11	0.28**	0.23*	－0.05	0.28***	0.21**	－0.07
		(2.35)	(1.16)	(－1.07)	(2.38)	(1.80)	(－0.79)	(2.82)	(2.05)	(－1.28)
	R3	－0.15	0.20	0.35***	－0.08	0.24*	0.32***	－0.07	0.29***	0.36***
		(－0.87)	(1.08)	(2.64)	(－0.67)	(1.88)	(3.18)	(－0.68)	(2.81)	(5.52)
	(R3－R1)	－0.47***	－0.02	0.46***	－0.35***	0.01	0.37***	－0.35***	0.08	0.43***
		(－3.72)	(－0.10)	(2.79)	(－4.11)	(0.13)	(3.06)	(－5.20)	(1.10)	(4.91)

续表

		K=4			K=8			K=12		
J		A_1	A_3	(A_3-A_1)	A_1	A_3	(A_3-A_1)	A_1	A_3	(A_3-A_1)
12	R_1	0.28*	0.19	−0.10	0.27**	0.13	−0.14**	0.29***	0.16*	−0.13***
		(1.91)	(1.20)	(−1.39)	(2.08)	(1.10)	(−2.40)	(2.61)	(1.69)	(−2.61)
	R_3	0.11	0.25	0.14	0.07	0.31**	0.25**	0.06	0.33***	0.27***
		(0.68)	(1.32)	(0.94)	(0.62)	(2.37)	(2.50)	(0.66)	(3.13)	(4.13)
	(R_3-R_1)	−0.18	0.06	0.24	−0.20**	0.19**	0.39***	−0.23***	0.18***	0.40***
		(−1.30)	(0.48)	(1.47)	(−2.15)	(2.36)	(3.32)	(−3.46)	(3.00)	(5.07)
16	R_1	0.26*	0.13	−0.13	0.30**	0.11	−0.19***	0.32***	0.12	−0.20***
		(1.70)	(0.80)	(−1.53)	(2.25)	(0.85)	(−3.04)	(2.77)	(1.23)	(−3.92)
	R_3	0.07	0.29	0.22	0.07	0.31**	0.23**	0.02	0.30***	0.28***
		(0.41)	(1.53)	(1.58)	(0.61)	(2.27)	(2.43)	(0.20)	(2.82)	(4.65)
	(R_3-R_1)	−0.19	0.16	0.35**	−0.23**	0.20**	0.43***	−0.30***	0.18***	0.48***
		(−1.38)	(1.15)	(2.18)	(−2.43)	(2.26)	(3.78)	(−4.61)	(2.74)	(6.16)
20	R_1	0.32*	0.09	−0.23**	0.33**	0.07	−0.26***	0.31***	0.09	−0.23***
		(1.95)	(0.52)	(−2.38)	(2.39)	(0.54)	(−4.12)	(2.70)	(0.84)	(−4.38)
	R_3	−0.02	0.25	0.27*	0.04	0.26*	0.23**	0.07	0.25**	0.19***
		(−0.12)	(1.28)	(1.91)	(0.30)	(1.94)	(2.43)	(0.65)	(2.37)	(3.50)
	(R_3-R_1)	−0.34**	0.16	0.50***	−0.29***	0.20**	0.49***	−0.24***	0.17**	0.41***
		(−2.51)	(1.11)	(3.03)	(−3.28)	(2.15)	(4.38)	(−3.98)	(2.36)	(5.42)
24	R_1	0.39**	0.14	−0.24***	0.34**	0.08	−0.26***	0.31***	0.06	−0.26***
		(2.31)	(0.90)	(−2.75)	(2.39)	(0.61)	(−3.86)	(2.73)	(0.56)	(−4.94)
	R_3	−0.02	0.22	0.24	0.06	0.24*	0.17*	0.09	0.23**	0.14**
		(−0.09)	(1.13)	(1.45)	(0.50)	(1.70)	(1.81)	(0.87)	(2.03)	(2.44)
	(R_3-R_1)	−0.40***	0.08***	0.48***	−0.27***	0.16	0.43***	−0.22***	0.18**	0.40***
		(−2.62)	(0.56)	(2.61)	(−2.97)	(1.57)	(3.49)	(−3.32)	(2.33)	(4.73)
		K=16			K=20			K=24		
J		A_1	A_3	(A_3-A_1)	A_1	A_3	(A_3-A_1)	A_1	A_3	(A_3-A_1)
4	R_1	0.23***	0.12	−0.11**	0.23***	0.12	−0.11***	0.23***	0.09	−0.14***
		(2.72)	(1.47)	(−2.43)	(2.88)	(1.57)	(−2.87)	(3.16)	(1.37)	(−3.75)
	R_3	−0.03	0.27***	0.29***	0.02	0.28***	0.26***	0.02	0.29***	0.27***
		(−0.29)	(3.06)	(4.83)	(0.26)	(3.57)	(4.30)	(0.21)	(3.84)	(4.66)
	(R_3-R_1)	−0.26***	0.15***	0.41***	−0.21***	0.16***	0.37***	−0.22***	0.19***	0.41***
		(−4.11)	(2.78)	(5.51)	(−3.74)	(3.59)	(5.85)	(−4.20)	(4.73)	(6.75)

续表

		K=16			*K*=20			*K*=24		
J		A_1	A_3	(A_3-A_1)	A_1	A_3	(A_3-A_1)	A_1	A_3	(A_3-A_1)
8	R_1	0.29***	0.19**	−0.10*	0.29***	0.15*	−0.14***	0.29***	0.08	−0.21***
		(3.26)	(1.97)	(−1.77)	(3.55)	(1.77)	(−3.29)	(3.79)	(1.10)	(−5.32)
	R_3	−0.03	0.30***	0.33***	−0.01	0.30***	0.31***	0.05	0.28***	0.23***
		(−0.38)	(3.42)	(5.95)	(−0.16)	(3.73)	(5.73)	(0.55)	(3.55)	(4.25)
	(R_3-R_1)	−0.32***	0.11	0.43***	−0.30***	0.15**	0.45***	−0.24***	0.19***	0.44***
		(−5.76)	(1.60)	(6.10)	(−6.29)	(2.51)	(7.38)	(−5.29)	(4.15)	(7.76)
12	R_1	0.31***	0.11	−0.20***	0.29***	0.06	−0.23***	0.28***	0.01	−0.27***
		(3.22)	(1.46)	(−4.69)	(3.42)	(0.92)	(−5.48)	(3.58)	(0.17)	(−7.69)
	R_3	0.06	0.31***	0.25***	0.10	0.29***	0.19***	0.11	0.29***	0.18***
		(0.65)	(3.47)	(4.69)	(1.27)	(3.58)	(3.60)	(1.42)	(3.49)	(3.51)
	(R_3-R_1)	−0.25***	0.20***	0.45***	−0.19***	0.23***	0.42***	−0.17***	0.27***	0.44***
		(−4.79)	(4.19)	(6.99)	(−4.01)	(4.97)	(6.59)	(−4.07)	(6.74)	(7.67)
16	R_1	0.30***	0.07	−0.23***	0.28***	0.01	−0.27***	0.25***	−0.03	−0.28***
		(3.16)	(0.89)	(−5.26)	(3.36)	(0.14)	(−7.09)	(3.32)	(−0.39)	(−8.78)
	R_3	0.04	0.27***	0.23***	0.07	0.26***	0.19***	0.09	0.26***	0.17***
		(0.43)	(2.96)	(4.56)	(0.91)	(3.03)	(4.26)	(1.13)	(2.98)	(4.20)
	(R_3-R_1)	−0.26***	0.20***	0.46***	−0.21***	0.25***	0.47***	−0.17***	0.29***	0.46***
		(−5.10)	(3.64)	(7.31)	(−4.84)	(5.14)	(8.38)	(−4.43)	(6.14)	(9.14)
20	R_1	0.30***	0.02	−0.28***	0.27***	−0.01	−0.28***	0.26***	−0.02	−0.28***
		(3.16)	(0.29)	(−6.35)	(3.20)	(−0.15)	(−7.87)	(3.31)	(−0.22)	(−8.65)
	R_3	0.06	0.24**	0.18***	0.05	0.23**	0.18***	0.07	0.22**	0.16***
		(0.63)	(2.51)	(4.00)	(0.63)	(2.49)	(3.92)	(0.85)	(2.41)	(3.85)
	(R_3-R_1)	−0.25***	0.21***	0.46***	−0.22***	0.24***	0.46***	−0.19***	0.24***	0.43***
		(−4.95)	(3.57)	(7.78)	(−5.35)	(4.33)	(8.64)	(−5.11)	(4.46)	(8.92)
24	R_1	0.28***	0.01	−0.27***	0.27***	0.01	−0.26***	0.26***	−0.01	−0.27***
		(2.97)	(0.18)	(−6.48)	(3.25)	(0.12)	(−7.25)	(3.32)	(−0.16)	(−8.70)
	R_3	0.09	0.22**	0.13**	0.10	0.20**	0.10**	0.11	0.19**	0.08*
		(0.92)	(2.16)	(2.45)	(1.09)	(2.09)	(2.15)	(1.25)	(1.98)	(1.69)
	(R_3-R_1)	−0.19***	0.20***	0.40***	−0.17***	0.19***	0.36***	−0.15***	0.20***	0.35***
		(−3.37)	(3.35)	(6.40)	(−3.55)	(3.25)	(6.58)	(−3.52)	(3.71)	(6.50)

注：此表显示了2008年1月1日—2017年12月31日以CSI300为样本，基于价格动量和投资者注意力的独立双向排序投资组合策略的周收益率。根据CSI300所有股票在前*J*周的回报率（*J*=1,2,3,4,8,12,16,20,24）进行排名并分为三个投资组合（R_1至R_3），其中，R_1指的是前*J*周收益最低的输家投资组合，R_3指的是前*J*周收益最高的赢家投资组合；并根据过去*J*周内投资者对股票关注度的变化率（与价格动量无关），将股票分为三个投资组合（A_1至A_3），其中，A_1代表投资者注意力低的投资组合，A_3代表投资者注意力高的投资组合。然后，根据前*J*周的回报率和投资者注意力建立投资组合。在投资组合形成期（*J*=1,2,3,4,8,12,16,20,24）和持有期（*K*=1,2,3,4,8,12,16,20,24）计算价格动量投资组合策略（R_3-R_1）的周回报率。股票周度收益率见式(7-6)，为了便于计算，周度股票收益率将股息忽略不计。括号中的数字表示基于Newey-West计算的*t*统计量，*、**、***分别表示在10%、5%和1%水平上的统计显著性。

1. 动量效应在高关注度投资组合中持续，在低关注度投资组合中反转

从纵向来看，投资者关注度最低的投资组合对应的每个(J，K)单元格，每周获得的收益都在统计意义上显著为负，但投资者关注度最高的投资组合的每一个(J，K)单元格所对应的每周收益都显著为正。这一结果证实了价格动量效应在高关注度投资组合中持续，在低关注度投资组合中反转。例如，对于4周形成期和4周持有期($J=4$，$K=4$)的投资组合策略，获得最低投资者关注的投资组合策略($R_3A_1-R_1A_1$)每周收益为-0.42%，获得最高投资者关注的投资组合策略($R_3A_3-R_1A_3$)每周收益为0.16%，因此，获得最高投资者关注的投资组合策略(R_3-R_1)的收益超过获得最低投资者关注的投资组合策略(R_3-R_1)收益的部分为每周0.58%。结果表明，投资者关注度越高，价格动量越大，这与Hou等(2008)的研究结果一致，他们认为注意力可以与投资者的外推性预期、过度自信等投资者行为偏差相互作用，从而对投资者关注的信息产生价格过度反应。

另外，在投资者对股票关注程度最低的情况下，输家的平均周收益总是高于赢家。例如，对于16周形成期和12周持有期($J=16$，$K=12$)的投资组合策略，投资者关注度最低的输家R_1A_1每周赚0.32%，投资者关注度最低的赢家R_3A_1每周赚0.02%，这也导致在投资者关注度最低的情况下，输家每周跑赢赢家0.30%。这一发现可被解释为在投资者关注度最低的情况下，投资者对这些股票反应不足，导致过去的输家与他们的基本价值判断有一个较大的偏差，尤其是针对前期表现不好、被严重低估的小公司股，这些股票有更多的投资机会且更容易受到个人投资者关注度的影响，导致股票的价格在持有期内反弹。与受到低关注的输家不同，投资者对受到低关注的赢家更加不乐观，导致过去的赢家在持有期内的表现较差，出现了低投资者关注情形下的动量反转效应。

然而，在投资者对股票关注程度最高的情况下，赢家的平均周收益在很大程度上超过了输家。例如，对于16周形成期和12周持有期($J=16$，

$K=12$)的投资组合策略,投资者关注度最高的输家 R_1A_3 每周赚 0.12%,投资者关注度最高的赢家 R_3A_3 每周赚 0.30%,从而导致投资者关注度最高的赢家比投资者关注度最高的输家平均每周收益高 0.18%。实证结果可被解释为在高关注度的情况下,投资者更容易受到外推性预期和过度自信的影响。这些行为偏差造成对股价的过度反应,从而导致"热门效应"和"马太效应"(宋冰冰和王海艳,2005)。特别是前一时期表现较好的大公司吸引了更多的动量交易者。对于早期表现不佳的公司,投资者关注度高表明投资者对当前股价存在异质信念,而在卖空限制下,当前股价反映的是相对乐观主义者的估值,因此,投资者关注度高的输家未来表现会相对较差。综上可知,在投资者高关注度的驱动下,之前的赢家将继续跑赢之前的输家。

通常情况下,由于预期过度反应引起的价格动量效应在长期内会随着价格过度反应被最终纠正而反转,但在研究所考虑的阶段并没有发现反转现象,可能的原因包括以下两点:一是中国股票市场的套利成本较高,约为每周 0.35%(陈蓉等,2014),超过了大多数投资组合的盈利能力;二是卖空约束也使投资组合的构建面临较高的套利风险,存在 24 周内的定价异常现象。

2. 投资者关注度对过去赢家和输家组合的影响存在明显的不对称性

从横向角度来看,投资者关注度对过去赢家和输家组合的影响存在明显的不对称性,这一研究结论与 Vozlyublennaia(2014)所讨论的结论一致,考虑到过去的收益是市场接收信息的一部分,表明股票过去的收益水平可以决定投资者关注对持有期收益的正向或负向影响。通常情况下,下降的股票收益率通常被投资者视为坏消息,这表明投资者的注意力更易受到收益的影响,过去的收益表现会影响投资者接收到的信息量的多少,进而影响未来收益并导致价格动量的不同表现。

实证结果表明,对于每一个(J,K)单元格所代表的投资组合,高投资者关注的赢家比低投资者关注的赢家收益更高，而低投资者关注的输家则能跑赢高投资者关注的输家，这一结果显示在每个单元格的右列。例如，对于4周形成期和8周持有期($J=4,K=8$)的投资组合策略，受到高关注的赢家 R_3A_3 比受到低关注的赢家 R_3A_1 每周收益高0.28%，而受到低关注的输家 R_1A_1 比受到高关注的输家 R_1A_3 每周收益高0.15%。此外，投资者关注度最高的投资组合 A_3 与投资者关注度最低的投资组合 A_1 每周收益率的差异在统计意义上显著，这表明投资者关注度是价格动量的一个重要影响因素。

导致投资者关注对赢家和输家投资组合影响的不对称性产生的主要原因是它们各自的形成机制不同。一方面，在投资者情绪和投资者非理性行为的条件下，赢家组合在过去 J 周价格上涨，这将继续吸引情绪高涨的投资者在未来几周产生交易行为。投资者关注度的增加将导致市场吸收更多的信息和交易需求的增加，在异质信念和卖空限制的情况下，相应的股票价格会继续上涨。因此，高关注度的赢家 R_3A_3 表现会强于低关注度的赢家 R_3A_1。这一结果与 Barber 和 Odean(2008)的观点一致，即投资者关注影响散户的买卖决策，特别是投资者关注对买入的影响大于对卖出的影响，从而对价格产生正向影响。另一方面，输家由于在过去 J 周股价下跌，可能会引起投资者的恐慌与消极悲观情绪。在损失厌恶情绪的驱动下，投资者的购买行为可能会变得谨慎，从而导致相应股票的净买入和交易需求相对较低。一般来说，如果投资者对输家给予更多关注，则会对相应股票有更多的业绩预期，从而对其未来走势造成更大的上行压力，这种压力最终可能导致未来几周的股票表现较弱。因此，与投资者关注度较低的输家 R_1A_1 相比，投资者关注度较高的输家 R_1A_3 未来收益表现较差。研究结果还可以理解为，高关注度在输家投资组合中所带来的溢价并不能支持其基本面信息，反而会产生额外的噪声，从而降低有效信息被吸收的可能。

（三）基于投资者关注度的价格动量策略收益对比

为了更直观地展示基于投资者关注度的价格动量策略收益情况，根据实验结果绘制了图 7-3 和图 7-4。

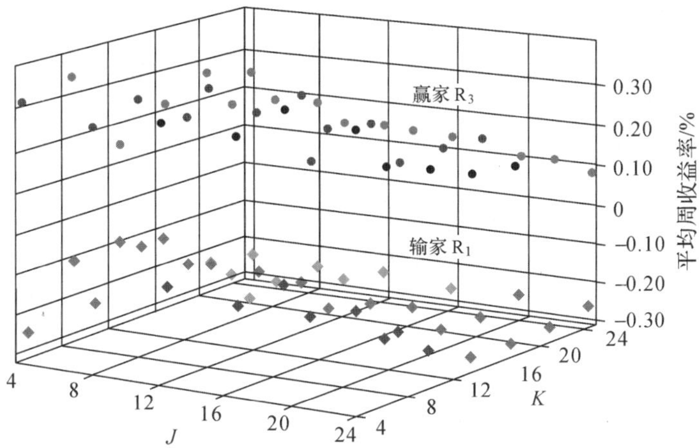

图 7-3　投资策略组合（A_3-A_1）的平均周收益率

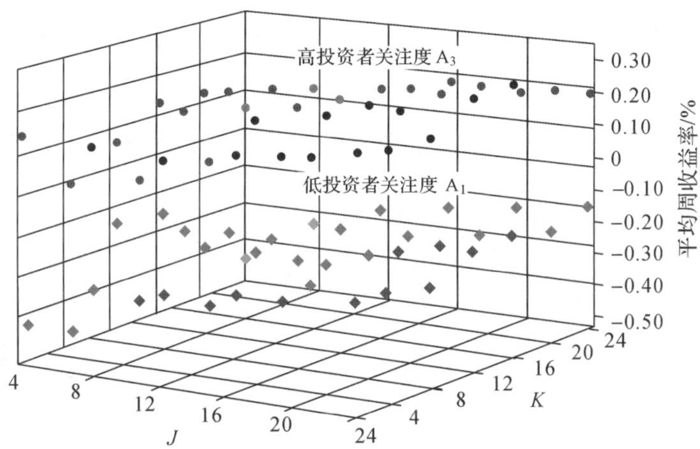

图 7-4　投资策略组合（R_3-R_1）的平均周收益率

图 7-3 展示了基于价格动量和投资者关注度独立分组情况下,在不同形成期 J 和持有期 K 内,投资者高关注度减去低关注度的投资策略组合(A_3-A_1)的平均周收益率。上方圆形点和下方菱形点分别代表不同(J,K)组合下,基于历史收益的赢家 R_3 和输家 R_1 投资策略组合(A_3-A_1)的平均周收益率。由此可见,在不同形成期 J 和持有期 K 内,历史收益的赢家 R_3 组合在投资策略组合(A_3-A_1)的平均周收益率远大于历史收益的输家 R_1 组合。

图 7-4 展示了基于价格动量和投资者关注度独立分组情况下,在不同形成期 J 和持有期 K 内,历史收益赢家减去历史收益输家的投资策略组合(R_3-R_1)的平均周收益率。上方圆形点和下方菱形点分别代表不同(J,K)组合下,高关注度 A_3 和低关注度 A_1 投资策略组合(R_3-R_1)的平均周收益率。由此可见,在不同形成期 J 和持有期 K 内,高关注度 A_3 组合在投资策略组合(R_3-R_1)的平均周收益率远大于低关注度 A_1 组合。

为了进一步探索以上组合之间的关系,根据每个投资组合在持有期的每周收益计算了累计收益,分别以 4 周形成期和 4 周持有期、12 周形成期和 12 周持有期、16 周形成期和 16 周持有期($J=4$,$K=4$;$J=12$,$K=12$;$J=16$,$K=16$)为例,在价格动量和投资者关注度共同作用的交叉效应下策略的累计收益见图 7-5、图 7-6 和图 7-7。

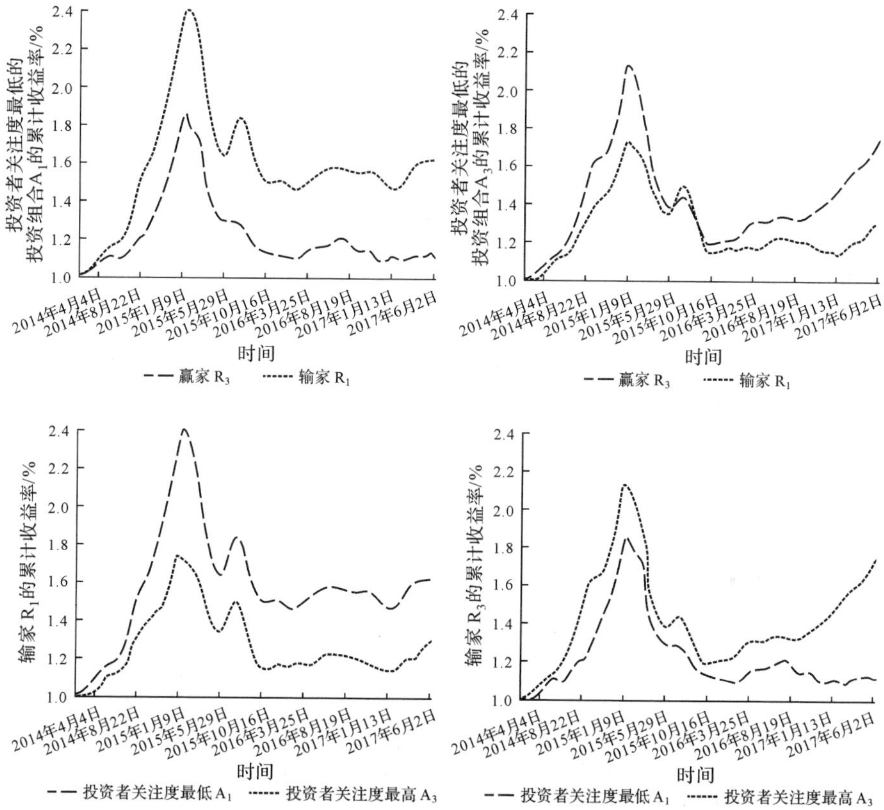

图 7-5　2014—2017 年基于投资者关注度的价格动量策略($J=4,K=4$)累计收益率

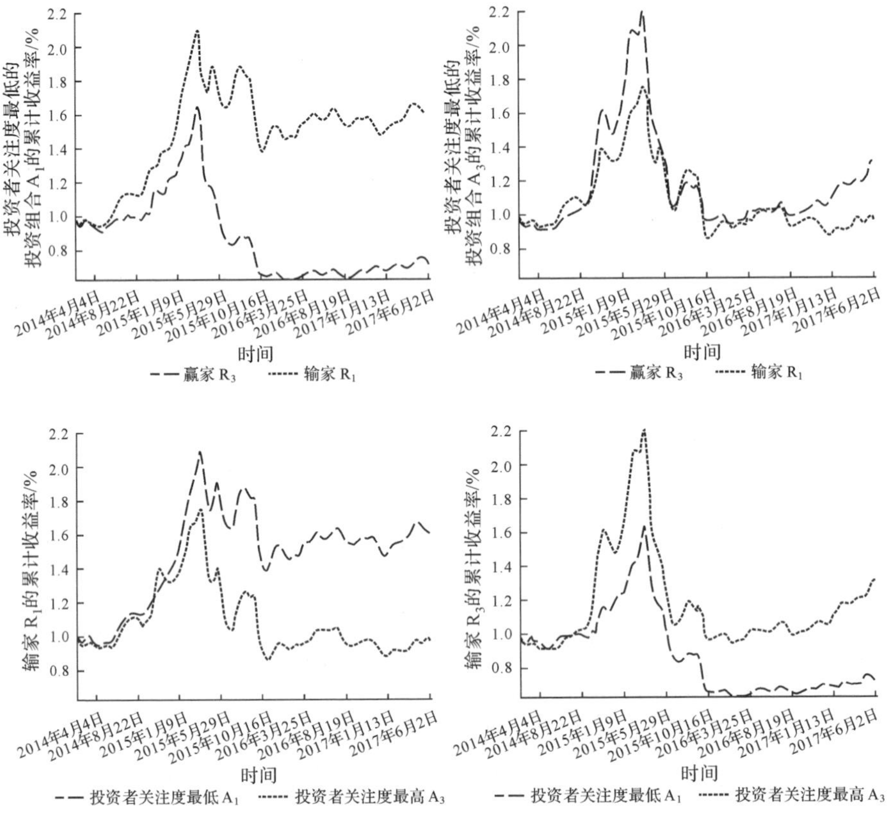

图 7-6　2014—2017 年基于投资者关注度的价格动量策略($J=12,K=12$)累计收益率

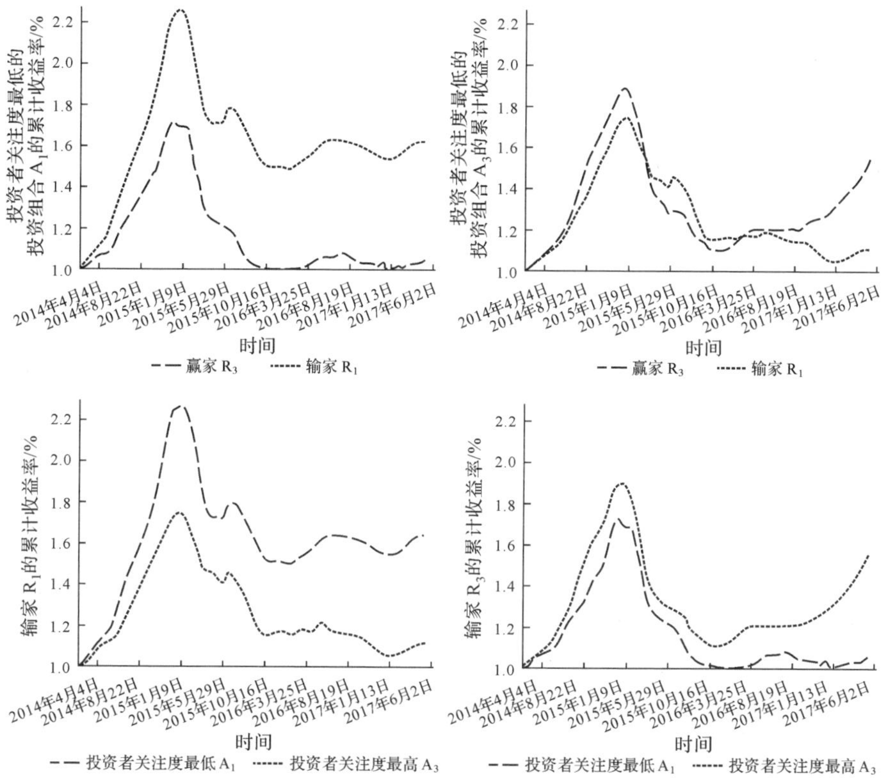

图 7-7　2014—2017 年基于投资者关注度的价格动量策略($J=16, K=16$)累计收益率

具体来看:图 7-5、图 7-6 和图 7-7 的第一子图表明,低投资者关注度股票的价格动量反转效应更强,赢家和输家累计收益的差距较大;第二子图表明,高投资者关注度股票价格动量持续效应相对较弱,赢家和输家的累计收益差距较小;第三子图表明,对于历史收益低的投资组合,低投资者关注度组的股票价格动量反转效应更强,低投资者关注度组的累积收益远大于高投资者关注度组的累积收益;第四子图表明,对于历史收益高的投资组合,高投资者关注度组的股票价格动量持续效应更强,高投资者关注度组的累积收益大于低投资者关注度组的累积收益。这一结论从全新视角出发对传统的价格动量在中期时间段上的反转效应给出了解释。

三、结论与讨论

本节利用沪深300指数成分股在2008年1月—2017年12月合计520周的上市公司周频收益,来检验中国A股市场价格动量与动量反转效应。第一,实证结果支持French等(1986)和Lo等(1988)所提出的价格反转,即中国A股市场存在超短期(仅1周)内的价格反转。第二,研究发现,中国A股市场存在中短期价格动量效应,即在短形成期(小于4周)下,价格动量效应持续近24周。第三,与Jegadeesh和Titman(1993)的研究所不同的是,本章实证结果发现价格反转效应是随着形成期延长至中期水平(大于或等于4周)而出现的,这一结论为解释价格动量效应提供了新的实证补充。

基于投资者关注度的价格动量效应研究表明,投资者关注度是预测不同投资组合未来收益和价格走势的重要指标。基于投资者关注度的价格动量最显著的特征是其横向和纵向的分歧路径。从纵向上看,价格动量效应在高投资者关注度组合中持续,而在低投资者关注度组合中反转。在低投资者关注度情况下,历史收益输家的平均周收益总是优于赢家,而在高投资者关注度情况下,历史收益赢家的平均周收益在很大程度上优于输家。从横向上看,投资者关注对赢家和输家投资组合的影响显著不对称,简而言之,是投资者关注效应的发散路径存在差异。基于周度数据,在中期表现上,低关注度投资组合的输家表现通常优于高关注度投资组合,而高关注度投资组合的赢家表现通常优于低关注度投资组合。

第四节　投资者关注的信息含量

一、基于 Fama-French 五因子模型的检验

在本节中，为了检验价格动量与投资者关注是否可以用目前的风险因子解释为赢家 R_3 和输家 R_1 或高投资者关注度组合 A_3 与低投资者关注度组合 A_1 之间的动量溢价，即在不同形成期 J 和持有期 K 内，为(R_3-R_1)和(A_3-A_1)的收益差距提供额外有力的证据，采用应用最为广泛的 Fama-French 五因子模型拓展本研究内容。基于回归模型式(7-7)，面板 A 和面板 B 分别给出了($J=4,K=4$)与($J=16,K=16$)的基于投资者关注的价格动量的时间序列回归估计系数和 t 统计量，具体参见表 7-3。

表 7-3 的结果显示，截距 α_j 不同于零，具有统计显著性，说明动量溢价的周度差异不能完全用 Fama-French 五因子模型来解释，进一步突出了本书所检验的投资者关注度因子的价值，而且在每个(J,K)中都发现了类似的结果。与基于投资者关注的价格动量结果相一致，(R_3-R_1)的截距在低投资者关注度组合 A_1 中为负，在高投资者关注度组合 A_3 中为正。而且，(A_3-A_1)的截距在输家 R_1 中为负，在赢家 R_3 中为正。

同时，调整后的 R^2 的值也提供了一些重要的信息。如过去收益与过去投资者关注度的交叉组合所形成的投资组合的调整后的 R^2 的值比较大，介于 0.68～0.96，说明原始分割可以用 Fama-French 五因子来解释。然而，(A_3-A_1)和(R_3-R_1)的值(范围从 0.07 到 0.40)无法掩盖价格动量效应与投资者关注度效应，换句话说，Fama-French 五因子对动量效应和投资者关注效应的每周收益解释力较弱，这为探索基于投资者关注的价格动量策略提供了有益的信息。

表 7-3 基于投资者关注度价格动量策略周超额收益的 Fama-French 五因子模型回归结果

Panel A：$J=4, K=4$

	α_j			b_j			s_j			h_j		
	A_1	A_3	(A_3-A_1)	A_1	A_3	(A_3-A_1)	A_1	A_3	(A_3-A_1)	A_1	A_3	(A_3-A_1)
R_1	0.02	−0.20**	−0.25***	0.85***	1.05***	0.20***	0.62***	0.34**	−0.28**	0.05	−0.1	−0.16
	−0.28	(−2.32)	(−3.17)	−15.03	−12.28	−2.82	−6.38	−2.04	(−2.08)	−0.54	(−0.89)	(−1.31)
R_3	−0.28***	0.03	0.27**	0.88***	1.10***	0.22**	0.23**	−0.44***	−0.67***	−0.24**	−0.27***	−0.03
	(−2.77)	−0.52	−2.26	−10.33	−27.35	−2.16	−1.97	(−8.57)	(−5.14)	(−2.10)	(−4.44)	(−0.29)
(R_3-R_1)	−0.33***	0.19	0.48***	0.03	0.05	0.02	−0.39**	−0.78***	−0.39**	−0.29*	−0.17	0.12
	(−2.70)	−1.64	−3.45	−0.28	−0.42	−0.12	(−2.41)	(−4.15)	(−2.13)	(−1.67)	(−1.13)	−0.73

Panel B：$J=16, K=16$

	α_j			b_j			s_j			h_j		
	A_1	A_3	(A_3-A_1)	A_1	A_3	(A_3-A_1)	A_1	A_3	(A_3-A_1)	A_1	A_3	(A_3-A_1)
R_1	−0.12***	−0.25***	−0.16***	1.13***	0.90***	−0.24**	0.63***	0.44***	−0.20*	0.37***	0.17**	−0.21**
	(−3.58)	(−4.91)	(−2.78)	−29.1	−10.49	(−2.57)	−13.46	−4.67	(−1.95)	−7.19	−1.98	(−2.13)
R_3	−0.15***	0.08***	0.20***	0.96***	0.98***	0.01	0.09	−0.46***	−0.57***	−0.28***	−0.41***	−0.14
	(−2.92)	−3.02	−3.2	−12.33	−30.86	−0.14	−0.79	(−11.64)	(−4.70)	(−2.86)	(−9.88)	(−1.18)
(R_3-R_1)	−0.07	0.29***	0.32***	−0.17*	0.08	0.24**	−0.55***	−0.92***	−0.39***	−0.66***	−0.59***	0.06
	(−1.12)	−4.61	−4.94	(−1.95)	−0.84	−2.27	(−4.06)	(−8.22)	(−2.58)	(−6.44)	(−5.64)	−0.49

续表

Panel A: $J=4, K=4$									
	r_j			c_j			Adj. R^2		
	A_1	A_3	(A_3-A_1)	A_1	A_3	(A_3-A_1)			
R_1	0.22**	−0.07	−0.29**	0.12	−0.1	−0.21	0.83	0.77	0.23
	−2.53	(−0.46)	(−1.99)	−0.86	(−0.60)	(−1.33)			
R_3	−0.1	−0.40***	−0.3	−0.04	−0.12	−0.08	0.68	0.95	0.3
	(−0.49)	(−6.28)	(−1.47)	(−0.16)	(−1.29)	(−0.36)			
(R_3-R_1)	−0.32*	−0.32	0	−0.15	−0.02	0.13	0.07	0.23	0.07
	(−1.40)	(−1.73)	(−0.01)	(−0.52)	(−0.11)	−0.48			
Panel B: $J=16, K=16$									
	r_j			c_j			Adj. R^2		
	A_1	A_3	(A_3-A_1)	A_1	A_3	(A_3-A_1)			
R_1	−0.03	0.07	0.1	−0.29***	−0.1	0.2	0.96	0.8	0.26
	(−0.42)	−0.42	−0.58	(−3.50)	(−0.57)	−1.1			
R_3	−0.06	−0.18***	−0.11	0.27*	0	−0.27*	0.8	0.96	0.2
	(−0.40)	(−2.98)	(−0.63)	−1.93	(−0.04)	(−1.68)			
(R_3-R_1)	−0.03	−0.25	−0.21	0.57***	0.1	−0.46**	0.22	0.4	0.27
	(−0.17)	(−1.35)	(−1.05)	−3.63	−0.52	(−2.21)			

注：基于回归模型式(7-7)，面板 A 和面板 B 分别给出了($J=4, K=4$)和($J=16, K=16$)的基于投资者关注的价格动量的时间序列回归估计系数和 t 统计量。其中，R_1 代表前 J 周输家价格动量投资组合，R_3 代表前 J 周赢家价格动量投资组合，A_1 代表前 J 周投资者集体注意力低的投资组合，A_3 代表前 J 周投资者集体注意力高的投资组合，MKT_t 是加权市场投资在时段 t 超过无风险收益的收益，SMB_t、HML_t、RMW_t 和 CMA_t 分别指规模、价值、盈利和投资因子，b_j、s_j、h_j、r_j、c_j 是相应的因子系数，α_j 是投资组合的截距。括号中的数字表示基于 Newey-West 计算的 t 统计量，*、**、*** 分别表示在 10%、5% 和 1% 水平上的统计显著性。

此外,SMB_t 和 HML_t 系数的值也包含一些值得注意的信息。我们看到低关注度的输家组合 R_1A_1 比其他投资组合在 SMB_t 和 HML_t 上的值大,而高关注度的赢家组合 R_3A_3 的 SMB_t 和 HML_t 的值较小,这意味着组合 R_1A_1 表现得更像小市值的"价值股",而 R_3A_3 则表现得更像大市值的"魅力股",这一结果也为本章第三节的实证结果提供了有力支持。

二、结论与讨论

总之,当前 Fama-French 五因子模型无法很好地解释不同投资者关注度下价格动量策略的盈利性,以及非对称投资者关注度效应所构造的投资组合累积盈利,这表明在类似中国 A 股市场这样的新兴市场中对于价格动量和投资者关注引发的定价异常还需要进一步的探索。

第五节 本章小结

本章首先基于已有文献对股票市场价格动量的相关理论进行了梳理;接着考察了中国 A 股市场存在的价格动量与反转现象;然后进一步构建了投资者关注与股票市场历史收益共同作用下的投资组合,以此为研究投资者关注度作用下的股票价格动量效应提供实证参考;最后运用 Fama-French 五因子模型对投资者关注的信息内容进行了探究,发现投资者关注是探究价格动量的一个价值因素。

第一节首先对股票市场价格动量的相关理论进行了梳理,通过梳理已有文献分析了动量效应与反转效应的存在性及其成因,并对股票市场动量效应的相关理论,如前景理论、Fama-French 多因素模型等进行了概要分析。

第二节对本章数据来源及研究方法进行了介绍,数据主要采用沪深 300 指数成分股在 2008 年 1 月—2017 年 12 月合计 520 周的相应股票的周频收益和 2014 年 1 月—2017 年 12 月合计 208 周的投资者关注度的周频数据，策略构建方法参考 Jegadeesh 和 Titman(1993)提出的价格动量 J-K 策略，并采用 Fama-French 五因子模型分析投资者关注度的信息含量。

第三节主要对中国 A 股市场的价格动量及基于投资者关注度的价格动量进行了实证分析。在分析过程中，一方面发现中国 A 股市场在超短期(1 周以内)内存在动量反转，而在短形成期(小于 4 周)内动量持续，然后动量效应逐渐消失(近 24 周)，且在中期内完全反转；另一方面发现投资者关注度是不同投资组合未来收益和价格动量的一个强有力的预测指标。实证结果显示：第一，价格动量效应在投资者关注度高的投资组合中持续，但在投资者关注度低的投资组合中反转；第二，基于周度数据，过去的输家(赢家)组合中低(高)投资者关注度的股票组合往往后续表现优于高(低)关注度的股票组合，即存在投资者关注的非对称效应。

第四节基于 Fama-French 五因子模型，发现不同投资者关注度价格动量策略的盈利性和非对称投资者关注效应构造的投资组合的盈利性，都不能用当前的 Fama-French 五因子模型来解释，这一研究结果突出了投资者关注在价格动量中的重要作用，并加深了对价格动量与投资者关注行为之间关系的理解。

第八章　基于异常关注度的行业轮动研究

在股票市场中，一个行业指的是一组经营相同或类似业务的公司股票集合。由于受宏观经济和产业等经济因素的影响，同一行业内公司的经营前景和盈利的变动相关度很高。因此，同一行业或者板块内股价会经常出现齐涨齐跌的现象。行业轮动是板块现象的一种，指的是股票市场上不同行业的股票表现出交替上涨或下跌的现象，即呈现出所谓的“轮动”情况。行业轮动出现的原因是多种多样的，既可能来自于技术面因素，也可能来自基本面因素。近年来，中国A股市场有种说法叫作“炒概念”，这在一定程度上也说明投资者关注度在行业轮动中可能起到一定的作用。

正常情况下，投资者关注度应该在一个合理的范围内波动，当金融市场发生较大变化时，就会引起投资者的异常关注，投资者关注度的大幅上升可能导致成交量和波动率的剧烈变化，并给投资者带来超额收益或巨额损失，因此，准确把握投资者异常关注及其与股票市场的关系具有重要意义（樊晓倩，2016）。本章内容旨在回答一个关键问题：异常关注度在不同状态下对行业动量（与动量反转）的预测能力如何？

本章提出了一个市场层面衡量投资者异常关注度的新指标 Abn_SyntAI，并以实证方式检验 Abn_SyntAI 和市场状态的相互作用对行业动量的表现的影响与可预测性。实证结果发现：Abn_SyntAI 能够在上行（下行）市场状态下对行业动量收益进行正(负)预测,而这种可预测性来自上行(下行)市场状态下的赢家(输家)行业;基于 Abn_SyntAI 的行业动量策略每周产生 0.508%的收益,是传统动量策略收益的四倍多。在此基础上,本章提出了行业动量循环路径(industry momentum circulation path,简称 IMCP)假说,为行业在整个资本市场中的定位提供了指南。这些结果表明,合成关注度的异常变化有望成为金融市场的一个重要指标,有助于学术界更深入地讨论投资者关注度的作用,并可能对行业动量异象的解释有所启示。

第一节　异常关注度与行业轮动的理论分析

一、投资者异常关注度

本章旨在研究不同市场状态下投资者异常关注对行业动量的影响,并探讨行业动量盈利能力的可预测性。对行业动量的研究主要来自两个方面的思考。一方面,当前的金融研究强调了行为金融理论的重要性,尤其是对动量效应的行为金融学解释(Chui et al.,2010),如 Chen 等(2014)将这些解释分成三组:反应不足(Barberis et al.,2001;Huynh et al.,2017);反应过度(Daniel et al.,1998;Gu et al.,2020);正反馈模式(Zheng et al.,2017;Omay & Iren,2018)。投资者关注度的不均匀分布可能会引起投资者对某些信息的反应不足,同时会导致对其他信息的过度反应。因此,投资者关注度可能是引发动量效应的因素之一。另一方面,动量利润在公司债券市场(Li & Galvani,2018)和股票市场(Cooper et al.,2004)中表现出明显的国家依赖性。市场状态的预测能力支持 Daniel 等(1998)提出的行为理论扩展版本,因为市场状态会导致投资者的过度自信(Gervais & Odean,2001)。

传统金融市场理论认为市场有效、投资者理性、价格均衡,也就是说,市场上的价格反映了所有已知的信息，服从随机游走，是不可预测的。然而，实际的金融市场并不像传统金融理论所描述的那样，真实的金融市场经常是这样的状态：股票市场的价格并不服从随机游走；投资者行为呈现不可思议的非理性，反应过度和反应不足时常发生；金融市场经常处于非均衡状态，大起大落司空见惯（苑莹和樊晓倩，2019）。

异象源于市场中分散的低效率，并最终通过投资者的交易活动反映在资产价格中。除了个股动量异象，行业动量异象也引起了行为金融学者和业界人士的关注（Moskowitz & Grinblatt，1999；Grundy & Martin，2001；Chordia & Shivakumar，2006）。关于投资者异常关注度发生的主要表现及其对股票市场的影响研究主要包括如下维度：一是由投资者对重大突发事件的关注引起的异常关注度，如投资者对新冠疫情关注度显著正向影响了相关概念股的收益率，投资者市场关注度的宏观经济维度、中观行业维度和微观个体维度的关注度作用是显著的，且均与相关概念股的收益率显著正相关，并与波动率显著负相关（田金方等，2020）。二是由负面信息披露引发的关注度，席岑等（2018）对所有在 A 股和 H 股市场交叉上市公司的负面环境信息披露事件的市场反应进行了研究，发现市场上投资者对公司的关注度越高，市场反应程度越大。有研究进一步发现：投资者异常关注与成交量和波动率之间均存在正向的交叉相关关系，且其传导方向是双向的，并随着滞后期的增加，交叉相关性水平逐渐减弱；牛市状态下的投资者异常关注与成交量和波动率之间的交叉相关性强于震荡市（苑莹和樊晓倩，2019）。三是投资者的本地异常关注，如樊晓倩和苑莹（2021）从东方财富股吧 100 多万条帖子中提取发帖人的地址构建本地偏好的衡量指标——本地异常关注度，研究表明：本地异常关注对当日和未来两日的股票收益率均产生了显著的正向影响，但会在一段时间后发生反转；本地异常关注对当日和未来两日的波动率都具有显著的正向影响，且具有一定的持续性；本地异常关注对当日和未来两日的异常交易量都产生了显著的正向影响，但具有短期效应，且会在未来发生反转。

投资者异常关注可以进一步细分为未受媒体引导而对公司进行的“主动自发型异常关注”和受媒体引导而对公司进行的“被动引导型异常关注”，后者是网络媒体报道影响上市公司盈余管理的路径机制，网络媒体报道通过诱发投资者对上市公司的异常关注对公司管理层造成外部市场压力，进而迫使公司管理层产生更多盈余管理行为。在这一影响过程中，真正发挥中介作用的是投资者异常关注而非传统意义上的投资者关注（王福胜等，2021）。

二、行业轮动的相关研究

在宏观经济周期影响下，各行业景气度存在差异，因此在不同的经济周期阶段，配置不同的行业股票逐渐成为投资者青睐的一种价值投资方式，价值投资者通过判断宏观基本面所处的经济周期，对预期表现更好的行业进行配置，以达到获取超额收益的目的。行业资产配置在动态投资组合管理中属于资产配置的一部分，它是在行业层面上运用投资组合理论进行股票资产配置，并通过行业各个不同因素与股票市场的关系进行投资的一种策略，合理而有效的行业配置策略对于投资者在增加投资收益的同时降低并且分散投资风险方面有着极其重要的作用（尚煜和许文浩，2020）。

行业资产配置的相关研究最早起源于发达国家，Benjamin（1966）最早研究发现行业因素对股价行为有显著影响，之后 Schwartz 和 Altman（1973）、Stephen（1973）等学者也通过研究发现行业的差异性对股票收益率的影响，而 Roll（1992）则通过研究表明行业因素对股票收益的解释程度为40%。Cohen 和 Polk（2003）、Hashem 和 Larry（2015）、Sulaiman 和 Aziz（2019）等学者研究发现行业集中度对股票收益有重要的解释作用。而引起国内学者对行业与周期因素研究重视的则是 Merrill（2004）提出的投资时钟理论。美林证券公司通过对美国资本市场从 20 世纪 70 年代起的经济数据进行统计分析,建立了根据经济周期配置不同大类资产和不同行业资产的“美林投资时钟”模型。在国内研究方面,不少学者利用我国资本市场的数据,验证了我国股票市场行业轮动规律的存在(范龙振和王海涛,2004;蒋治平,2008;陈波,2011;任泽平和陈昌盛,2012;张羽乔,2017)。

一些理论和实证论文为行业动量效应提供了大量的理性解释(Livingston, 1977; Pan et al., 2004; Du et al., 2005; Su, 2011; Gong, 2017; Maio et al., 2018)。有研究发现,动量效应常见于中短期限长度水平,动量反转效应常见于较长期限长度水平(De Bondt et al., 1985)。Daniel 等(2002)认为投资者对自身费力撷取信息反应过度,而对公共信息反应不足,这可以理解为是短期动量和长期反转的动因(George & Hwang, 2004; George & Hwang, 2007; Conrad & Yavuz, 2017)。研究还发现,投资者的社会参照行为总是伴随着信息扩散和小道消息而存在(Chen et al., 2010),很少有个人投资者会在其生命周期内设计最优的动态资产配置策略(Nwozo & Nkeki, 2011)。

随着 ETF 和行业主题型基金的火热发行,越来越多的投资经理开始以 ETF 或行业主题基金实施轮动策略。近年来,A 股各行业、主题表现分化,2019—2021 年中信一级行业指数收益率极差均超过 70%,且在 2020 年更是达到 97.83%。在这一市场背景下,投资者偏好自身研究判断进行行业主题配置,以 ETF 为代表的“工具型”基金产品与以行业主题基金为代表的“半工具型”基金产品需求旺盛。根据东北证券的统计,以申万一级行业来归类,截至 2021 年第一季度已有 21 个行业有直接的指数基金覆盖,并且有 12 个行业有相应的主动基金覆盖,详见表 8-1 和表 8-2。

表 8-1　行业投资工具整理——被动指数基金

申万一级行业	基金行业纯度					数量总计/个
	[50%,60%)	[60%,70%)	[70%,80%)	[80%,90%)	>90%	
非银金融	—	1	1	—	28	30
电子	5	4	—	7	2	18
食品饮料	2	3	1	—	6	12
医药生物	—	—	1	—	38	39
国防军工	—	1	4	9	—	14
银行	3	—	—	—	14	17
计算机	8	1	5	3	3	20
有色金属	—	3	3	—	7	13
电器设备	5	3	6	—	—	14
传媒	—	—	1	—	8	9
化工	—	—	—	—	4	4
房地产	—	—	—	—	5	5
农林牧渔	3	—	—	—	4	7
建筑装饰	—	—	—	—	2	2
汽车	—	—	—	—	1	1
通信	1	—	—	—	—	1
采掘	—	1	1	—	4	6
家用电器	—	—	—	2	—	2
建筑材料	—	—	—	—	1	1
钢铁	—	—	—	1	2	3
公用事业	—	—	2	—	—	2
总计	27	17	25	22	129	220

注:成立于 2021 年的指数基金规模用发行规模来代替。

表 8-2　行业投资工具整理——主动基金

申万一级行业	基金行业纯度						数量总计/个
	[40%,50%)	[50%,60%)	[60%,70%)	[70%,80%)	[80%,90%)	>90%	
食品饮料	14	13	5	—	—	1	33
医药生物	—	2	3	3	7	42	57
电子	6	2	1	—	—	—	9
国防军工	—	2	1	3	2	—	8
银行	1	—	—	—	—	—	1
农林牧渔	1	—	1	—	—	1	3
有色金属	1	—	—	—	3	—	4
化工	—	—	—	—	—	1	1
房地产	—	—	1	3	—	—	4
传媒	—	1	—	1	—	—	2
电气设备	1	—	—	—	—	—	1
计算机	1	—	—	—	—	—	1
总计	25	20	12	10	12	45	124

注:成立于 2021 年的指数基金规模用发行规模来代替。

三、行业动量的相关研究

行业共同基金的表现清楚地体现了行业动量,无论动量策略的业绩滞后期(也称“形成期”)或持有期是长还是短,之前表现最好的行业基金投资组合都远远超过了之前表现不佳的基金投资组合(O'Neal et al.,2000)。Wu(2015)认为,行业集中型共同基金的异常收益率主要由行业动量交易贡献,并且行业集中型共同基金偏离了随机行业集中型,拥有与投资组合交易行业动量相似的行业持有量。此外,行业集中型基金积极购买获胜行业的股票,这也符合行业动量策略。随着工具型和半工具型基金的日渐普及,行业动量策略的实施载体将不仅仅局限于个股,策略的开发与应用的可普及度和便利度将不断提高。

Moskowitz 和 Grinblatt(1999)根据 CRSP 制定的关于美国上市公司

的行业划分标准,将上千家上市公司划分为 20 个行业。相比一般的动量策略,他们的方法是根据历史收益率的高低来划分赢者行业和输者行业。研究表明,买入赢者行业并卖空输者行业的自融资组合可以产生正的行业超额利润。在时期上,行业动量效应在中短期内高且显著,而随着时期的增长,动量效应最终消失,并出现反转。同样地,Lewellen(2002)选取了 15 个行业作为研究对象,并采用与 Moskowitz 和 Grinblatt(1999)相同的方法,得出了在短期存在动量效应,并且在 12 个月以上的中长期内出现反转效应的结论。除此之外,他还采用了 Lo 和 Mackinlay (1990)的方法,发现行业超额利润来源于行业之间的跨期自相关性。

行业动量效应的研究相对于动量效应的研究而言要稀少一些,国内外学者都需要在这方面进一步努力,而且对于行业动量效应的研究来说,能够借鉴一些动量效应的研究方法,所以行业动量效应的研究与动量效应的研究能够相辅相成,使行业动量效应的研究得到进一步发展。

第二节　数据与方法

一、样本选择

本章在投资者关注度指标 IAVS 的基础上,引入了合成关注度指数 SyntAI,将所有实际关注度集中在一起,并进一步推导出异常关注度指数 Abn_SyntAI,以预测二元市场状态下(上升/下降)的行业动量盈利能力。虽然样本量没有涵盖 A 股市场的整个过程,但它完全吸收了牛市和熊市的周期,因此可以认为样本具有较好的代表性。此外,本章的原始数据涵盖了所有 A 股,采用中信行业分类标准,该标准考虑了行业属性和市场属性,将市场划分为 29 个主要行业。表 8-3 列出了实证研究中使用的行业投资组合的汇总统计数据。

表 8-3　2014 年 1 月—2018 年 6 月 29 个行业组合的汇总统计

行业	股票数量/只	市值				收益/%	归入赢家组合频率/%
		均值/%	标准差/%	最小值/%	最大值/%		
石油和石化	43	0.13	3.09	−15.90	20.82	6.43	36.36
煤炭	36	0.12	4.14	−19.17	18.62	2.45	43.29
有色金属	105	0.23	4.05	−19.17	14.19	3.13	46.75
电力和公用事业	162	0.32	3.02	−15.29	12.58	4.13	40.26
钢铁	48	0.25	3.47	−15.66	11.63	1.92	53.25
基础化工	288	0.39	3.60	−14.19	12.84	4.02	62.77
农业	123	0.41	4.30	−16.77	23.41	3.33	40.26
建筑材料	88	0.41	4.02	−18.86	10.84	1.57	64.94
轻工制造	104	0.44	3.50	−15.08	12.78	1.16	61.47
机械	343	0.32	3.85	−16.35	16.07	4.90	48.05
电力设备	156	0.44	4.96	−16.91	61.01	2.81	48.48
国防军工	58	0.40	4.83	−24.73	27.39	1.56	41.99
汽车工业	181	0.39	3.37	−12.82	11.37	3.79	58.01
零售	98	0.33	3.83	−19.40	16.69	2.18	40.69
餐饮旅游	33	0.52	3.56	−14.10	10.93	0.61	57.14
家用电器	72	0.52	3.29	−11.04	11.55	1.92	69.70
纺织服装	88	0.35	3.60	−13.51	14.51	1.35	64.50
制药	276	0.48	3.36	−13.55	11.91	6.06	49.78
食品饮料	100	0.47	3.17	−12.21	10.46	3.76	58.01
农林牧渔	89	0.37	3.72	−17.29	14.27	1.70	50.22
银行	26	0.27	3.08	−10.81	16.02	13.20	49.78
非银金融	61	0.31	4.41	−14.81	27.32	6.67	38.96
房地产	147	0.47	4.01	−17.60	14.01	4.63	64.50

续表

行业	股票数量/只	市值				收益/%	归入赢家组合频率/%
		均值/%	标准差/%	最小值/%	最大值/%		
交通运输	109	0.35	3.54	−15.67	17.97	3.80	52.38
电子	213	0.56	3.81	−14.35	14.21	4.11	62.77
电信	126	0.47	4.04	−15.53	13.82	2.19	61.47
计算机	196	0.64	4.71	−18.53	14.99	3.13	52.38
媒体	138	0.51	4.22	−15.20	18.08	2.73	27.71
综合服务	50	0.36	3.98	−19.01	15.48	0.74	54.11

注：股票数量和市场份额是指各行业股票数量与行业市值占整个市场百分比的时序均值。周频行业回报的平均值、标准偏差、最大值和最小值如表 8-3 所示。赢家组合出现频率是一个行业出现在赢家组合中的周数百分比。

为了计算股票市场回报率以确定第 t 周是处于上升还是处于下降的市场状态，也为了类比被动型行业基金的指数编制惯例，本章采用自建的市值加权指数回报率作为整个股票市场回报率 $\mathrm{R\_Market}_t$，具体计算公式为：

$$\mathrm{R\_Market}_t = \sum_i w_{i,t} R_{i,t}, \quad i \in \text{A 股} \tag{8-1}$$

其中，$R_{i,t} = \dfrac{\mathrm{Cloprice}_{i,t} - \mathrm{Cloprice}_{i,t-1}}{\mathrm{Cloprice}_{i,t-1}}$ 表示第 t 周的股票收益率，$\mathrm{Cloprice}_{i,t}$ 表示第 t 周股票 i 的收盘价。$w_{i,t}$（$\sum_i w_{i,t} = 1$）表示第 t 周股票 i 的权重，用第 i 周股票市值与第 $t-1$ 周结束时所有 A 股总市值的比率来衡量。

本章使用市值加权中信工业指数来计算行业回报 $\mathrm{R\_Industry}_{k,t}$，计算公式为：

$$\mathrm{R\_Industry}_{k,t} = \sum_j w_{k,j,t} R_{k,j,t}, \quad j \in \mathrm{Industry}_k \tag{8-2}$$

其中，$R_{k,j,t}$ 代表第 t 周 k 行业中股票 j 的回报率。$w_{k,j,t}$（$\sum_j w_{k,j,t} = 1$）表示第 t 周 k 行业中股票 j 的权重，根据中信分类标准，用第 $t-1$ 周末 j 股票

的市值与 k 行业总市值的比率来衡量。

二、异常关注度

用沪深两市在 τ 日交易的所有 A 股的个人投资者合成关注度,表示为合成关注度指数 $SyntAI_\tau$,定义如式(8-3)所示。

$$SyntAI_\tau = \sum_i IAVS_{i,t}, \quad i \in \text{A 股} \tag{8-3}$$

其中,$IAVS_{i,\tau}$ 指投资者在 τ 日对股票 i 的关注度总量,股票 i 属于全体 A 股的集合。为了避免数据结构不一致造成的影响,本章将每周最后一个交易日的 $SyntAI_\tau$ 值标记为相应周的 $SyntAI_\tau$,简称为 $SyntAI_t$,以此来反映该周(即第 t 周)的关注度情况。

我们认为,第 t 周的投资者关注度总量 $SyntAI_t$ 能更及时地捕捉到投资者在第 t 周对股市的普遍且真实的关注,因为这是投资者在股市做出最终决定之前关注度量的直接结果。本章的实证分析旨在通过 $SyntAI_t$ 的衍生指标来反映投资者对股票市场的关注度。本章中另外两个有意义的变量描述了 $SyntAI_t$ 的正常变化和异常变化,二者分别简记作 $\Delta\ln(SyntAI_t)$ 和 Abn_SyntAI_t,定义如下:

$$\Delta\ln(SyntAI_t) = \ln(SyntAI_t) - \ln(SyntAI_{t-1}) \tag{8-4}$$

$$Abn\_SyntAI_t = \ln(SyntAI_t) - \ln[Med(SyntAI_{t-1}, \cdots, SyntAI_{t-4})] \tag{8-5}$$

此处,$\ln(SyntAI_t)$是第 t 周 $SyntAI_t$ 的自然对数。此前 4 周的 $SyntAI_t$ 的中位数 $Med(SyntAI_{t-1}, \cdots, SyntAI_{t-4})$代表了过去一段时间内投资者合成关注度指数的正常水平。[①] 因此,与中位数的差值(将中位数作为基准)说明了合成关注度的上下波动。比起 $\Delta\ln(SyntAI_t)$,Abn_SyntAI_t 这一指

① 本章的核心结论对于滚动窗口的长度(如 6 周或 8 周)而言都是稳健的。

标还具有消除时间趋势的优势。图 8-1 显示了 $SyntAI_t$ 的对数时间序列和 $\Delta ln(SyntAI_t)$以及 Abn_SyntAI_t 的情况。由于 Choice 终端的主要用户是个人投资者,故 Abn_SyntAI_t 所代表的是个人投资者的异常关注度。出于表述简洁性的考虑,在本章中将该指标简称为异常关注度。

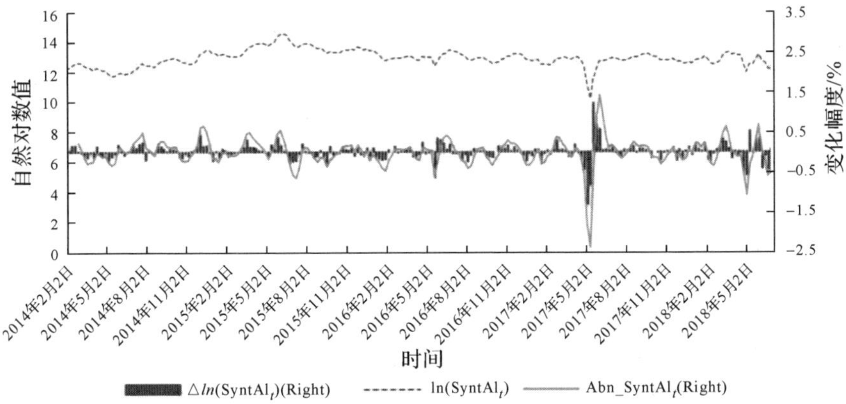

图 8-1　$SyntAI_t$ 的对数时间序列和 $\Delta ln(SyntAI_t)$以及 Abn_SyntAI_t

注:投资者合成关注度的时间序列。[①] 该图根据三个不同的测度方式,以周频计算投资者的合成关注度,并绘制了时间序列。原始数据来自 Choice(http://choice.eastmoney.com/)。$SyntAI_t$ 是指投资者自选股中所有 A 股的投资者关注度总量,$ln(SyntAI_t)$是相应的自然对数值。$\Delta ln(SyntAI_t)$和 Abn_SyntAI_t 分别代表 A 股市场投资者合成关注度的正常与异常变化。

三、指标特征

研究对基于 Choice 终端自选股数据合成的不同层次的关注度指标进行了平稳性分析,详见表 8-4。可以看到,合成关注度指数 $SyntAI_\tau$ 并不具有平稳性。金融时间序列分析中,平稳性欠佳的指标的预测性能天然地会弱

① 由于法定节假日的存在,每周的最后一个交易日不一定是周五。鉴于此,为了数据排列的美观度和一致性,确定周日是一周的日期戳,即本章将 $SyntAI_\tau|_{\tau=20140207\ (last\ trading\ day)}$ 标记为相应周 $SyntAI_t|_{t=20140209\ (Sunday)}$ 的取值。由于 $ln(SyntAI_t)$,$\Delta ln(SyntAI_t)$和 Abn_SyntAI_t 具有不同的定义(三个度量层次),因此,三个指标的开始日期分别为 2014 年 2 月 2 日、2014 年 2 月 9 日和 2014 年 3 月 2 日。$ln(SyntAI_t)$与主垂直轴(左)相对应,其余与次垂直轴(右)相对应。

一些。合成关注度指数的一阶差分 $\Delta \ln(SyntAI_t)$ 与异常关注度 Abn_SyntAI_t 均保持了较显著的平稳性,且后者基于 AIC 准则确定的滞后阶数较前者更优。

表 8-4　个人投资者关注指标的平稳性检验

平稳性检验	ADF 值	P 值	滞后阶数	滞后阶数确定方式	样本数量	T 值 (1%)	T 值 (5%)	T 值 (10%)	平稳性评价水平及结果
$\ln(SyntAI_t)$	−1.97	0.300	8	AIC	219	−3.461	−2.875	−2.574	不平稳
$\Delta \ln(SyntAI_t)$	−7.562	0	7	AIC	219	−3.461	−2.875	−2.574	(1%,平稳)
Abn_SyntAI_t	−7.727	0	5	AIC	218	−3.461	−2.875	−2.574	(1%,平稳)

表 8-5 展示了各层次个人投资者关注度指标之间的相关性及其显著性情况,合成关注度指数的一阶差分与异常关注度之间保持了显著且客观的相关性。相关系数矩阵如图 8-2 所示。

表 8-5　个人投资者关注指标相关性

相关系数 P 值	$\ln(SyntAI_t)$	$\Delta \ln(SyntAI_t)$	Abn_SyntAI_t
$\ln(SyntAI_t)$	—	0.004	0.000
$\Delta \ln(SyntAI_t)$	—	—	0.000
Abn_SyntAI_t	—	—	—

四、研究方法

动量研究中的一个重要问题是数据颗粒度的确定,因为不同的数据颗粒度可能导致不同的结果。考虑到中国股票市场因受到频繁的投机性交易影响而出现快速波动的情况,并且对日频数据的经济解释缺乏可信度,故在中国股票市场采用周频数据是合乎情理的(Pan et al.,2013;Liu & Fu,2011;Zhang et al.,2018;Yu et al.,2019)。图 8-3 描绘了 1991 年 4

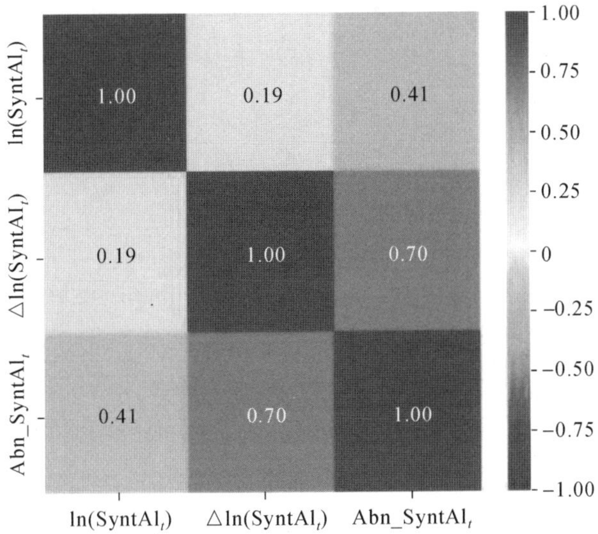

图 8-2　相关系数矩阵

月—2018 年 6 月上证综指、深证成指和标准普尔 500 指数随时间变化的三条轨迹。可以看出，中国股市的波动性大于美国股市。考虑到这种源自频繁投机交易的固有波动性，周频数据将更清楚地说明波动性，并避免信息损失。除此之外，与月度数据相比，周频数据将提供足够的观察值，以提高测试能力。

基于以上观点，为了评估市场状态和投资者关注度的预测能力，本章从以周为维度确定赢家和输家行业开始进行分析。在每周开始时根据前 20 周（即第 $t-20$ 周）到上周（即第 $t-1$ 周）时间段（称之为“形成期”）内的收益水平对所有行业进行排序。需要明确的是，类似于 Zhang 等（2018）和 Pan 等（2013）已经做过的研究，由于存在高交易频率和低买卖价差，本章没有考虑持有周与形成周之间的延迟。如果一个行业的形成期回报低于（高于或等于）所有行业的回报中值，则将其定义为输家（赢家）。另外，由于传统行业动量策略涉及购买过去的赢家行业和卖出过去的输家行业，因此，

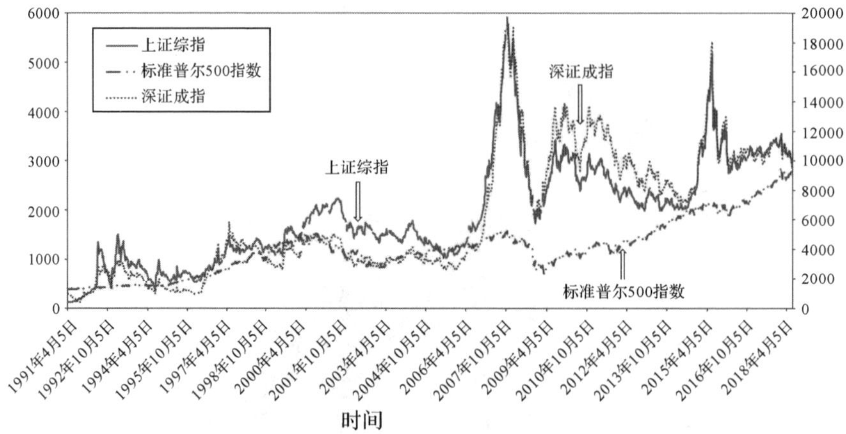

图 8-3　上证综指、深证成指和标准普尔 500 指数收盘价的时间序列

行业动量回报计算为赢家和输家行业等权投资组合之间的持有周(即第 t 周)回报之差。通过每周重复更新这一过程,可以得到时间序列维度的周频行业动量回报,记作 R_IndMom_t。

按照检验市场波动性在预测动量策略收益中的作用的相关文献(Wang & Xu,2015;Chen et al.,2017),本章同样关注合成关注度和市场回报对行业动量回报的预测能力,并采用以下形式进行回归预测。

$$R\_IndMom_t = \alpha + \beta X_{t-1} + e_t \tag{8-6}$$

式(8-6)中,R_IndMom_t 表示第 t 周的行业动量回报,X_{t-1} 是在第 $t-1$ 周结束时测量的预测向量。赢家和输家的投资组合回报也分别作为解释变量纳入预测回归,以确认合成关注度指标对动量回报的预测能力是否来自赢家或输家的投资组合。此外,不同市况会对投资者关注度产生影响,关注度对行业动量的影响可能与股市的不同状态有关。为了研究这种效应,本章考虑上行(下行)市场合成关注度指数,即 SyntAI+(SyntAI−),它等于 SyntAI 在上行(下行)市场状态时的取值,反之则取值为 0。

第三节　不同市场状态下投资者异常关注度与行业动量

一、投资者异常关注度对行业动量影响的研究设计

本节试图回答的核心问题是：异常关注度在不同的市场状态下捕捉到的特征信息如何？基于此，本节基于市场状态和异常关注度之间的相互作用来分析 R_IndMom 的具体表现。所构建的行业动量策略，持有期为 1 周，形成期为 J 周。正如 Mbanga 等（2019）的研究发现，关注度对股价的影响具有短期特征，全市场范围内的关注度决定了投资者情绪对未来股票总回报的影响，并且“冲动”情绪对所有股票的未来指数回报都会产生快速而显著的影响。这种影响可能会在一周后减弱，甚至消失（特别是对于大盘股而言）。此外，由于存在明显高于其他成熟市场的换手率水平，中国拥有大量（近 90%）平均持有期较短的散户投资者。基于上述考虑，本章将持有期设定为 1 周，并参考 Zhang 等（2018）的研究中采用的方法。

在每周开始时，所有行业都根据形成期内的回报率按降序排列，并根据这些排名形成五个等权的投资组合。如果某行业形成的回报率在前（后）五分之一，便将该行业定义为赢家（输家）。除第三个五分位投资组合包括五个行业外，其余五分位投资组合均包括六个行业。然后，行业动量回报计算为等权重赢家和输家行业投资组合之间的持有期（第 t 周）的收益差，这与传统的行业动量策略相似，包括买入赢家行业和卖出输家行业。类似于 Zhang 等（2018）和 Pan 等（2013）的相关研究，因为存在高交易频率和低买卖价差，故本节研究不考虑持有周与形成周之间的延迟。通过周频重复和更新此过程，可以得到周频行业动量收益的时间序列，记作R_IndMom_t。

考虑到投资者关注度的“冲动”特征可能隐含在对行业动量的影响中，决定了动量策略的持有期可能相对较短。短期和中期数据在关注度对动量的冲动性周规模效应与对当前周市场状态的判断中发挥着更强大的作用。因此，参考 Asem 和 Tian(2010)的研究，考虑了短期(例如一个月)和中期(例如六个月)市场表现的相对与动态变化，而不停留在绝对静态的视角。

二、投资者异常关注度对行业动量影响的实证分析

(一)实证结果分析

如果滞后 4 周(一个月)的市场回报小于(大于或等于)滞后 26 周(六个月)的市场回报，将该周 t 定义为处于下跌(上升)的市场状态。此外，根据每周的 Abn_SyntAI 对所有周进行排序，如果第 t 周的 Abn_SyntAI 低于(高于或等于)所有周的 Abn_SyntAI 中值，则将第 t 周归类为低(高)Abn_SyntAI。将样本期内的所有周分为四类，然后计算四个投资组合的平均周收益率。可以发现，在 20 周、24 周、26 周、28 周、32 周、36 周和 40 周的形成期，结果是稳健的，即市场状态和 Abn_SyntAI 对 R_IndMom 的影响都是显著不对称的。图 8-4 显示了不同形成期的检验结果。

为了进一步验证投资者异常关注度对行业动量的影响，本节以 20 周的形成期为例。由此，根据市况不同和合成关注度的高低将样本期内的所有周分为四类，然后计算四种情形下投资组合的平均周收益率，并以周收益率做单样本 t 检验。实证结果如图 8-5 和表 8-6 所示。可以发现，不同形成期市场状态和异常关注度下的行业动量回报率呈现出较为一致的结果。

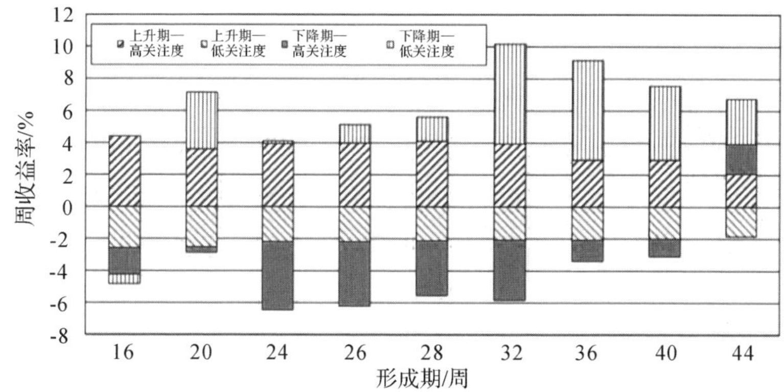

图 8-4 不同形成期四个投资组合的平均周收益率

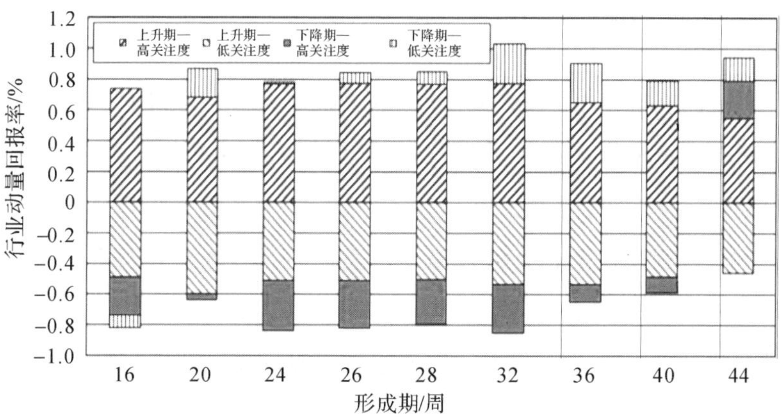

图 8-5 不同形成期市场状态和异常关注度下的行业动量回报率

表 8-6 基于市场状态和异常综合关注的 20 周形成期行业动量回报

上升市场状态		下跌市场状态	
高 Abn_SyntAI	低 Abn_SyntAI	高 Abn_SyntAI	低 Abn_SyntAI
Panel A：滚动窗口时长(4 周)			
0.776***	−0.510**	−0.309***	0.071
(3.967)	(−2.144)	(−4.063)	(1.185)
稳健性检验			

续表

上升市场状态		下跌市场状态	
高 Abn_SyntAI	低 Abn_SyntAI	高 Abn_SyntAI	低 Abn_SyntAI
Panel B：滚动窗口时长(6 周)			
0.781***	−0.522***	−0.491***	0.235***
(5.331)	(−2.713)	(−4.986)	(2.942)
Panel C：滚动窗口时长(8 周)			
0.638***	−0.668***	−0.079	0.166*
(5.896)	(−3.801)	(−1.101)	(1.669)

注:Panel A 报告的是每周平均收益率以及对 0 做单样本 t 检验的 t 统计值。Panel B 显示了基于 Abn_SyntAI_t 的稳健性结果,滚动窗口的长度为 6 周。括号中稳健的 t 统计量。*、** 和 *** 分别代表在 10%、5%和 1%的显著性水平下显著。

一方面,在股票市场高 Abn_SyntAI 的情况下,上升(下降)市场状态下的 R_IndMom 显著为正(负),平均回报率为 0.776%(−0.309%),并且二元市场状态之间每周的差异为 1.085%。然而,在股票市场低 Abn_SyntAI 的情况下,研究发现了相反的证据。在上升(下降)市场状态下,负(正)的 R_IndMom因为平均回报率达到−0.510%(0.071%),产生了二元市场状态之间每周−0.581 的回报差。实证结果表明,市场状态对 R_IndMom 绩效的影响取决于 Abn_SyntAI 的水平,即高 Abn_SyntAI 水平下的市场状态正效应和低 Abn_SyntAI 水平下的市场状态负效应。

另一方面,高 Abn_SyntAI(低 Abn_SyntAI)投资组合的 R_IndMom 为正(负)且在上行市场状态下显著,而高 Abn_SyntAI(低 Abn_SyntAI)投资组合的 R_IndMom 为负(正)且在下行市场状态下显著。这种相反的现象被称作异常关注度的不对称效应,具体表现为上升状态下异常关注度的正效应和下降状态下异常关注度的负效应。

此外,在上行市场状态下,高和低异常关注度投资组合之间的显著动量回报差距扩大,达到每周约 1.286%。Panel B 显示了基于 Abn_SyntAI

的稳健性检查结果，滚动窗口的长度为 6 周，显著性水平为 1%。虽然将期限延长至 8 周，但 Panel C 说明，仅在市场低迷状态下，稳健性略有减弱。总体而言，本节实证结果的数值和显著性都是稳健的。

上述这些发现表明，市场状态和异常关注度之间存在相互作用（见图 8-6），市场状态和 Abn_SyntAI 对 R_IndMom 的影响均显著不对称。那么探索以下问题就显得非常有意义：市场状态和异常关注度是否对行业动量的盈利能力具有显著的预测能力？

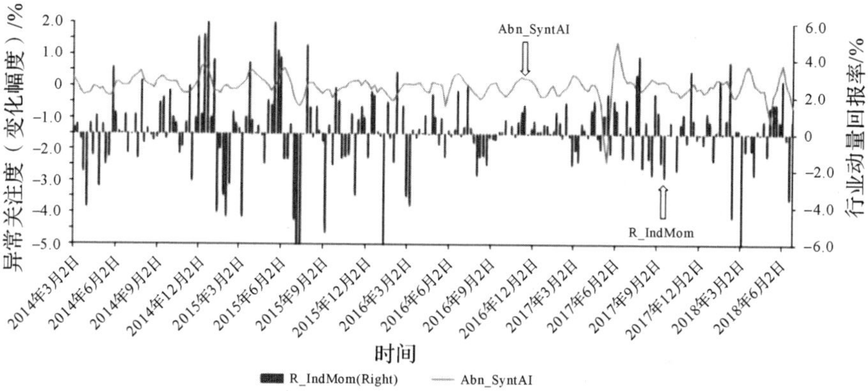

图 8-6　基于市场状态和异常综合关注度的行业动量回报率

注：行业动量回报率 R_IndMom_t 指形成期为 20 周的等权重赢家和输家行业投资组合的持有周（即第 t 周）回报差。Abn_SyntAI 代表 A 股市场投资者综合注意力的异常变化。

（二）主要研究发现

第一，Abn_SyntAI 与市场状态之间的相互作用对行业动量收益产生了显著的不对称效应。在上行（下行）市场中 Abn_SyntAI 高的时期，行业动量收益显著为正（负），而在上行（下行）市场中 Abn_SyntAI 低的时期，行业动量收益显著为负（正）。此外，Abn_SyntAI 对行业动量收益的独立预测能力并不显著，但在区分市场状态后，即使在控制商业周期变量后，预测结果仍然显著且稳健。在上行（下行）市场状态下，预测模型中 Abn_SyntAI

系数估计为正(负)。

第二，Abn_SyntAI在不同市场状态下具有不同的特征，支持投资者关注度在股票价格对所观察到的信息反应中起双重作用的假设(Hou et al.，2008)。本节的经验证据有助于对投资者合成关注度的作用进行学术讨论，并可能对解释基于行业动量异常现象的文献研究有所帮助。

第三，Abn_SyntAI的预测能力来自处于上升(下降)市场状态的赢家(输家)行业。尽管模型中包含了商业周期变量，但这一结果是稳健的。本节将这种不对称预测能力描述为“以赢家为中心”和“以输家为中心”的双重猜想。也就是说：在高涨的市场状态下，赢家行业受到追捧，输家行业受到普遍忽视，高异常关注度集中于投资者对赢家行业的关注；而在低迷的市场状态下，赢家行业失宠，输家行业受到广泛关注，高异常关注度主要源于投资者对输家行业的关注。这一发现也有助于在实操中实施投资。

本节结论表明，基于Abn_SyntAI的行业动量策略，投资者在第t周根据Abn_SyntAI和市场状态实施交易，在第$t+1$周产生较传统行业动量策略更优的利润回报，这相当于传统行业动量策略回报的四倍多。简而言之，这一结果表明，Abn_SyntAI与市场状态的交互关系在金融市场具有重要作用。

三、不同市场状态下异常关注度的预测能力

在为异常关注度和市场状态对行业动量的影响建立了基本模型之后，接下来使用滞后一周的Abn_SyntAI和滞后一周的市场回报MKT进行预测能力检验回归，以探究这些变量对行业动量回报的预测能力。表8-7的Panel A给出了预测回归的系数估计。通过直观比较，这些结论与表8-4中的结果基本一致。

表 8-7　异常关注度和市场状态对行业动量预测能力的影响

MKT	Abn_SyntAI	Abn_SyntAI+	Abn_SyntAI−	DIV	DEF	TERM	YLD	Adj. R^2
Panel A. 市场状态与异常关注度指数								
1.145***								0.025
(2.599)								
	0.610							0.008
	(1.358)							
0.188***	0.209							0.071
(6.881)	(0.486)							
0.159***		2.048***	−0.545***					0.098
(6.092)		(2.717)	(−3.319)					
Panel B. 滚动窗口时长(6 周)								
0.174***		1.204**	−0.531***					0.085
(5.692)		(2.407)	(−3.479)					
Panel C. 滚动窗口时长(8 周)								
0.187***		0.625*	−0.639***					0.079
(5.648)		(1.725)	(−4.047)					
Panel D. 基于市场周期的稳健性检验								
0.183***	0.141			0.107***	0.016	−0.153***	0.036**	0.093
(7.520)	(0.343)			(5.287)	(1.594)	(−5.025)	(2.381)	
0.153***		2.028***	−0.628***	0.103***	0.019*	−0.166***	0.030**	0.122
(6.485)		(3.102)	(−3.420)	(5.477)	(1.806)	(−5.972)	(2.148)	
Panel E. 市场状态与异常关注度指数(基于 FF3 调整后的值)								
0.104***		1.775**	−0.515***					0.058
(5.743)		(2.411)	(−3.074)					
0.128***	0.080			0.079***	0.030***	−0.119***	0.044***	0.065
(6.637)	(0.215)			(3.646)	(3.072)	(−3.931)	(3.131)	
0.100***		1.764***	−0.622***	0.077***	0.033***	−0.133***	0.038***	0.090
(5.747)		(2.694)	(−3.544)	(3.941)	(3.153)	(−4.982)	(2.729)	

注 1：本表中的回归式均可以简记为，X_{t-1}是在第 $t-1$ 周的预测向量。详见前文。

注 2：Panel A 报告了回归结果。Panel B、Panel C 展示了基于 Abn_SyntAI 的稳健性检查，滚动窗口的长度分别为 6 周和 8 周。Panel D 显示了控制商业周期变量后的稳健性检验。在 Panel E 中，行业动量回报通过 FF3 因子模型进行调整。括号中是稳健的 t 统计量。*、** 和 *** 分别代表 10%、5% 和 1% 的显著性水平。

表 8-7 显示，由于 Abn_SyntAI 系数不显著，Abn_SyntAI 并不具有独立的预测能力。有研究指出，投资者情绪波动会对股票价格走势产生非对称影响，继而引起股票收益率的波动（张强和杨淑娥，2009；杨阳和万迪昉，2010；姚远和王瑞倩，2021）。类比投资者情绪，Abn_SyntAI 对未来一周

R_IndMom的影响也可能是非对称的。结合图 8-5,可以认为这种非对称性取决于市场状态,Abn_SyntAI+/Abn_SyntAI−的系数估计值(2.048/−0.545)在 1%的显著性水平下显著。同时,在回归中包含了合成关注度和市场状态之间的交互项。结果表明,异常关注度的充分发挥离不开与市场状态的互动。Panel B 显示了基于 Abn_SyntAI 的稳健性检查结果,滚动窗口的长度为 7 周(Panel C 为 8 周)。

本节可以得出一个稳定的结论,即在双重市场状态下(上行市况或下行市况),Abn_SyntAI 的预测效果是不对称的。从行为金融学和投资角度来看,异常关注度的预测能力为主动管理型基金经理如何通过捕捉市场异象来获得超额回报提供了一个新的视角。

研究进一步控制了关键商业周期变量,以期验证预测能力的稳健性。这些商业周期变量包括股息收益率 DIV,BBB 和 AAA 评级债券之间的收益率差 DEF,十年期国债和三个月到期国债之间的收益率差 TERM,三个月到期的国库券的收益率 YLD。表 8-7 中的 Panel D 第一次回归结果表明,这些宏观经济变量确实对行业动量的时间变化具有预测能力,特别是对于 DIV 和 TERM 而言,在回归中具有统计学意义;表 8-7 中的 Panel D 的第二次回归结果表明:尽管在模型中包含了商业周期变量,Abn_SyntAI+和 Abn_SyntAI−仍保持其符号不变且具有显著性;不仅如此,Abn_SyntAI+和 Abn_SyntAI−的符号和显著性也与前三个 Panel 基本保持一致。

在 Panel E 中,通过三因素模型(FF3)调整行业动量回报。面板 E 中的因变量为:

$$\text{R\_IndMom} - b_{ind}(\text{RMF} - r_f) - s_{ind}\,\text{SMB} - h_{ind}\,\text{HML} \tag{8-7}$$

其中,R_IndMom 是行业动量回报,b_{ind}、s_{ind} 和 h_{ind} 是行业动量组合的因子负荷。r_f 是无风险利率,RMF 是市场指数回报,SMB 和 HML 是规模因子和价值因子。

可以发现,无论模型是否控制前述商业周期变量,Abn_SyntAI+和

Abn_SyntAI−对于行业动量相对于FF3基准调整后的收益仍然具有预测能力。结果表明，在二元市场状态下，异常关注度对行业动量具有稳健且不对称的预测能力。更具体地说，这种预测效应在上涨市场状态下为正，在下跌市场状态下为负。

四、非对称性预测的动因分析

本节将进一步探讨非对称预测能力的动因是来自赢家行业还是输家行业，并致力于从一个新的角度解释异常关注度的预测能力。为此，本节使用前文介绍的对赢家和输家行业的回报序列进行回归。表8-8中的Panel A和Panel B记录了回归结果，此外还通过FF3因子模型调整赢家和输家的投资组合回报，回归结果显示在Panel C和Panel D中。

表8-8　非对称预测能力检验

MKT	Abn_SyntAI+	Abn_SyntAI−	DIV	DEF	TERM	YLD	Adj. R^2
Panel A：赢家行业							
0.261***	2.019**	−0.154					0.061
(6.752)	(2.199)	(−0.690)					
0.231***	2.002***	−0.163	0.270***	−0.056***	−0.418***	−0.033	0.084
(6.864)	(2.893)	(−0.772)	(8.064)	(−4.970)	(−9.989)	(−0.791)	
Panel B：输家行业							
0.101***	−0.007	0.395**					0.013
(4.684)	(−0.022)	(2.341)					
0.078***	−0.005	0.470***	0.170***	−0.076***	−0.252***	−0.064*	0.020
(3.941)	(−0.016)	(4.751)	(5.073)	(−6.689)	(−6.661)	(−1.668)	
Panel C：赢家行业（基于FF3调整后的值）							
0.205***	1.756**	−0.121					0.055
(7.060)	(2.017)	(−0.626)					
0.177***	1.730***	−0.186	0.219***	−0.044***	−0.375***	−0.001	0.084
(7.425)	(2.667)	(−0.909)	(8.115)	(−4.625)	(−10.501)	(−0.022)	

续表

MKT	Abn_SyntAI+	Abn_SyntAI−	DIV	DEF	TERM	YLD	Adj. R^2
Panel D：输家行业(基于 FF3 调整后的值)							
0.041**	−0.249	0.359**					0.004
(2.300)	(−0.894)	(2.171)					
0.020	−0.255	0.390***	0.123***	−0.064***	−0.216***	−0.035	0.012
(1.202)	(−1.002)	(3.456)	(4.185)	(−6.399)	(−6.468)	(−1.054)	

注:Panel A 和 Panel B 报告了赢家和输家投资组合回报系列的结果。在 Panel C 和 Panel D 中,投资组合回报通过 FF3 因子模型进行调整。括号中是表征显著性的 t 统计值。*、** 和 *** 分别代表在 10%、5%和 1%的显著性水平下显著。

表 8-8 的实证结果显示,Abn_SyntAI+和 Abn_SyntAI−对 Panel A 中赢家行业的估计系数分别为 2.019(在显著性水平为 5%的情况下显著)和−0.154(不显著),而对 Panel B 中输家行业的估计系数分别为−0.007(不显著)和 0.395(在显著性水平为 5%的情况下显著)。此外,当商业周期变量包含在模型中时,结果是稳健的,对赢家(输家)行业有显著的 Abn_SyntAI+(Abn_SyntAI−)估计,而 Abn_SyntAI+(Abn_SyntAI−)对赢家(输家)行业却没有显著意义。当业绩回报根据 FF3 系数基准进行调整后,赢家和输家之间的对比仍然很明显(见 Panel C 和 Panel D)。

综上所述,考虑到系数估计量的取值大小和显著性,可以确认 Abn_SyntAI的预测能力主要集中在上行市场状态下的赢家行业,而下行市场状态下的输家行业则是预测能力的有效区域。

Abn_SyntAI 这种非对称预测能力可以直观地描述为上行状态下的"以赢家为中心"猜想和下行状态下的"以输家为中心"猜想。在上行市场状态下,高异常关注度主要源于投资者对赢家行业的关注,因为他们追求赢家行业的积极业绩表现,即赢家行业受到追捧,而输家行业则受到普遍忽视。根据 Da 等(2011)的研究,搜索关注度的增加表明未来两周股价会出现上涨,结合本章的"以赢家为中心"猜想,处于上行市场状态且 Abn_SyntAI 较高的赢家行业的收益仍然很大,并最终导致行业动量效应。在下跌市场状态下，高异常关注度主要源于投资者对输家行业的关注，即输家行业引起广泛关注而赢家行业失宠，投资者积极寻找廉价股票，超买输家行业，处于下跌市场状态且 Abn_SyntAI 较高的劣势行业的价格更容易被推高，并导致行业动量反转效应。这种“以赢家/输家为中心”的双重猜想不仅支持了表 8-7 的结果，即本周 Abn_SyntAI 对下周 R_IndMom 的影响在上行市场状态下显著为正，在下行市场状态下显著为负；还支持了表 8-6 的结果，即在高异常关注度组合中，行业动量在上行市场状态下确实有效，而在下行市场状态下往往面临反转。表 8-8 反映了非对称预测能力检验的结果。

第四节　基于异常关注度的行业轮动策略

鉴于异常关注度 Abn_SyntAI 在不同市场状态下对动量利润的显著预测能力，本节将探讨这种预测能力是否有助于投资管理策略的形成。本节提出了一种传统行业动量策略的替代策略，投资者根据异常关注度和市场状态来调节配置的方向与头寸。具体而言，在本周（即第 t 周）开始时，如果前一周（即第 $t-1$ 周）是高异常关注度的上涨市场状态或低异常关注度的下跌市场状态，则将采用传统的行业动量策略（即买入赢家行业，卖出输家行业）；而如果第 $t-1$ 周处于上行市场状态且异常关注度较低，或处于下行市场状态且异常关注度较高，那么将采取反向操作（即买入输家行业，卖出赢家行业）。这就是本节所说的基于异常关注度的行业轮动策略。表 8-9 列出了传统行业动量策略和基于异常关注度的行业轮动策略的平均周收益与年化收益及标准差。这种动量策略本质上将反转效应选择性地融入了动量策略之中。

表 8-9　行业轮动策略绩效表现

策略	周度均值	年化收益	标准差
传统的行业动量策略(①)	0.121%	6.292%	2.290%
基于异常关注度的行业轮动策略(②)	0.508%	26.416%	2.252%
收益利差(② － ①)	0.387%** (2.346)		

注:括号内的值为 t 值,** 代表在 5%的显著性水平下显著。

由表 8-9 可知,基于异常关注度的行业轮动策略每周产生 0.508%的平均回报,是传统动量回报的四倍多。同时,该策略比传统的行业动量策略具有更低的风险(2.252%<2.290%)。为了更直观地展示研究结果,图 8-7 绘制了传统行业动量策略与基于异常关注度的行业轮动策略的周度损益率。显然,后者能够避免前者的一系列较大回撤。

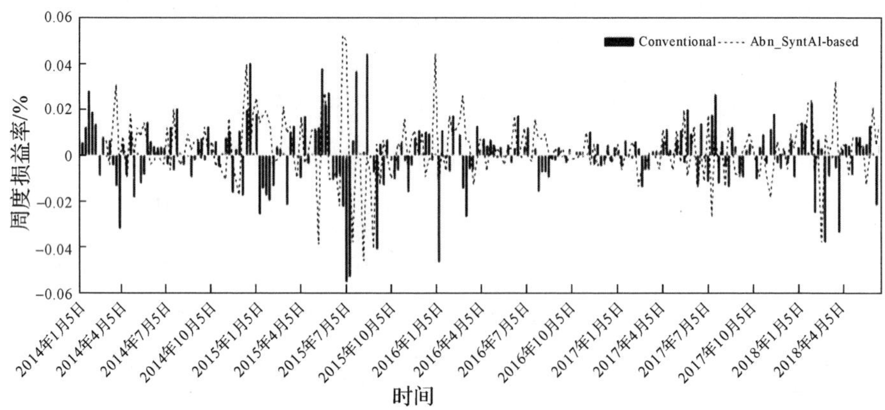

图 8-7　传统行业动量策略和基于异常关注度的行业轮动策略的周度损益率

注:传统行业动量策略在第 t 周开始时,根据行业在第 $t-20$ 周至第 $t-1$ 周的形成期间的损益排序,买入赢家行业,卖出输家行业。基于异常关注度的行业轮动策略在第 t 周开始时,如果第 $t-1$ 周处于上升(下降)市场状态,且异常关注度 Abn_SyntAI 较高(低),则采取传统常规行业动量策略;而如果第 $t-1$ 周处于上升(下降)市场状态,且异常关注度较低(高),那么将采取逆向操作(即买入输家行业,卖出赢家行业)。

图 8-8 显示了传统行业动量策略与基于异常关注度的行业轮动策略的累积利润率。该图重申了行业轮动策略相对于传统行业动量策略来说的显著优势,并表明由异常关注度修正的指数在金融市场上更有价值。

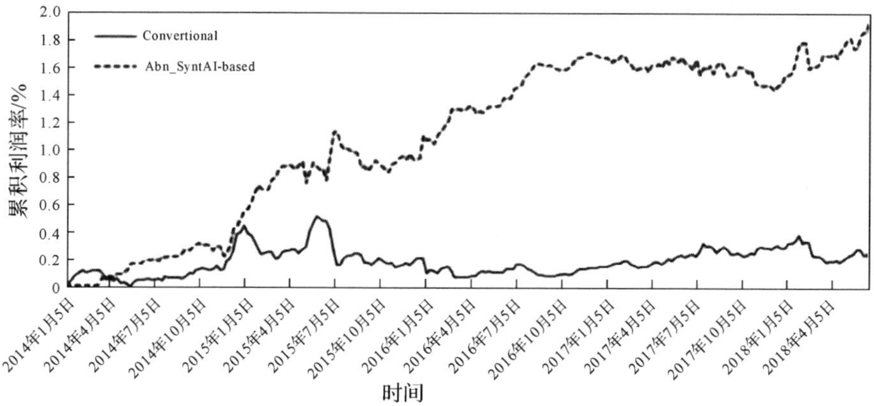

图 8-8　传统行业动量策略和基于异常关注度的行业轮动策略的累积利润率对比

第五节　行业动量循环路径假说

这一节的研究取决于一定的市场条件,也就是说,股票市场经历了上涨和下跌的阶段,它也经历了异常关注度 Abn_SyntAI 高和低的异常变化时期。本节首先分析赢家行业和输家行业之间的转化条件与转化路径,如图 8-9 所示。处于上升(下降)状态的市场处于周期的右(左)半部分;处于高(低)异常关注度状态的市场处于周期的上(下)半部分。在不丧失一般性的情况下,本节从第一个象限开始分析,即市场处于"上行状态+高异常关注度"。图 8-9 中的 Panel A 和 Panel B 分别代表了位于第一象限的赢家和输家行业的流转路径。

根据图 8-9 中的 Panel A,在第一象限中,市场处于高异常关注度的上升状态,正面信息纷至沓来,信息冲击的强度和频率都在增加。根据"以赢

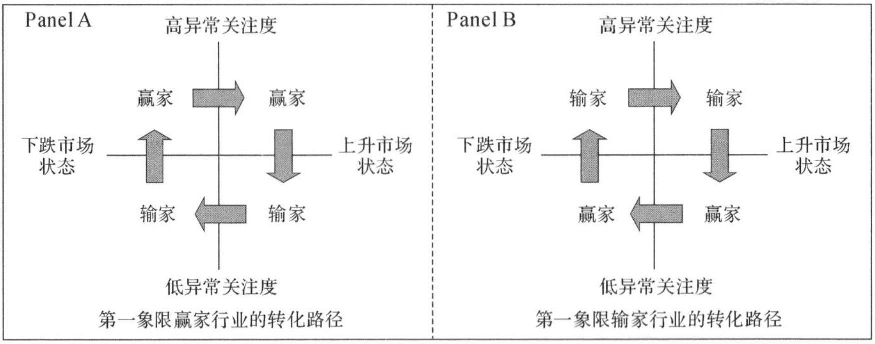

图 8-9　赢家行业和输家行业之间的转化路径

注:在每一周(即第 t 周)的开始,所有的行业都对它们在第 $t-20$ 周至第 $t-1$ 周的形成期的回报率进行排序。如果一个行业的形成收益率低于所有行业的收益率中位数,则定义为输家;如果一个行业的形成收益率高于或等于所有行业的收益率中位数,则定义为赢家。市场状态分为上升和下降。如果滞后 4 周的市场回报率大于滞后 20 周的市场回报率,则该周处于上升的市场状态;如果滞后 4 周的市场回报率小于滞后 20 周的市场回报率,则该周处于下降的市场状态。根据异常关注度 Abn_SyntAI 对考察期内的所有周进行排序。如果某周的异常关注度低于所有周的异常关注度中位数,则该周处于低异常关注度;如果某周的异常关注度高于或等于所有周的异常关注度中位数,则该周处于高异常关注度状态。

家为中心"的猜想,在上行状态下,高异常关注度主要源于投资者对信息更敏感的赢家行业的关注,赢家行业的价格被推高,有利于巩固其在短期内的既有优势,使其仍处于赢家群体。随着正面信息的衰减和上行市场中信息影响的减弱,异常关注度的数值下降,市场从第一象限进入第四象限。在这个阶段,"以赢家为中心"的猜想效果也会逐渐衰减甚至消失,赢家行业的光环逐渐消失,这可能导致赢家行业更快地回归与基本面所对应的潜在价值,从某种角度来说,会转化为输家行业。当市场异常关注度下降到一个非常低的水平时,这意味着投资者的情绪是脆弱的。由于脆弱,市场更有可能进入下跌状态,即市场从第四象限转到第三象限。这一结论是非常有意义的,因为没有一个市场能够永远保持上涨。由于缺乏信息刺激,输家行业不具有主导地位，故仍然停留在输家群体中。而随着负面信息的强化和异常关注度值的上升，市场漂移到第二象限，“以输家为中心”猜想的效果开始发挥作用并逐渐加强。在这个阶段，高异常关注度主要来自投资者对输家行业的关注，这种效应导致其价格随着交易量的增加而被推高，之前的输家行业可能会转化为当下的赢家行业。

同样，根据图 8-9 中的 Panel B，在第一象限中，由于受“以赢家为中心”猜想的影响，输家行业受到的关注不够，导致价格的增长速度远远低于赢家行业，输家行业仍然处于输家群体。随着正面信息的衰减和上行市场影响力的减弱，异常关注度的数值下降，市场转移到第四象限。“以赢家为中心”猜想的效果也逐渐减弱甚至消失，输家行业的劣势地位被改变，输家行业重新回到赢家群体。当市场异常关注度下降到一个非常低的水平时，这意味着投资者的情绪是脆弱的。在这种情况下，市场倾向于转为下跌状态，来自第四象限的赢家行业可能仍然基于自己的基本面优势而站在高位。但随着负面信息的加强和异常关注度值的上升，市场从第三象限转移到第二象限，“以输家为中心”猜想的效果开始发挥作用并逐渐加强，赢家行业也会因此受到忽视。受被忽视的影响，以及对负面信息的高度敏感，赢家行业可能会更快地转变为输家行业。当异常关注度值增加并达到一个非常高的水平时，这意味着投资者处于高度兴奋状态，在投资者积极情绪的驱动下，市场会进入第一象限。

通过分析图 8-9 中 Panel A 和 Panel B 中赢家行业与输家行业之间的转化路径，出现了一个关于行业动量的有趣现象，这一发现的直观表达如图 8-10 所示，它提供了一个基于市场状态和异常关注度的行业动量循环，“以赢家为中心”和“以输家为中心”的猜想也在这个循环中发挥了非常重要的作用。本节把这种现象称为行业动量循环路径假说。根据这一假说，异常关注度和市场状态对行业动量的交互影响构成了动量效应与反转效应之间的循环。这些结果证实了在第一和第三象限条件下的行业动量持续,以及在第二和第四象限条件下的行业动量反转。该图与本章检验分析所发现的一些主要特征相一致,并表明异常关注度和市场状态的相互作用效应可能会带来有用的信息,以定位一个特定行业的流转路径,并为行业动量回报提供一个新的行为解释。这一假说与 Barber 和 Odean(2008)的价格压力假说在本质上是相同的。后者认为:个人投资者对于那些受关注股票而言,属于净买入者,他们短期内会对受关注股票产生向上的作用力;而倘若股价仅系投资者关注引致,则从长期来看动量将出现反转。

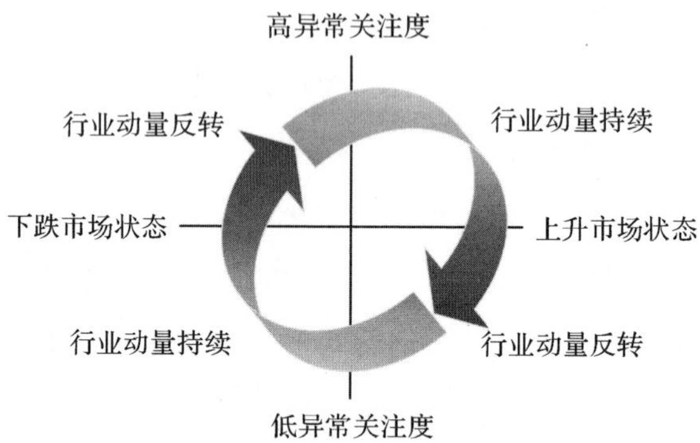

图 8-10　行业动量循环路径假说

注:根据异常关注度 Abn_SynAI 和市场状态的变化绘制了行业动量循环路径。市场状态分为上升和下降。如果滞后 4 周的市场回报率大于滞后 20 周的市场回报率,则该周处于上升的市场状态;如果滞后 4 周的市场回报率小于滞后 20 周的市场回报率,则该周处于下降的市场状态。根据异常关注度 Abn_SyntAI 对考察期内的所有周进行排序,如果某周的异常关注度低于所有周的异常关注度中位数,则该周处于低异常关注度状态;如果某周的异常关注度高于或等于所有周的异常关注度中位数,则该周处于高异常关注度状态。这些结果证实了在第一和第三象限条件下行业动量持续,以及在第二和第四象限条件下行业动量反转。

特别地,必须要强调行业动量循环路径假说的主要局限性。首先,这个假说所要求的严格性和规律性比迄今为止的实证结果所能解释的要多。本节的结果描述了投资组合层面上的一般趋势,但对于个别行业来说,远没有图中所暗示的那样存在极强的规律性。每个行业也不需要每次都通过每个周期的所有阶段，一些行业可能会出现反复往返、跳跃和逆流的情况。虽然投资组合层面的运动符合二元市况下“以赢家/输家为中心”假说所做出的上行或下行的预测，但仍有些行业的反转可能看起来是随机和难以捉摸的。另外，对于从第四象限到第三象限，以及从第二象限到第一象限的投资组合的水平运动没有细致和系统的理论解释。虽然符合本章数据与分析所展现出的直觉，但图中既没有解释为什么市场在高异常关注度下通常从下行状态转变为上行状态，也没有解释为什么市场在低异常关注度下通常从上行状态转变为下行状态。这种双重现象可能是由投资者的心理和行为反应驱动的。一种可能的解释是，在异常关注度高的情况下，市场情绪的膨胀使市场收益率上升，而当市场情绪进入低迷时，在异常关注度低的情况下，市场收益率明显下降。另一种可能的解释是鸵鸟效应，Karlsson 等(2009)以及 Kaustia 和 Knüpfer(2012)指出：当投资组合的价值增加时，投资者可能会更频繁地检视他们的投资组合并扩展他们的待观察清单(可以理解为自选股清单)，这将带来高异常关注度；而当投资组合的价值减少时，投资者会有意识地忽略投资组合的表现，这将带来低异常关注度。这一现象与本节的直观感受一致，表明当市场处于上升通道时，投资者更关注市场，但在市场处于下降通道时，他们往往像鸵鸟一样“藏头露尾”。

本节通过对行业动量相对位移的内生机制深入的模型进行探讨，提出了在异常关注度与市场状态相互作用下的行业动量循环模式，即行业动量循环路径假说。行业动量循环路径假说遵循本章研究的主要发现，它对单个证券看似无序的波动的容忍，有助于抓大放小，帮助学者们把握所研究问题的主线，进而为在整个资本市场中定位每个行业提供指南。行业动量循环路径假说源于市场状态的二元性，帮助理解“以赢家/输家为中心”的双重猜想，阐述了赢家/输家行业对投资者关注度的吸收能力。上述双重猜想对于在双重市场状态下对行业动量进行行为金融学研究来说是有益的。本节从不同视角出发进行研究,以说明行业动量的具体运行轨迹和方向。在以特定的异常关注度面对不同的市场状态时,行业动量既有可能是持续的也有可能是逆转的。这一研究结论为致力于剖析与动量有关的行为金融学异象的主动管理型全市场选股基金经理及学者,以及以 ETF 或行业主题基金为载体实施轮动策略的 FOF 投资经理提供了新的视角和见解。

第六节　本章小结

本章研究了异常关注度在不同状态下对行业动量(与动量反转)的预测能力,结果发现:异常关注度可以在上行(下行)市场状态下对行业动量收益进行正(负)预测;在控制关键商业周期变量后,这种预测仍是稳健的;此外,异常关注度的预测能力来自处于上行(下行)市场状态的赢家(输家)行业。文章提出了基于异常关注度的行业轮动策略,该策略比传统行业动量策略的业绩表现要明显更优。研究认为,赢家行业角色转变的一个适当渠道是利用市场状态和异常关注度的交互作用。

本章提出了一个在市场层面上衡量投资者异常关注度的新指标 Abn_SyntAI。作为利用市场低效而有利可图的交易策略基础,股票市场经常出现异常现象,异常关注度是否对这些异常现象具有预测能力?厘清这一问题,不仅从理论角度来看是有意义的,而且可以帮助相关从业者制定积极主动的管理和交易策略,以产生大量异常回报。本章以实证的方式检验了异常关注度和市场状态的相互作用对行业动量表现的影响与可预测性。

本章实证结果发现,异常关注度能够在上行(下行)市场状态下对行业动量收益进行正(负)预测,而这种预测性来自上行(下行)市场状态下的赢家(输家)行业。基于这些发现,本章提出了“以赢家为中心”和“以输家为中心”的双重猜想。高异常关注度在上行状态下集中于投资者对赢家行业的关注，而在下行状态下，投资者将目光投向输家行业。同时，前文分析表明，异常关注度对后续行业动量回报的预测能力可用于积极的投资策略。实证结果进一步显示，基于异常关注度的行业动量策略每周产生 0.508％的收益，具有一定的经济意义，是传统动量策略收益的四倍多。在此基础上，本章提出了行业动量循环路径，为行业在整个资本市场中的定位提供了指南。同时，“以赢家/输家为中心”的双重猜想对于在双重市场状态下对行业动量进行行为金融学研究来说是非常有益的，对这些双重猜想的检验是对未来实证和理论工作的挑战。

此外，本章研究发现异常关注度对行业动量的重要预测能力来自上行市场状态下的赢家行业，而预测能力的有效区域则位于下行市场状态下的输家行业。鉴于这种不对称的预测能力，本章提出了“以赢家为中心”和“以输家为中心”的二元猜想。在上行市场状态下的高异常关注度集中体现了投资者对赢家行业的关注，而在下行市场状态下，投资者则将目光投向输家行业。同时，分析表明，异常关注度对后续行业动量回报的预测能力实际上可以用于主动投资策略中。这些结果表明，合成关注度的异常变化有望成为金融市场的一个重要指标，有助于学术界全面讨论投资者关注度的作用，并可能对行业动量异常现象的解释有所启示。

总的来说，本章研究为支持来自证券市场的假设提供了新的经验证据，即投资者关注度在二级市场对信息的反应中起着二元作用。更重要的是，本章发现投资者异常关注度和市场状态之间的交互作用能够对行业动量收益形成较强的预测能力。鉴于行为金融理论中动量研究的普及，在二元市场状态下，通过对投资者异常关注度进行调节而获得的行业动量策略改进具有一定的经济意义。行业动量循环路径假说为致力于剖析与动量有关的异象的主动管理型全市场选股基金经理，以及以 ETF 或行业主题基金为载体实施轮动策略的投资经理提供了新的视角。可以认为探索这些指标和研究方向将在未来继续产生对市场参与者的行为研究与市场效率研究的创新见解。我们认为,基于个人投资者(异常)关注度指标,结合市场状态的转换,投资者利用行业主题型基金制定并执行行业轮动策略(本质是动量策略和反转策略的结合体)存在理论可能性与现实可行性。

第九章　总结与展望

投资者关注(investor attention)是一种稀缺的认知资源(Kahneman，1973)，只有被投资者关注到的信息才可能通过投资者的交易行为反映到资产价格中去，因此，投资者关注是投资者产生交易的必要前提。本书首先对投资者关注度的度量方法、统计特征与行为模式进行研究，进而挖掘其在股票市场运作中所产生的作用与价值。

本章将对全书进行总结和展望，主要围绕着以下几个问题展开：解决“什么问题”；是“如何解决的”；解决方法是否合理；研究还存在什么问题以及进一步研究的方向。

第一节　主要研究结论

本书围绕投资者关注行为展开研究，分成两个部分：第一部分针对当前学者对投资者关注行为所做的研究进行了系统梳理，讨论了投资者关注度的时间序列特征及投资者群体关注行为的演化过程；第二部分首先对研究选取的衡量投资者关注度的指标变量进行了验证，进而研究了投资者关注行为与股票市场变化之间的相互作用，并对基于投资者关注行为的股票市场动量效应及其对应的投资策略进行了深入探讨。下面对全书的主要研究结论加以总结。

第一,投资者关注相关研究的关键节点包括:投资者有限关注、分类学习及收益的可预测性、注意力驱动交易假说、采用搜索引擎作为投资者关注的度量指标。采用文献分析工具 Histcite 对 Web of Science 数据库中以“investor attention”为主题的 1510 篇文献进行了引文图谱分析,识别出投资者关注研究领域中的四个关键节点,这些理论与方法在投资者关注领域研究中起到了基础性作用,并引领了后续研究的开展。进一步,按照市场主体的不同对投资者关注度量指标进行了分类和对比分析,为后续研究提供参考。

第二,引入 Choice 金融终端的投资者“加自选”数据作为投资者关注行为数据,用于投资者关注度的衡量。通过与基于百度指数的投资者关注度进行比较发现,基于金融终端的投资者关注度对股票市场的影响更为显著和稳定,与同一交易日股票指数的换手率、交易量、当日收益等指标均呈显著正相关关系,对规模较大公司股票市场的影响更为显著。

第三,通过对股票市场投资者群体关注行为模式的分析发现,投资者对股票关注行为更易受近期群体关注的影响。一是基于群体智慧理论分析了投资者群体关注行为的特征,并对投资者群体关注过程中的“择优选择”与“记忆效应”进行了理论分析,构建了投资者群体关注行为模式生成模型;二是为了更好地拟合实证数据中投资者关注行为的演化过程,通过优化实验仿真生成数据集和原始数据集的拟合度,得到了最佳的投资者关注概率函数。结果显示,投资者对股票关注行为更易受近期群体关注的影响。

第四,投资者关注行为对股票市场波动具有显著影响。基于中证 100 指数、中证 500 指数和中证全指三个具有代表性的股票指数在 2014—2015 年间 485 个交易日数据,通过投资者关注行为对股票市场影响的理论分析构建单因素回归模型,实证检验了投资者关注行为对股票市场的影响作用。实证结果显示：基于金融终端的投资者关注度 IAVS 与对应股票指数在同一交易日内的交易量呈显著正相关关系；基于金融终端的投资者关注度 IAVS 与对应股票指数在同一交易日内的收益率呈显著正相关关系；基于金融终端的投资者关注度 IAVS 对整个股票市场交易情况的影响与其对中小企业股票市场交易情况的影响相一致。

第五，基于投资者关注行为的股票动量效应研究发现，投资者关注度在价格动量中存在非对称效应。基于沪深 300 指数成分股在 2008 年 1 月—2017 年 12 月合计 520 周的上市公司周频收益和 2014 年 1 月—2017 年 12 月合计 208 周的投资者关注度周频数据，首先采用价格动量 J-K 策略考察了中国 A 股市场存在的价格动量与反转现象，发现中国 A 股市场在超短期（1 周以内）内存在动量反转，短形成期（小于 4 周）内存在动量持续（近 24 周）。然后从投资者关注度视角出发对价格动量进行了实证分析，结果显示：价格动量效应在投资者关注度高的投资组合中持续，在投资者关注度低的投资组合中反转；投资者关注度在价格动量中存在非对称效应，即过去的输家（赢家）组合中低（高）投资者关注度的股票组合往往后续收益优于高（低）关注度的股票组合。最后采用 Fama-French 多因素模型分析了投资者关注度的信息含量，发现投资者关注度是解释股票市场价格动量和反转效应的重要因子。

第六，构建了一个市场层面衡量投资者异常关注度的新指标 Abn_SyntAI，以实证方式检验 Abn_SyntAI 和市场状态的相互作用对行业动量表现的影响与可预测性。实证结果发现：异常关注度能够在上行（下行）市场状态下对行业动量收益进行正（负）预测，而这种可预测性来自上行（下行）市场状态下的赢家（输家）行业；基于异常关注度的行业动量策略每周产生 0.508％的收益，是传统动量策略收益的四倍多；并提出了行业动量循环路径，为行业在整个资本市场中的定位提供了指南。这些结果表明，合成关注度的异常变化有望成为金融市场的一个重要角色，本研究有助于学术界全面讨论投资者关注度的作用,并可能对行业动量异象的解释有所启示。

第二节 创新与不足

本书基于大量的用户生成内容所构成的大数据情景,面向处于转型中并依然以散户为主的中国证券市场,围绕"投资者关注行为及其价值所在"这一问题展开讨论。已有学者针对这一问题从不同角度进行了研究,例如,从投资者心理和行为角度研究的行为金融学,从经济体的智能性角度研究的复杂理论等。本书则是从金融终端用户生成数据出发研究投资者关注行为及其价值所在。对于这样一个新角度,本书只是做了初步的研究,虽然取得了一定的效果,但也留下了许多值得进一步研究的问题。下面将对本书可能会产生的疑问进行说明,并阐述进一步研究的问题和方向。

一、研究工具创新

既然投资者在股票论坛、搜索平台、大众社交媒体中都有对股票市场相关信息的评论与关注,那么投资者关注度就可以从多个角度进行衡量。为什么本书选取金融终端的投资者"加自选"数据作为投资者关注度的衡量指标?已有研究中关于投资者关注度的衡量指标有多种,但目前采用搜索量作为投资者关注度度量方法的研究居多,为此,本书将基于金融终端的投资者关注度衡量方法与基于搜索指数的投资者关注度衡量方法进行了对比,在样本研究范围内,得到了基于金融终端的投资者关注度衡量方法更为稳定和显著的结果,但如何将注意力效应从情绪和信息扩散的效应中区别开来,排除内生性的影响,寻求更加准确、直接的注意力测度方法仍然是未来需要努力的方向。

二、研究视角创新

本书在不同章节选取了不同的研究期限及不同的股票指数进行实证研究，然其结论是否具有普遍适应性？对于这一问题，实际上，我们使用了许多股票数据进行实证研究，其结论都类似，只是受篇幅的限制，文中只给出了部分具有代表性的股票指数作为实证案例来说明。受限于基于金融终端用户生成数据的可得性，研究只能选取 2014 年 1 月 1 日以后的投资者关注度数据开展研究，随着股票市场的不断完善发展，投资者的关注行为势必会更加多元化，这也为未来的研究提出了一个新的方向，即融合多平台、多视角、多类型的投资者关注行为生成数据，对不同市场环境下的不同类型股票展开交叉研究，这将进一步提升研究的普遍适应性。

三、理论研究创新

本书从投资者关注视角出发检验了中国 A 股市场动量效应的存在性，并发现了投资者关注度在价格动量中的非对称效应：一是价格动量效应在投资者关注度高的投资组合中持续，但在投资者关注度低的投资组合中反转；二是基于周度数据，过去的输家（赢家）组合中低（高）投资者关注度的股票组合往往后续表现优于高（低）关注度的股票组合。实证结果进一步显示，投资者关注度是不同投资组合未来收益和价格动量的一个强有力的预测指标。这一研究丰富了动量效应的行为金融学理论解释，也为基于投资者关注的动量策略构建提供了实证参考。

四、实证结果创新

本书构建了基于市场层面衡量投资者异常关注度的新指标，以实证方式检验投资者异常关注度和市场状态的相互作用对行业动量表现的影响与可预测性。实证结果发现：投资者异常关注度能够在上行（下行）市场状态下对行业动量收益进行正(负)预测;基于投资者异常关注度的行业动量策略每周产生0.508%的收益,是传统动量策略收益的四倍多。基于此,本书提出了行业动量循环路径,并指出投资者异常关注度有望成为金融市场的一个重要指标,有助于提升学界和业界对投资者关注度的有效应用,并可能部分解释基于行业动量的异象。

第三节　未来研究展望

本书以投资者关注行为作为研究对象,基于中国股票市场个体投资者在配置注意力过程中所生成的海量数据,分析投资者群体关注的统计特征与行为模式,在梳理投资者关注行为内在机理的基础上,通过实证检验投资者关注对股票市场的影响及其相互作用,并进一步基于投资者关注视角探讨不同市场状态下的股票市场动量效应与行业轮动效应,进而深入挖掘投资者关注行为在股票市场运作中所产生的作用与价值。基于本领域已有研究,笔者认为,后续研究可以从以下几个方面展开。

一、投资者关注行为内在机理的研究

现有研究大多集中在投资者关注对股票市场波动性的影响方面,鲜有研究关注投资者关注行为本身,如投资者关注行为的影响因素、投资者关注行为的演化模式等,本书也只是对投资者群体关注特征及其模式进行了初步的探讨,后续有必要对投资者关注行为的内在机理展开进一步的研究,这将对理解投资者关注行为本身及其潜在价值起到重要作用。

从人的视角来看待市场行为,将投资者自身因素纳入股票价格波动原因的考虑范围,强调投资者的不完全理性,从投资者的实际决策心理入手,探究投资者行为对市场价格的作用机制与路径,为金融市场上的各种行为研究开启了新的篇章。行为金融理论主张股票市价不仅取决于股票的内

在价值，还因投资者关注行为的不同而有所差异，也就是说我们不能忽视投资者的心理和行为在证券价格形成过程中造成的影响。

另外，投资市场的规范运行与发展对整个社会主义市场经济的健康发展有着决定性的作用，其中投资者行为是关键，需要政府对其进行引导、控制和管理。所以，以一般投资者关注的微观机理为切入点，提炼核心问题和一般规律，对投资者关注行为的机制进行多角度的深入研究，从而为政府建立管理制度和制定管理措施提供一定程度的决策支持。

二、投资者关注行为价值实现路径的研究

股价波动是多方面影响的结果，仅靠单一因素难以对股价产生较大影响，当我们站在投资者的角度，会发现多数研究证实了投资者关注度会对股价产生影响，但目前投资者关注行为的价值实现路径尚不明确，本书也只是从几个维度对此进行了尝试性解释，这一价值实现路径仍有很大的研究空间。

注意力理论着重于筛选、集中、处理和分析外部信息的一系列过程，注意力运转机制遵循的步骤为：首先，注意力从大量新闻消息中筛选出有效信息；然后，注意力将借助各类有效信息进行转移；最后，注意力会重新选择有效信息聚焦并向其转移。注意力理论为中国股票市场的研究发展做出了很大的贡献，作为投资主体，有限的注意力无法同时分配到股市中成千上万的股票上，因此必须挑选出自己感兴趣的那只股票。而决策阶段实际上是一个信息转换的过程，投资者通过信息的搜集、处理，明确目标股票并进行关注跟踪，当投资者的注意力聚焦在某只股票上时，该只股票的关注度上升，这意味着该股票深受投资者喜爱，被选为投资标的的概率也就更大。此时，注意力理论的作用就会凸显出来，投资者会分析当下局势进行判断并做出投资决策，从而造成相关股票的交易量在短期内迅速提高，甚至因为“羊群效应”突出，导致投资者不断加入从而推动股价上涨，随之

而来的便就是更高的回报。

然而,某只股票从被投资者关注到被选为投资标的的路径还会受到多个方面的因素影响,行为金融理论是对心理学研究成果的进一步延伸与扩展,主要是借鉴决策心理的传递路径呈现出投资者决策行为影响市价的可能途径及结果。因此,单一因素很难解释复杂的股票市场运作路径,还是要将投资者关注度的复合指标与股票市场多因子综合建模,这样分析投资者关注行为的价值实现路径更为合理。

三、投资者关注的异质性问题

本书的所有研究都是基于投资者关注具有同质性的假设,但是这显然与现实状况存在差异。投资者的异质性决定了投资者的关注度也具有异质性(刘先伟,2016),每个关注背后的投资者具有不同的收入、资产和知识结构,因此对市场产生的影响也不尽相同,如 Engelberg 等(2012)研究了收看股评节目用户的收入对于隔夜开盘收益的影响。异质性问题的另一个方面就是信息传播渠道的差异,即不同媒介在传播市场信息的过程中都会引起投资者的关注,但是由于关注并理解不同渠道传播的信息需要不一样的知识结构,例如,新闻媒体面对的是大众投资者,而专业金融论坛则需要更完善的知识储备才能理解和消化他们所关注的信息,故信息传播渠道的差异也会导致异质性问题的出现。由此可见,在投资者关注的实证研究中需要进一步细化,深入研究关注的异质性对资产定价和市场有效性的影响。此外,投资者关注的异质性必然会带来交互问题,即投资者关注与信息处理过程是一个非独立的过程,它会受到其他投资者关注的影响。Li 等(2013)的研究证实了投资者关注会受社交的影响,并且他们指出,在剧烈的市场波动中,投资者关注将更容易受到社交的影响(即受到其他投资者关注的影响)。因此,未来基于投资者关注具有异质性的假设而衍生出的关注互动、信息渠道差异等基本问题将成为另一大研究重点。

另外,尽管相比以往的衡量方式,本书采集的投资者关注指标的数据受噪声影响相对较小,但是这些数据来源的投资者覆盖面还是不够广泛、全面。由此可见,尽管本书在投资者关注度的衡量方式上有所改进,但依旧不完美,未来仍需寻找更加合理、科学的度量方式。例如,投资者和上市公司高管互动的平台等数据,若未来数据积累充足,亦可考虑作为数据来源。

参考文献

[1] 部慧,解峥,李佳鸿,等. 基于股评的投资者情绪对股票市场的影响[J]. 管理科学学报,2018(4):86-101.

[2] 曹强,田新. 动量效应还是反转效应? 以区块链为例[J]. 北京工商大学学报(社会科学版),2022(2):13-23.

[3] 岑咏华,张灿,吴承尧,等. 互联网加剧投资者有限理性研究综述[J]. 外国经济与管理,2018(6):129-140.

[4] 陈波. 基于货币周期的行业轮动策略在我国股市的实证分析[J]. 企业导报,2011(11):137.

[5] 陈国青,吴刚,顾远东,等. 管理决策情境下大数据驱动的研究和应用挑战——范式转变与研究方向[J]. 管理科学学报,2018(7):6-15.

[6] 陈蓉,陈焕华,郑振龙. 动量效应的行为金融学解释[J]. 系统工程理论与实践,2014(3):613-622.

[7] 陈声利,关涛,李一军. 基于跳跃、好坏波动率与百度指数的股指期货波动率预测[J]. 系统工程理论与实践,2018(2):299-316.

[8] 陈泽艺,李常青. 媒体报道与资产定价:研究综述[J]. 外国经济与管理,2017(3):24-39.

[9] 程琬芸,林杰. 社交媒体的投资者涨跌情绪与证券市场指数[J]. 管理

科学,2013(5):111-119.

[10] 程希明,蒋学雷,陈敏,等. 中国股市板块羊群效应的实证研究[J]. 系统工程理论与实践,2004(12):34-38.

[11] 池丽旭,庄新田. 中国证券市场的投资者情绪研究[J]. 管理科学,2010(3):79-87.

[12] 丁燕. 基于投资者有限注意的应计异象理论与实证研究[D]. 长沙:中南大学,2011.

[13] 董大勇,肖作平. 证券信息交流家乡偏误及其对股票价格的影响:来自股票论坛的证据[J]. 管理世界,2011(1):52-61.

[14] 杜兴强,聂志萍. 中国资本市场的中长期动量效应和反转效应——基于 Fama 和 French 三因素模型的进一步研究[J]. 山西财经大学学报,2007(12):16-25.

[15] 段江娇,刘红忠,曾剑平. 中国股票网络论坛的信息含量分析[J]. 金融研究,2017(10):178-192.

[16] 樊晓倩,苑莹. 投资者本地异常关注能预测股票市场吗?[J]. 管理评论,2021(10):70-80.

[17] 樊晓倩. 投资者异常关注的长记忆性及其与成交量和波动率的交叉相关性研究[D]. 沈阳:东北大学,2016.

[18] 范龙振,王海涛. 中国股票市场行业与地区效应分析[J]. 管理工程学报,2004(1):117-119.

[19] 冯旭南. 注意力影响投资者的股票交易行为吗? ——来自"股票交易龙虎榜"的证据[J]. 经济学(季刊),2016(4):255-274.

[20] 傅亚平,王玉洁,张鹏. 我国沪、深两市证券市场"羊群效应"的实证研究[J]. 统计与决策,2012(8):153-156.

[21] 高大良,刘志峰,杨晓光. 投资者情绪、平均相关性与股市收益[J]. 中国管理科学,2015(2):10-20.

[22] 高秋明,胡聪慧,燕翔. 中国A股市场动量效应的特征和形成机理研究[J]. 财经研究,2014(2):97-107.

[23] 高扬,赵昆,王耀君. 社交媒体关注度、流动性与信息不对称[J].统计与决策,2021(1):170-173.

[24] 何贤杰,王孝钰,赵海龙,等. 上市公司网络新媒体信息披露研究:基于微博的实证分析[J]. 财经研究,2016(3):16-27.

[25] 胡军,王甄. 微博、特质性信息披露与股价同步性[J]. 金融研究,2015(11):190-206.

[26] 扈文秀,苏振兴,杨栎. 基于随机森林方法的投资者概念关注对概念指数收益预测及交易策略的研究[J]. 预测,2021(1):60-66.

[27] 黄虹,卢佳豪,黄静. 经济政策不确定性对企业投资的影响——基于投资者情绪的中介效应[J]. 中国软科学,2021(4):120-128.

[28] 黄润鹏,左文明,毕凌燕. 基于微博情绪信息的股票市场预测[J]. 管理工程学报,2015(1):47-52.

[29] 贾春新,赵宇,孙萌,等. 投资者有限关注与限售股解禁[J]. 金融研究,2010(11):108-122.

[30] 蒋治平. 我国股市行业指数之间的冲击传导研究[J].证券市场导报,2008(10):23-28.

[31] 金雪军,周建锋. 投资者关注、资产定价与市场有效性研究综述[J]. 浙江社会科学,2015(10):132-142.

[32] 金宇超,靳庆鲁,李晓雪. 资本市场注意力总量是稀缺资源吗?[J]. 金融研究,2017(10):162-177.

[33] 李凤羽,史永东,杨墨竹. 经济政策不确定性影响基金资产配置策略吗?——基于中国经济政策不确定指数的实证研究[J]. 证券市场导报,2015(5):52-59,70.

[34] 李倩,吴昊. 大数据背景下投资者行为研究的趋势分析:基于“内涵—

思路—方法"的三重视角[J]. 中央财经大学学报,2017(2):52-62.
[35] 李帅起. 纳入中国波指的投资者情绪指数构建与应用研究[D]. 哈尔滨:哈尔滨工程大学,2018.
[36] 李学峰,李连文. 多基金管理模式与单基金管理模式的行为差异——基于羊群效应视角[J]. 华北金融,2022(4):34-44,67.
[37] 李学峰,王兆宇,李佳明. 噪声交易与市场渐进有效性[J]. 经济学(季刊),2013(3):913-934.
[38] 梁超,魏宇,马锋,等. 投资者关注对中国黄金价格波动率的影响研究[J]. 系统工程理论与实践,2022(2):320-332.
[39] 廖理,向佳,王正位. P2P 借贷投资者的群体智慧[J]. 中国管理科学,2018(10):30-40.
[40] 林斗志. 价值投资在我国股市表现的实证分析[J]. 财经科学,2004(S1):271-274.
[41] 刘博,皮天雷. 惯性策略和反转策略:来自中国沪深 A 股市场的新证据[J]. 金融研究,2007(8):154-166.
[42] 刘海飞,许金涛,柏巍,等. 社交网络、投资者关注与股价同步性[J]. 管理科学学报,2017(2):53-62.
[43] 刘杰,陈佳,刘力. 投资者关注与市场反应——来自中国证券交易所交易公开信息的自然实验[J]. 金融研究,2019(11):189-206.
[44] 刘先伟. 关注异质性与媒体效应对股票市场的影响研究[D]. 哈尔滨:哈尔滨工业大学,2016.
[45] 刘艺林. 涨停板制度、关注度差异与股票横截面收益[J]. 宏观经济研究,2020(11):19-33,85.
[46] 刘颖,张晴晴,董纪昌. 有限关注视角下的股市流动性反转效应研究[J]. 管理评论,2020(1):13-28.
[47] 刘志远,花贵如. 投资者情绪与企业投资行为研究述评及展望[J]. 外

国经济与管理,2009(6):45-51.

[48] 罗琦,游学敏,吕纤. 基于网络数据挖掘的资产定价研究述评[J]. 管理学报,2020(1):148-158.

[49] 马丽. 中国股票市场羊群效应实证分析[J]. 南开经济研究,2016(1):144-154.

[50] 欧阳志刚,李飞. 四因子资产定价模型在中国股票市场的适用性研究[J]. 金融经济学研究,2016(2):84-96.

[51] 欧阳资生,李虹宣. 网络舆情对金融市场的影响研究:一个文献综述[J]. 统计与信息论坛,2019(11):122-128.

[52] 彭叠峰. 基于投资者关注的资产定价研究[D]. 长沙:中南大学,2011.

[53] 彭惠. 信息不对称下的羊群行为与泡沫——金融市场的微观结构理论[J]. 金融研究,2000(11):5-19.

[54] 钱宇,李子饶,李强,等. 在线社区支持倾向对股市收益和波动的影响[J]. 管理科学学报,2020(2):141-155.

[55] 潜力,龚之晨. 网络沟通对股票市场的影响——基于投资者有限关注视角的研究[J]. 金融论坛,2021(2):47-58.

[56] 乔海曙,赵昊,粟亚亚. 股票市场"媒体效应"的传导机理研究——基于投资者"有限关注"的视角[J]. 投资研究,2019(3):121-132.

[57] 权小锋,吴世农. 投资者关注、盈余公告效应与管理层公告择机[J]. 金融研究,2010(11):90-107.

[58] 权小锋,吴世农. 投资者注意力、应计误定价与盈余操纵[J]. 会计研究,2012(6):46-53.

[59] 饶育蕾,彭叠峰,成大超. 媒体注意力会引起股票的异常收益吗?——来自中国股票市场的经验证据[J]. 系统工程理论与实践,2010(2):287-297.

［60］饶育蕾，王建新，丁燕．基于投资者有限注意的“应计异象”研究——来自中国A股市场的经验证据［J］．会计研究，2012(5)：59-66.

［61］任瞳，刘洋．琢璞系列报告之十七：投资者情绪能否解释权益基金的超额收益［R］．深圳：招商证券，2020.

［62］任瞳，周靖明．行业动量、景气度与新闻情绪——多维度行业轮动体系探索［R］．深圳：招商证券，2021.

［63］任泽平，陈昌盛．经济周期波动与行业景气变动：因果联系、传导机制与政策含义［J］．经济学动态，2012(1)：19-27.

［64］单敏敏．上市公司广告支出效果研究［D］．武汉：华中科技大学，2015.

［65］尚煜，许文浩．基于经济周期的股票市场行业资产配置研究［J］．经济问题，2020(3)：25-34.

［66］沈可挺，刘煜辉．中国股市中惯性与反向投资策略的获利模式［J］．管理科学学报，2006(6)：43-52.

［67］沈艳．后疫情时代的投资者情绪［J］．新理财（政府理财），2021(8)：14-16.

［68］施荣盛，陈工孟．网络时代的股票市场“自行车定理”——基于股票论坛数据及分析师评级的研究［J］．上海金融，2012(7)：68-73.

［69］施荣盛．投资者关注与分析师评级漂移——来自中国股票市场的证据［J］．投资研究，2012(6)：133-145.

［70］石善冲，朱颖楠，赵志刚，等．基于微信文本挖掘的投资者情绪与股票市场表现［J］．系统工程理论与实践，2018(6)：1404-1412.

［71］石勇，唐静，郭琨．社交媒体投资者关注、投资者情绪对中国股票市场的影响［J］．中央财经大学学报，2017(7)：45-53.

［72］宋冰冰，王海艳．马太效应综述［J］．社会心理科学，2005(1)：11-12.

［73］宋军，吴冲锋．基于分散度的金融市场的羊群行为研究［J］．经济研

究,2001(11):7.

[74] 宋双杰,曹晖,杨坤. 投资者关注与IPO异象——来自网络搜索量的经验证据[J]. 经济研究,2011(S1):145-155.

[75] 孙培源,施东晖. 基于CAPM的中国股市羊群行为研究——兼与宋军,吴冲锋先生商榷[J]. 经济研究,2002(2):65-69.

[76] 孙书娜,孙谦. 投资者关注和股票市场表现——基于雪球关注度的研究[J]. 管理科学学报,2018(6):1-17.

[77] 孙相一. 投资者关注度对下行风险与预期收益的关系的影响研究[D]. 哈尔滨:哈尔滨工业大学,2021.

[78] 汤晓冬,陈少华. 投资者关注、盈余操纵与权益资本成本[J]. 财贸研究,2021(11):83-96.

[79] 唐也然,龙文,石勇. 投资者非理性行为是动量效应产生的原因吗?——来自互联网金融论坛的证据[J]. 证券市场导报,2020(4):62-70.

[80] 唐勇,洪晓梅,朱鹏飞. 有限关注与股市异常特征、羊群效应[J]. 金融理论与实践,2020(1):11-20.

[81] 陶可,张维. 媒体报道与资产价格:一个文献综述[J]. 金融评论,2018(3):112-121,126.

[82] 田冰,刘晓雪,胡俞越. 投资者关注与沪深300股票指数及股指期货波动溢出效应的传导研究——基于百度指数作为投资者关注度指标的考量[J]. 价格理论与实践,2019(1):96-100.

[83] 田金方,杨晓彤,薛瑞,等. 不确定性事件、投资者关注与股市异质特征——以COVID-19概念股为例[J]. 财经研究,2020(11):19-33.

[84] 王春,王进猛. 投资者关注与股票收益率——基于新闻联播报道的实证研究[J]. 系统工程,2020(2):109-121.

[85] 王春丽,吴丽颖. 基于VAR模型的中国创业板羊群效应研究[J]. 数

学的实践与认识,2015(12):100-110.
[86] 王春艳,欧阳令南.价值投资于中国股市的可行性分析[J].财经科学,2004(1):32-36.
[87] 王道平,沈欣燕.投资者关注度、信息披露水平与股票收益率[J].东北财经大学学报,2022(2):75-86.
[88] 王福胜,王也,刘仕煜.网络媒体报道对盈余管理的影响研究——基于投资者异常关注视角的考察[J].南开管理评论,2021(5):116-129.
[89] 王桂玲.投资者关注与盈余价值相关性研究——来自股吧的证据[J].全国流通经济,2020(22):80-82.
[90] 王继恒.分析师跟踪、投资者关注与股价同步性[J].会计师,2018(5):5-8.
[91] 王琳,易家权.中国碳交易市场的非平衡性及异质性分析——基于投资者关注视角的实证考察[J].工业技术经济,2022(4):111-121.
[92] 王睿.证券市场整体表现和显性投资者情绪互动关系研究[D].上海:上海财经大学,2007.
[93] 王晓宇,杨云红.经济政策不确定性如何影响股价同步性?——基于有限关注视角[J].经济科学,2021(5):99-113.
[94] 王永宏,赵学军.中国股市"惯性策略"和"反转策略"的实证分析[J].证券市场导报,2001(6):28-33.
[95] 王竹葳,孙浩瀚,宋成松.投资者关注与碳交易市场收益率——基于面板数据的实证研究[J].工业技术经济,2021(10):3-14.
[96] 文凤华,肖金利,黄创霞,等.投资者情绪特征对股票价格行为的影响研究[J].管理科学学报,2014(3):60-69.
[97] 吴福龙,曾勇,唐小我.羊群效应理论及其对中国股市的现实意义[J].预测,2003(2):62-68.
[98] 吴可可.投资者注意定价因子构建及其应用研究[D].成都:西南交

通大学,2021.

[99] 席岑,王茗萱,刘轶芳,等. 投资者对上市公司负面环境事件的关注及其市场反应[J]. 环境经济研究,2018(4):46-70.

[100] 向诚,陈逢文. 投资者有限关注、公司业务复杂度与盈余惯性[J]. 管理评论,2019(11):212-223.

[101] 向诚,陆静. 本地投资者有信息优势吗?基于百度搜索的实证研究[J]. 中国管理科学,2019(4):25-36.

[102] 向诚,陆静. 投资者有限关注、行业信息扩散与股票定价研究[J]. 系统工程理论与实践,2018(4):817-835.

[103] 肖军,徐信忠. 中国股市价值反转投资策略有效性实证研究[J]. 经济研究,2004(3):55-64.

[104] 肖奇,屈文洲. 投资者关注、资产定价与股价同步性研究综述[J]. 外国经济与管理,2017(11):120-137.

[105] 肖奇,沈华玉. 媒体关注、投资者异质信念与股价同步性[J]. 财贸研究,2021(10):99-110.

[106] 徐信忠,郑纯毅. 中国股票市场动量效应成因分析[J]. 经济科学,2006(1):85-99.

[107] 徐雨迪. 社交媒体大数据和股票市场的研究述评与探索[J]. 中国市场,2022(11):45-49,102.

[108] 许海川,周炜星. 情绪指数与市场收益:纳入中国波指(iVX)的分析[J]. 管理科学学报,2018(1):88-96.

[109] 许年行,于上尧,伊志宏. 机构投资者羊群行为与股价崩盘风险[J]. 管理世界,2013(7):31-43.

[110] 薛宇峰. 中国股市投资者羊群行为及其市场效应的实证研究[J]. 山东社会科学,2013(10):95-100.

[111] 阎畅. 中国股票市场动量反转特征研究[D]. 北京:中央财经大

学,2019.

[112] 杨涛,郭萌萌. 投资者关注度与股票市场——以 PM2.5 概念股为例[J]. 金融研究,2019(5):190-206.

[113] 杨炘,陈展辉. 中国股票市场惯性和反转投资策略实证研究[J]. 清华大学学报:自然科学版,2004(6):758-761.

[114] 杨阳,万迪昉. 不同市态下投资者情绪与股市收益、收益波动的异化现象——基于上证股市的实证分析[J]. 系统工程,2010(1):19-23.

[115] 姚远,王瑞倩. 宏观经济、投资者情绪与股指收益率的非对称性研究[J]. 价格理论与实践,2021(1):124-127,174.

[116] 伊志宏,杨圣之,陈钦源. 分析师能降低股价同步性吗——基于研究报告文本分析的实证研究[J]. 中国工业经济,2019(1):156-173.

[117] 易志高,茅宁. 中国股市投资者情绪测量研究:CICSI 的构建[J]. 金融研究,2009(11):174-184.

[118] 尹海员. 个体特征、社会网络关系与投资者情绪[J]. 上海财经大学学报,2020(5):109-123,137.

[119] 俞庆进,张兵. 投资者有限关注与股票收益——以百度指数作为关注度一项实证研究[J]. 金融研究,2012(8):152-165.

[120] 俞庆进. 投资者关注和股票市场表现——基于百度指数的实证研究[D]. 南京:南京大学,2013.

[121] 虞跃斌,李新路. 中国股市个体投资者羊群行为的实证研究[J]. 山东社会科学,2007(2):115-118.

[122] 苑莹,樊晓倩. 投资者异常关注与成交量和波动率的交叉相关性及传导方向——基于复杂性理论视角[J]. 系统管理学报,2019(2):294-304.

[123] 曾振,张俊瑞,于忠泊. 机构投资者持股对应计异象的影响[J]. 系统工程,2012(5):1-8.

[124] 张继德,廖微,张荣武. 普通投资者关注对股市交易的量价影响——基于百度指数的实证研究[J]. 会计研究,2014(8):52-59.

[125] 张强,杨淑娥. 噪声交易,投资者情绪波动与股票收益[J]. 系统工程理论与实践,2009(3):40-47.

[126] 张欣慰,张宇. 动量类因子全解析[R]. 北京:国信证券经济研究所,2021.

[127] 张学勇,吴雨玲. 基于网络大数据挖掘的实证资产定价研究进展[J]. 经济学动态,2018(6):129-140.

[128] 张羽乔. 我国股票市场的行业轮动性分析[J]. 中国商论,2017(32):34-36.

[129] 张跃军,李书慧. 投资者关注度对国际原油价格波动的影响研究[J]. 系统工程理论与实践,2020(10):2519-2529.

[130] 赵红红,黄春燕. 基于行为金融学视角分析中国股票市场"羊群效应"[J]. 商,2013(10):226.

[131] 赵龙凯,陆子昱,王致远. 众里寻"股"千百度——股票收益率与百度搜索量关系的实证探究[J]. 金融研究,2013(4):183-195.

[132] 周亮. 投资者关注与股市收益——基于股吧数据挖掘的实证分析[J]. 金融发展研究,2021(4):60-68.

[133] 周亮. 投资者情绪及其对股票市场的影响研究[J]. 湖南财政经济学院学报,2017(3):94-100.

[134] 朱红军,何贤杰,陶林. 中国的证券分析师能够提高资本市场的效率吗——基于股价同步性和股价信息含量的经验证据[J]. 金融研究,2007(2):110-121.

[135] 朱慧文. 投资者关注度对5G概念股市场表现的影响[D]. 哈尔滨:哈尔滨工业大学,2021.

[136] Aboody D, Hughes J, Liu J, et al. Are executive stock option

exercises driven by private information? [J]. Review of Accounting Studies, 2008(4):551-570.

[137] Aboody D, Lehavy R, Trueman B. Limited attention and the earnings announcement returns of past stock market winners[J]. Review of Accounting Studies, 2010(2):317-344.

[138] Acemoglu D, Ozdaglar A, ParandehGheibi A. Spread of (mis) information in social networks[J]. Games and Economic Behavior, 2010(2):194-227.

[139] Ackert L F, Jiang L, Lee H S, et al. Influential investors in online stock forums[J]. International Review of Financial Analysis, 2016 (45):39-46.

[140] Aggarwal D. Defining and measuring market sentiments: A review of the literature[J]. Qualitative Research in Financial Markets, 2019(1):1-19.

[141] Ahmed A S, Safdar I. Dissecting stock price momentum using financial statement analysis[J]. Accounting and Finance, 2018(1): 1-41.

[142] Antweiler W, Frank M Z. Is all that talk just noise? The information content of internet stock message boards[J]. The Journal of Finance, 2004(3):1259-1294.

[143] Aouadi A, Arouri M, Teulon F. Investor attention and stock market activity: Evidence from France[J]. Economic Modelling, 2013(35):674-681.

[144] Asem E, Tian G Y. Market dynamics and momentum profits[J]. The Journal of Financial and Quantitative Analysis, 2010(6):1549-1562.

[145] Asness C S, Moskowitz T J, Pedersen L H. Value and momentum everywhere[J]. The Journal of Finance, 2013(3):929-985.

[146] Bagnoli M, Beneish M D, Watts S G. Whisper forecasts of quarterly earnings per share [J]. Journal of Accounting and Economics, 1999(1):27-50.

[147] Baker M, Pan X, Wurgler J. The effect of reference point prices on mergers and acquisitions [J]. Journal of Financial Economics, 2012(1):49-71.

[148] Baker M, Stein J C. Market liquidity as a sentiment indicator[J]. Harvard Institute of Economic Research Working Papers, 2002.

[149] Baker M, Wurgler J. The equity share in new issues and aggregate stock returns[J]. The Journal of Finance, 2000(5):2219-2257.

[150] Baker M, Wurgler J. Investor sentiment in the stock market[J]. Journal of Economic Perspectives, 2007(2):129-152.

[151] Banerjee A V. A simple model of herd behavior[J]. The Quarterly Journal of Economics, 1992(3):797-817.

[152] Bank M, Larch M, Peter G. Google search volume and its influence on liquidity and returns of German stocks[J]. Financial Markets and Portfolio Management, 2011(3):239.

[153] Barabási A L, Albert R. Emergence of scaling in random networks[J]. Science, 1999(5439):509-512.

[154] Barber, B. Noise trading and prime and score premiums [J]. Journal of Empirical Finance, 1994(1):251-278.

[155] Barber B M, Lee Y T, Liu Y J, et al. Just how much do individual investors lose by trading? [J]. The Review of Financial Studies, 2008(2):609-632.

[156] Barber B M, Odean T, Zhu N. Do retail trades move markets? [J]. The Review of Financial Studies, 2008(1):151-186.

[157] Barber B M, Odean T. All that glitters:The effect of attention and news on the buying behavior of individual and institutional investors[J]. Review of Financial Studies, 2008(21):785-818.

[158] Barberis N, Huang M, Santos T. Prospect theory and asset prices[J]. The Quarterly Journal of Economics, 2001(1):1-53.

[159] Barberis N, Shleifer A, Vishny R. A model of investor sentiment[J]. Journal of Financial Economics, 1998(3):307-343.

[160] Barberis N. Investing for the long run when returns are predictable[J]. The Journal of Finance, 2000(1):225-264.

[161] Bartov E, Faurel L, Mohanram P S. Can Twitter help predict firm-level earnings and stock returns? [J]. The Accounting Review, 2017(3):25-57.

[162] Basu D, Stremme A. CAPM and time-varying beta: The cross-section of expected returns[J]. SSRN Electronic Journal, 2007(3): 1-30.

[163] Basu S. Investment performance of common stocks in relation to their price earnings ratios: A test of the efficient market hypothesis[J]. The Journal of Finance, 1977(32):663-682.

[164] Benjamin F K. Market and industry factors in stock price behavior[J]. Journal of Business,1966(1):139-190.

[165] Ben-Rephael A, Zhi D, Israelsen R D. It depends on where you search: Institutional investor attention and underreaction to news[J]. Review of Financial Studies, 2017(9):3009-3047.

[166] Bentley R A, Ormerod P, Batty M. Evolving social influence in

large populations [J]. Behavioral Ecology and Sociobiology, 2011(3):537-546.

[167] Bera A K, Jarque C M. Model specification tests: A simultaneous approach[J]. Journal of Econometrics, 1982(1):59-82.

[168] Black F. Noise[J]. The Journal of Finance, 1986(41):529-543.

[169] Blankespoor E, Miller G S, White H D. The role of dissemination in market liquidity: Evidence from firms' use of Twitter[J]. The Accounting Review, 2014(1):79-112.

[170] Blitz D. The quant cycle[J]. The Journal of Portfolio Management, 2021(2):26-43.

[171] Borghol Y, Ardon S, Carlsson N, et al. The untold story of the clones: Content-agnostic factors that impact YouTube video popularity[C]. Proceedings of the 18th ACM SIGKDD International Conference on Knowledge Discovery and Data Mining, 2012:1186-1194.

[172] Bormann S K. Sentiment indices on financial markets: What do they measure? [R]. Economics Discussion Papers, 2013.

[173] Boswijk H P, Hommes C H, Manzan S. Behavioral heterogeneity in stock prices[J]. Journal of Economic Dynamics and Control, 2007(6):1938-1970.

[174] Broadbent D E. Perception and communication[M]. New York: Oxford University Press, 1958.

[175] Brodie H. Odd-lot trading on the New York stock exchange and financial decentralization [J]. Southern Economic Journal, 1940(3):488-497.

[176] Brown G W, Cliff M T. Investor sentiment and the near-term stock

market[J]. Journal of Empirical Finance, 2004(1):1-27.

[177] Brown G W, Cliff M T. Investor sentiment and asset valuation[J]. Journal of Business, 2005(2):405-440.

[178] Carhart M M. On persistence in mutual fund performance[J]. The Journal of Finance, 1997(1):57-82.

[179] Chan L K C, Hamao Y, Lakonishok J. Fundamentals and stock returns in Japan[J]. The Journal of Finance, 1991(46):1736-1764.

[180] Chemmanur T, Yan A. Product market advertising and new equity issues[J]. Journal of Financial Economics, 2009(1):40-65.

[181] Chen C D, Cheng C M, Demirer R. Oil and stock market momentum[J]. Energy Economics, 2017(68):151-159.

[182] Chen H, De P, Hu Y J, et al. Wisdom of crowds: The value of stock opinions transmitted through social media[J]. The Review of Financial Studies, 2014(5):1367-1403.

[183] Chen S, Visano B S, Lui M, et al. Evidence and effects of social referencing investor behaviour during market bubbles[J]. Social Science Electronic Publishing, 2010(4):359-366.

[184] Chen Y, Han B, Pan J. Sentiment trading and hedge fund returns[J]. The Journal of Finance, 2021(4):2001-2033.

[185] Chen Y W, Chou R K, Lin C B. Investor sentiment, SEO market timing, and stock price performance[J]. Journal of Empirical Finance, 2019(51):28-43.

[186] Chen Z, Lu A. Slow diffusion of information and price momentum in stocks: Evidence from options markets[J]. Journal of Banking and Finance, 2016(5):1-51.

[187] Chiang T C, Li J, Lin T. Empirical investigation of herding behavior in

Chinese stock markets: Evidence from quantile regression analysis [J]. Global Finance Journal, 2010(1):111-124.

[188] Chordia T, Shivakumar L. Earnings and price momentum[J]. Journal of Financial Economics, 2006(3):627-656.

[189] Chui A C W, Titman S, Wei K C J. Individualism and momentum around the world[J]. The Journal of Finance, 2010(1):361-392.

[190] Cohen L, Frazzini A. Economic links and predictable returns[J]. The Journal of Finance, 2008(4):1977-2011.

[191] Cohen R B, Polk C, Vuolteenaho T. The value spread[J]. The Journal of Finance, 2003(2):609-641.

[192] Conrad J, Yavuz M D. Momentum and reversal: Does what goes up always come down?[J]. Review of Finance, 2017(2):555-581.

[193] Cooper M J, Gutierrez Jr R C, Hameed A. Market states and momentum[J]. The Journal of Finance, 2004(3):1345-1365.

[194] Da Z, Engelberg J, Gao P. In search of attention[J]. The Journal of Finance, 2011(5):1461-1499.

[195] Da Z, Gurun U G, Warachka M. Frog in the pan: Continuous information and momentum[J]. The Review of Financial Studies, 2014(7):2171-2218.

[196] Daniel K, Hirshleifer D, Subrahmanyam A. Investor psychology and security market under and overreactions[J]. The Journal of Finance, 1998(6):1839-1885.

[197] Daniel K, Hirshleifer D, Teoh S H. Investor psychology in capital markets: Evidence and policy implications[J]. Journal of Monetary Economics, 2002(1):139-209.

[198] Das S R, Chen M Y. Yahoo! For Amazon: Sentiment extraction

from small talk on the web[J]. Management Science, 2007(9): 1375-1388.

[199] De Bondt W, Thaler R. Does the stock market overreact? [J]. The Journal of Finance, 1985(40):793-808.

[200] De Bondt W, Thaler R. Further evidence on investor overreaction and stock market seasonality[J]. The Journal of Finance, 1987(3): 557-581.

[201] De Long J B, Shleifer A, Summers L H, et al. Positive feedback investment strategies and destabilizing rational speculation[J]. The Journal of Finance, 1990(2):379-395.

[202] DellaVigna S, Pollet J M. Investor inattention and Friday earnings announcements[J]. The Journal of Finance, 2009(2):709-749.

[203] Derrien F, Kecskés A. How much does investor sentiment really matter for equity issuance activity? [J]. European Financial Management, 2009(4):787-813.

[204] Deutsch J A, Deutsch D. Attention:Some theoretical considerations[J]. Psychological Review, 1963(1):80.

[205] Dickey D A, Fuller W A. Distribution of the estimators for autoregressive time series with aunit root [J]. Journal of the American Statistical Association, 1979(366a):427-431.

[206] Dimpfl T, Jank S. Can internet search queries help to predict stock market volatility? [J]. European Financial Management, 2016(2): 171-192.

[207] Dong F, Doukas J A. When fund management skill is more valuable? [J]. European Financial Management, 2020(2):455-502.

[208] Doukas J A, Mcknight P J. European momentum strategies,

information diffusion, and investor conservatism [J]. European Financial Management, 2005(3):313-338.

[209] Du D, Denning K. Industry momentum and common factors[J]. Finance Research Letters, 2005(3):107-124.

[210] Engelberg J E, Reed A V, Ringgenberg M C. How are shorts informed: Short sellers, news, and information processing [J]. Journal of Financial Economics, 2012(2):260-278.

[211] Engelberg J, Sasseville C, Williams J. Market madness? The case of mad money[J]. Management Science, 2012(2):351-364.

[212] Engle R F. Autoregressive conditional heteroscedasticity with estimates of the variance of United Kingdom inflation [J]. Econometrica: Journal of the Econometric Society, 1982 (4): 987-1007.

[213] Falkinger J. Limited attention as a scarce resource in information-rich economies[J]. The Economic Journal, 2008(532):1596-1620.

[214] Fama E F, French K R. The cross-section of expected stock returns[J]. The Journal of Finance, 1992(47):427-465.

[215] Fama E F, French K R. Common risk factors in the returns on stocks and bonds[J]. Journal of Financial Economics, 1993(1): 3-56.

[216] Fama E F, French K R. Value versus growth: The international evidence[J]. The Journal of Finance, 1998(6):1975-1999.

[217] Fama E F, French K R. A five-factor asset pricing model[J]. Journal of Financial Economics, 2015(116):1-22.

[218] Fama E F, French K R. Size, value, and momentum in international stock returns[J]. Journal of Financial Economics,

2012(3):457-472.

[219] Fang D, Olteanu-Veerman D. The case for factor investing in China A shares[J]. The Journal of Index Investing, 2020(2): 76-91.

[220] Fishbein M, Ajzen I. Belief, attitude, intention and behavior: An introduction to theory and research[J]. Philosophy and Rhetoric, 1977(2):130-132.

[221] Fisher K L, Statman M. Investor sentiment and stock returns[J]. Financial Analysts Journal, 2000(2):16-23.

[222] Frank M Z, Sanati A. How does the stock market absorb shocks? [J]. Journal of Financial Economics, 2018(1):136-153.

[223] French K R, Roll R. Stock return variances: The arrival of information and the reaction of traders[J]. Journal of Financial Economics, 1986(17):5-26.

[224] Froot K A, Scharftstein D S, Stein J C. Herd on the street: informational inefficiencies in a market with short-term speculation[J]. The Journal of Finance, 1992(47):1461-1484.

[225] Gabaix X, Laibson D, Moloche G, et al. Costly information acquisition: Experimental analysis of a boundedly rational model[J]. American Economic Review, 2006(4):1043-1068.

[226] Gabaix X, Laibson D, Moloche G, et al. The allocation of attention: Theory and evidence[J]. SSRN Electronic Journal, 2003(8):1-45.

[227] Gabaix X, Laibson D. Bounded rationality and directed cognition[J]. Harvard University, 2005:20.

[228] Gabaix X, Laibson D. The 6D bias and the equity-premium puzzle[J]. NBER Macroeconomics Annual, 2001(16):257-312.

[229] Galariotis E C, Rong W, Spyrou S I. Herding on fundamental information: A comparative study [J]. Journal of Banking and Finance, 2015(50):589-598.

[230] Gao L, Süss S. Market sentiment in commodity futures returns[J]. Journal of Empirical Finance, 2015(33):84-103.

[231] Gao X, Gu C, Koedijk K. Institutional investor sentiment and aggregate stock returns[J]. European Financial Management, 2021(5):899-924.

[232] George T J, Hwang C. Long-term return reversals: Overreaction or taxes? [J]. The Journal of finance, 2007(6):2865-2896.

[233] George T J, Hwang C Y. The 52-week high and momentum investing[J]. The Journal of Finance, 2004(5):2145-2176.

[234] Gervais S, Kaniel R, Mingelgrin D H. The high-volume return premium[J]. The Journal of Finance, 2001(3):877-919.

[235] Gervais S, Odean T. Learning to be overconfident[J]. The Review of Financial Studies, 2001(1):1-27.

[236] Gilbert T, Kogan S, Lochstoer L, et al. Investor inattention and the market impact of summary statistics[J]. Management Science, 2012(2):336-350.

[237] Glaser M, Schmitz P, Weber M. Individual investor sentiment and stock returns-what do we learn from warrant traders? [J]. SSRN Electronic Journal, 2009:1-34.

[238] Gleeson J P, Cellai D, Onnela J P, et al. A simple generative model of collective online behavior[J]. Proceedings of the National Academy of Sciences, 2014(29):10411-10415.

[239] Gong Y. Does the momentum strategy work at the industry level?

Evidence from the Chinese stock market[J]. Emerging Markets Finance and Trade, 2017(5):1072-1092.

[240] Goodman D A, Peavy III J W. An interactive approach to pension fund asset management[J]. Economics, 1983(1):1-30.

[241] Greenwood R, Shleifer A. Expectations of returns and expected returns[J]. The Review of Financial Studies, 2014(3):714-746.

[242] Grinblatt M, Titman S, Wermers R. Momentum investment strategies, portfolio performance, and herding:A study of mutual fund behavior[J]. The American Economic Review, 1995(5):1088-1105.

[243] Grundy B D, Martin J S M. Understanding the nature of the risks and the source of the rewards to momentum investing[J]. The Review of Financial Studies, 2001(1):29-78.

[244] Gu A, Kurov P. Informational role of social media:Evidence from Twitter sentiment[J]. Journal of Banking and Finance, 2020(10):1-46.

[245] Hamilton J D. Time series analysis[M]. Princeton: Princeton University Press, 1994.

[246] Hao Y, Chou R K, Ko K C. The 52-week high, momentum, and investor sentiment[J]. International Review of Financial Analysis, 2018(57):167-183.

[247] Harris M, Raviv A. Differences of opinion make a horse race[J]. The Review of Financial Studies, 1993(3):473-506.

[248] Hashem N, Larry S. Industry concentration and the cross-section of stock returns:Evidence from the UK[J]. Journal of Business Economics and Management, 2015(4):769-785.

[249] Heiberger R H. Collective attention and stock prices: Evidence from Google trends data on standard and poor's 100[J]. PloS One, 2015(8):e0135311.

[250] Heiberger R H. Shifts in collective attention and stock networks[C]. International Conference on Computational Social Networks, 2015: 296-306.

[251] Heiden S, Klein C, Zwergel B. Beyond fundamentals: Investor sentiment and exchange rate forecasting[J]. European Financial Management, 2013(3):558-578.

[252] Herzog S M, Hertwig R. The wisdom of ignorant crowds: Predicting sport outcomes by mere recognition[J]. Judgment and Decision Making, 2011(1):58-72.

[253] Hirshleifer D A, Myers J N, Myers L A, et al. Do individual investors cause post-earnings announcement drift? Direct evidence from personal trades[J]. The Accounting Review, 2008(6): 1521-1550.

[254] Hirshleifer D, Lim S S, Teoh S H. Driven to distraction: Extraneous events and underreaction to earnings news[J]. The Journal of Finance, 2009(5):2289-2325.

[255] Hirshleifer D, Lim S S, Teoh S H. Limited investor attention and stock market misreactions to accounting information[J]. The Review of Asset Pricing Studies, 2011(1):35-73.

[256] Hirshleifer D, Teoh S H. Limited attention, information disclosure, and financial reporting[J]. Journal of Accounting and Economics, 2003(1-3):337-386.

[257] Hong H, Lim T, Stein J C. Bad news travels slowly:Size, analyst

coverage, and the profitability of momentum strategies[J]. The Journal of Finance, 2000(1):265-295.

[258] Hong H, Stein J C. A unified theory of underreaction, momentum trading, and overreaction in asset markets[J]. The Journal of Finance, 1999(6):2143-2184.

[259] Hong H, Torous W, Valkanov R. Do industries lead stock markets?[J]. Journal of Financial Economics, 2007(2):367-396.

[260] Hou K, Moskowitz T J. Market frictions, price delay, and the cross-section of expected returns[J]. The Review of Financial Studies, 2005(3):981-1020.

[261] Hou K, Xiong W, Peng L. A tale of two anomalies: The implications of investor attention for price and earnings momentum[J]. SSRN Electronic Journal, 2008(8):1-43.

[262] Hou L, Pan X, Guo Q, et al. Memory effect of the online user preference[J]. Scientific Reports, 2014(4):6560.

[263] Huberman G, Regev T. Contagious speculation and a cure for cancer: A nonevent that made stock prices soar[J]. The Journal of Finance, 2001(1):387-396.

[264] Huynh H D, Dang L M, Duong D. A new model for stock price movements prediction using deep neural network[C]. Proceedings of the Eighth International Symposium on Information and Communication Technology, 2017(12):57-62.

[265] Hwang S, Salmon M H, Mark H. A new measure of herding and empirical evidence [R]. Warwick Business School, Financial Econometrics Research Centre, 2001.

[266] Jaffe J F, Keim D B, Westerfield R. Earnings yields market values

and stock returns[J]. The Journal of Finance, 1989(50):135-147.

[267] Jegadeesh N, Titman S. Profitability of momentum strategies: An evaluation of alternative explanations[J]. The Journal of Finance, 2001(2):699-720.

[268] Jegadeesh N, Titman S. Returns to buying winners and selling losers: Implications for stock market efficiency[J]. The Journal of Finance, 1993(1):65-91.

[269] Jiang F, et al. Manager sentiment and stock returns[J]. Journal of Financial Economics, 2019(132):126-149.

[270] Jin J Y. Investor attention and stock mispricing[J]. Accounting Perspectives, 2014(2):123-147.

[271] Jin L, Myers S C. R2 around the world: New theory and new tests [J]. Journal of Financial Economics, 2006(2): 257-292.

[272] Johnston W A, Howell W C, Goldstein I L. Human vigilance as a function of signal frequency and stimulus density[J]. Journal of Experimental Psychology, 1966(5):736.

[273] Johnston W A. Individual performance and self-evaluation in a simulated team[J]. Organizational Behavior and Human Performance, 1967(3): 309-328.

[274] Joseph K, Wintoki M B, Zhang Z. Forecasting abnormal stock returns and trading volume using investor sentiment: Evidence from online search [J]. International Journal of Forecasting, 2011 (4): 1116-1127.

[275] Kahneman D. Attention and effort [M]. Upper Saddle River: Prentice-Hall Inc., 1973.

[276] Kahneman D. Maps of bounded rationality: Psychology for

behavioral economics[J]. American Economic Review, 2003(5): 1449-1475.

[277] Kaivanto K, Zhang Z. Investor sentiment as a predictor of market returns[J]. Lancaster University Management School Working Paper, 2019(6):1-43.

[278] Karlsson N, Loewenstein G, Seppi D. The ostrich effect: Selective attention to information[J]. Journal of Risk and Uncertainty, 2009(2): 95-115.

[279] Kaustia M, Knüpfer S. Peer performance and stock market entry[J]. Journal of Financial Economics, 2012(2):321-338.

[280] Kendall M G. A new measure of rank correlation[J]. Biometrika, 1938(1/2):81-93.

[281] Kim J B, Wang Z, Zhang L. CEO overconfidence and stock price crash risk[J]. Contemporary Accounting Research, 2016(4): 1720-1749.

[282] Kim J B, Zhang L. Accounting conservatism and stock price crash risk: Firm-level evidence[J]. Contemporary Accounting Research, 2016(1):412-441.

[283] Kim N, Lučivjanská K, Molnár P, et al. Google searches and stock market activity: Evidence from Norway[J]. Finance Research Letters, 2018(5):1-15.

[284] Kostopoulos D, Meyer S, Uhr C. Ambiguity and investor behavior[J]. SAFE Working Paper Series, 2020.

[285] Kristoufek L. BitCoin meets Google Trends and Wikipedia: Quantifying the relationship between phenomena of the Internet era[J]. Scientific Reports, 2013(3):3415.

[286] Kumar A, Lee C. Retail investor sentiment and return comovements[J]. The Journal of Finance, 2006(5):2451-2486.

[287] Kumar A, Lei Z, Zhang C. Dividend sentiment, catering incentives, and return predictability[J]. Journal of Corporate Finance, 2022(72):102128.

[288] Kwiatkowski D, Phillips P C B, Schmidt P, et al. Testing the null hypothesis of stationarity against the alternative of a unit root: How sure are we that economic time series have a unit root? [J]. Journal of Econometrics, 1992(1-3):159-178.

[289] Lakonishok J, Shleifer A, Vishny R W. The impact of institutional trading on stock prices[J]. Journal of Financial Economics, 1992(1): 23-43.

[290] Lakonishok J, Shleifer A, Vishny R W. Contrarian investment extrapolation and risk[J]. The Journal of Finance, 1993(5): 1548-1551.

[291] Lambert R A. Discussion of "limited attention, information disclosure, and financial reporting"[J]. Journal of Accounting and Economics, 2003(1-3):387-400.

[292] Lee C, Shleifer A, Thaler R H. Investor sentiment and the closed-end fund puzzle[J]. The Journal of Finance, 1991(1):75.

[293] Lee C M C, Swaminathan B. Price momentum and trading volume[J]. Social Science Electronic Publishing, 2000(5):2017-2069.

[294] Lee W Y, Jiang C X, Indro D C. Stock market volatility, excess returns, and the role of investor sentiment[J]. Journal of Banking and Finance, 2002(12):2277-2299.

[295] Lemmon M, Portniaguina E. Consumer confidence and asset

prices: Some empirical evidence [J]. The Review of Financial Studies, 2006(4):1499-1529.

[296] Lewellen J. Momentum and autocorrelation in stock returns[J]. Review of Financial Studies, 2002(2):533-563.

[297] Li L, Galvani V. Market states, sentiment, and momentum in the corporate bond market[J]. Journal of Banking and Finance, 2018(89): 249-265.

[298] Li Q, Wang T J, Li P, et al. The effect of news and public mood on stock movements [J]. Information Sciences, 2014 (278): 826-840.

[299] Li S N, Guo Q, Yang K, et al. Uncovering the popularity mechanisms for Facebook applications[J]. Physica A: Statistical Mechanics and Its Applications, 2018(494):422-429.

[300] Li X, Hendler J, Teall J L. Characterize investor attention on the social web[J]. Journal of Behavioral Finance, 2013(4):1-52.

[301] Li Z, Wang F, Dong X. Are all investment decisions to subscribe to new stocks mindless? : Investor heterogeneity and behavior in the process of subscribing to new stocks[J]. China Journal of Accounting Research, 2016(4):283-304.

[302] Liu H C, Fu Y F. Sources of industry momentum effect-weekly data evidence[J]. Journal of Economics and Management, 2011(1): 23-42.

[303] Liu J G, Zhou T, Guo Q. Information filtering via biased heat conduction[J]. Physical Review E, 2011(3):037101.

[304] Liu Y J, Zhang Z, Zhao L. Speculation spillovers[J]. Management Science, 2014(3):649-664.

[305] Livingston M. Industry movements of common stocks[J]. The Journal of Finance, 1977(3):861-874.

[306] Ljungqvist A, Cornelli F, Goldreich D. Investor sentiment and Pre-IPO markets[J]. The Journal of Finance, 2006(3):1187-1216.

[307] Lo A W, Mackinlay A C. Stock market prices do not follow random walks: Evidence from a simple specification test[J]. Review of Financial Studies, 1988(1):41-66.

[308] Lo A W, MacKinlay A C. When are contrarian profits due to stock market overreaction? [J]. The Review of Financial Studies, 1990(2): 175-205.

[309] Loewenstein G, Lerner J S. Handbook of affective science: The role of affect in decision making[M]. London: Oxford University Press, 2003.

[310] Loewenstein M. On optimal portfolio trading strategies for an investor facing transactions costs in a continuous trading market[J]. Journal of Mathematical Economics, 2000(33):209-228.

[311] Loh R K, Stulz R M. When are analyst recommendation changes influential? [J]. The Review of Financial Studies, 2010 (2): 593-627.

[312] Long W, Zhao M, Tang Y. Can the Chinese volatility index reflect investor sentiment? [J]. International Review of Financial Analysis, 2021(73):101612.

[313] Lou D. Attracting investor attention through advertising[J]. The Review of Financial Studies, 2014(6):1797-1829.

[314] Lou D. Maximizing short-term stock prices through advertising[J]. SSRN Electronic Journal, 2010(11):1-44.

[315] Loughran T, McDonald B. IPO first-day returns, offer price revisions, volatility, and form S-1 language [J]. Journal of Financial Economics, 2013(2):307-326.

[316] Luo Y, Young E R. Risk-sensitive consumption and savings under rational inattention[J]. Macroeconomics, 2010(4):281-325.

[317] Luo Y. Rational inattention, long-run consumption risk, and portfolio choice [J]. Review of Economic Dynamics, 2010 (4): 843-860.

[318] Mackay C. Memoirs of extraordinary popular delusions and the madness of crowds[M]. Oxfordshire: George Routledge and Sons, 1869.

[319] MacKinnon J G. Critical values for cointegration tests[R]. Queen's Economics Department Working Paper, 2010.

[320] Maćkowiak B, Matějka F, Wiederholt M. Dynamic rational inattention: Analytical results [J]. Journal of Economic Theory, 2018(176):650-692.

[321] Maćkowiak B, Wiederholt M. Business cycle dynamics under rational inattention [J]. The Review of Economic Studies, 2015 (4):1502-1532.

[322] Maio P, Philip D. Economic activity and momentum profits: Further evidence[J]. Journal of Banking and Finance, 2018(88): 466-482.

[323] Maknickiene N, Lapinskaite I, Maknickas A, et al. Application of ensemble of recurrent neural networks for forecasting of stock market sentiments[J]. Equilibrium Quarterly Journal of Economics and Economic Policy, 2018(1):7-27.

[324] Mbanga C, Darrat A F, Park J C. Investor sentiment and aggregate stock returns: The role of investor attention[J]. Review of Quantitative Finance and Accounting, 2019(2):397-428.

[325] Miles L. Industry movements of common stocks[J]. The Journal of Finance, 1977(3):861-874.

[326] Matějka F, McKay A. Rational inattention to discrete choices: A new foundation for the multinomial logit model[J]. American Economic Review, 2015(1):272-298.

[327] McIntyre D. Turning Wall Street on its head[N]. TIME Magazine (Online Edition), 2009-05-29.

[328] McLeod A I, Li W K. Diagnostic checking ARMA time series models using squared-residual autocorrelations[J]. Journal of Time Series Analysis, 1983(4):269-273.

[329] Mennis E A. The wisdom of crowds: Why the many are smarter than the few and how collective wisdom shapes business[J]. Personnel Psychology, 2010(4):982-985.

[330] Merrill. The investment clock, special report: Making money from Macro[R]. Merrill Lynch, 2004.

[331] Merton R C. A simple model of capital market equilibrium with incomplete information[J]. The Journal of Finance, 1987(3): 483-510.

[332] Mitchell M L, Mulherin J H. The impact of public information on the stock market[J]. The Journal of Finance, 1994(3):923-950.

[333] Mittal A, Goel A. Stock prediction using Twitter sentiment analysis[J]. Stanford University Working Paper, 2012(15):2352.

[334] Mollick E, Nanda R. Wisdom or madness? Comparing crowds with

expert evaluation in funding the arts[J]. Management Science, 2015(6):1533-1553.

[335] Mondria J, Wu T, Zhang Y. The determinants of international investment and attention allocation: Using internet search query data[J]. Journal of International Economics, 2010(1):85-95.

[336] Morck R K, Yeung B, Yu W. The information content of stock markets: Why do emerging markets have synchronous stock price movements? [J]. Journal of Financial Economics, 2000 (1): 215-260.

[337] Moskowitz T J, Grinblatt M. Do industries explain momentum? [J]. The Journal of Finance, 1999(4):1249-1290.

[338] Nartea, Hb B, Ji W B. Investor sentiment and the economic policy uncertainty premium [J]. Pacific-Basin Finance Journal, 2020 (64):101438.

[339] Nayak S. Investor sentiment and corporate bond yield spreads[J]. Review of Behavioral Finance, 2010(2):59-80.

[340] Newey W, West K. A simple, positive semi-definite, heteroskedasticity and autocorrelation consistent covariance matrix[J]. Econometrica, 1987(3):703-708.

[341] Ng L, Wu F, Yu J, et al. Foreign investor heterogeneity and stock liquidity around the world[J]. Review of Finance, 2015 (5): 1867-1910.

[342] Nofer M, Hinz O. Using Twitter to predict the stock market[J]. Business and Information Systems Engineering, 2015(4):229-242.

[343] Nwozo C R, Nkeki C I. Optimal portfolio and strategic consumption planning in a life-cycle of a pension plan member in a

defined contributory pension scheme[J]. IAENG International Journal of Applied Mathematics, 2011(4):299-309.

[344] Omay T, Iren P. Behavior of foreign investors in the Malaysian stock market in times of crisis:A nonlinear approach[J]. Journal of Asian Economics, 2018(11):1-44.

[345] O'Neal E S. Industry momentum and sector mutual funds[J]. Financial Analysts Journal, 2000(4):37-49.

[346] Pan L, Tang Y, Xu J. Weekly momentum by return interval ranking[J]. Pacific-Basin Finance Journal, 2013(1):1191-1208.

[347] Pan M S, Liano K, Huang G C. Industry momentum strategies and auto correlations in stock returns[J]. Journal of Empirical Finance, 2004(2):185-202.

[348] Pang B, Lee L. Foundations and trends in information retrieval[J]. Now Publishers, 2008(2):1-35.

[349] Pashler H, Johnston J C, Ruthruff E. Attention and performance[J]. Annual Review of Psychology, 2001(1):629-651.

[350] Patatoukas P N. Detecting news in aggregate accounting earnings: Implications for stock market valuation[J]. Review of Accounting Studies, 2014(1):134-160.

[351] Peng L, Xiong W, Bollerslev T. Investor attention and time-varying comovements[J]. European Financial Management, 2007(3): 394-422.

[352] Peng L, Xiong W. Investor attention, overconfidence and category learning[J]. Journal of Financial Economics, 2006(3):563-602.

[353] Peng L. Learning with information capacity constraints[J]. Journal of Financial and Quantitative Analysis, 2005(2):307-329.

[354] Peterson R L. Trading on sentiment: The power of minds over markets[M]. Hoboken: John Wiley and Sons, 2016.

[355] Qiang B. Mutual fund alpha: Is it managerial or emotional? [J]. Journal of Behavioral Finance, 2020(1):46-55.

[356] Qiu L X, Welch I. Investor sentiment measures [J]. NBER Working Papers, 2004(35):367-377.

[357] Ray R. Prediction markets and the financial "wisdom of crowds"[J]. The Journal of Behavioral Finance, 2006(1):2-4.

[358] Richards M A J. Idiosyncratic risk: An empirical analysis, with implications for the risk of relative-value trading strategies [R]. International Monetary Fund, Research Department, 1999.

[359] Ritter J R. The long-run performance of initial public offerings[J]. The Journal of Finance, 1991(1):3-27.

[360] Robert N, Wheatley S M. Do measures of investor sentiment predict returns? [J]. Journal of Financial and Quantitative Analysis, 1998(4):523-547.

[361] Roll R. Industrial structure and the comparative behavior of international stock market indices [J]. The Journal of Finance, 1992(1):3-41.

[362] Rouwenhorst K G. International momentum strategies [J]. The Journal of Finance, 1998(1):267-284.

[363] Santos F C, Pacheco J M, Lenaerts T. Evolutionary dynamics of social dilemmas in structured heterogeneous populations [J]. Proceedings of the National Academy of Sciences, 2006 (9): 3490-3494.

[364] Saxton G D, Anker A E. The aggregate effects of decentralized

knowledge production: Financial bloggers and information asymmetries in the stock market[J]. Journal of Communication, 2013(6):1054-1069.

[365] Scharfstein D, Stein J. Herd behavior and investment [J]. American Economic Review, 1999(80):465-479.

[366] Schmeling M. Institutional and individual sentiment: Smart money and noise trader risk[J]. International Journal of Forecasting, 2007(1):127-145.

[367] Schwartz R A, Altman E I. Volatility behavior of industrial stock price indices[J]. The Journal of Finance, 1973(4):957-971.

[368] Seasholes M S, Wu G. Predictable behavior, profits, and attention[J]. Journal of Empirical Finance, 2007(5):590-610.

[369] Shannon C E. A mathematical theory of communication[J]. Bell System Technical Journal, 1948(4):4-22.

[370] Shefrin H, Mario L. Risk and return in behavioral SDF-based asset pricing models[J]. Journal of Investment Management, 2008(3):1-18.

[371] Shefrin H. Investors' judgments, asset pricing factors and sentiment[J]. European Financial Management, 2015(2):205-227.

[372] Shen J, Yu J, Shen Z. Investor sentiment and economic forces[J]. Journal of Monetary Economics, 2017(86):1-46.

[373] Shleifer A, Summers L H. The noise trade approach to finance[J]. Journal of Economic Perspectives, 1990(2):19-33.

[374] Sicherman N, Loewenstein G, Seppi D J, et al. Financial attention[J]. The Review of Financial Studies, 2015(4):863-897.

[375] Simon H A. Designing organizations for an information-rich world[M].

Baltimore: The Johns Hopkins Press, 1971.

[376] Simon H A. Theories of bounded rationality[J]. Decision and Organization, 1972(1):161-176.

[377] Sims C A. Implications of rational inattention[J]. Journal of Monetary Economics, 2003(3):665-690.

[378] Sims C A. Rational inattention: Beyond the linear-quadratic case[J]. Information Diffusion Macroeconomics, 2006(2):158-163.

[379] Sinha N R. Underreaction to news in the US stock market[J]. Quarterly Journal of Finance, 2016(2):16-55.

[380] Solt M E, Statman M. How useful is the sentiment index? [J]. Financial Analysts Journal, 1988(5):45-55.

[381] Sornette D. Critical market crashes[J]. Physics Reports, 2003(1): 1-98.

[382] Sprenger T O, Tumasjan A, Sandner P G, et al. Tweets and trades: The information content of stock microblogs[J]. European Financial Management, 2014(5):926-957.

[383] Spyrou S. Investor sentiment and yield spread determinants: Evidence from European markets[J]. Journal of Economic Studies, 2013(6):739-762.

[384] Statman M, Thorley S, Vorkink K. Investor overconfidence and trading volume[J]. The Review of Financial Studies, 2006(4): 1531-1565.

[385] Steiner J, Stewart C, Matějka F. Rational inattention dynamics: Inertia and delay in decision-making[J]. Econometrica, 2017(2): 521-553.

[386] Stephen L M. Are examination of market and industry factor in

stock price behavior [J]. The Journal of Finance, 1973 (3): 695-705.

[387] Strong N, Xu X. Explaining the cross section of UK expected returns[J]. British Accounting Review, 1997(29):1-23.

[388] Su D. An empirical analysis of industry momentum in Chinese stock markets[J]. Emerging Markets Finance and Trade, 2011(4): 4-27.

[389] Mouselli S, Jaafar A. Industry concentration, stock returns and asset pricing: The UK evidence [J]. Cogent Economics and Finance, 2019(1):1576350.

[390] Surowiecki J. Mass intelligence[J]. Forbes Global, 2004(9):48.

[391] Szabo G, Huberman B A. Predicting the popularity of online content[J]. Communications of the ACM, 2010(8):80-88.

[392] Treisman A M. Contextual cues in selective listening[J]. Quarterly Journal of Experimental Psychology, 1960(4):242-248.

[393] Tsukioka Y, Yanagi J, Takada T. Investor sentiment extracted from internet stock message boards and IPO puzzles [J]. International Review of Economics and Finance, 2018 (56): 205-217.

[394] Tuckett D, Taffler R. Phantastic objects and the financial market's sense of reality: A psychoanalytic contribution to the understanding of stock market instability [J]. The International Journal of Psychoanalysis, 2008(2):389-412.

[395] Tumarkin R, Whitelaw R F. News or noise? Internet postings and stock prices[J]. Financial Analysts Journal, 2001:41-51.

[396] Verma R, Soydemir G. The impact of individual and institutional

investor sentiment on the market price of risk [J]. Quarterly Review of Economics and Finance, 2009(3):1129-1145.

[397] Verma R, Verma P. Are survey forecasts of individual and institutional investor sentimentsrational? [J]. International Review of Financial Analysis, 2008(5):1139-1155.

[398] Vozlyublennaia N. Investor attention, index performance, and return predictability [J]. Journal of Banking and Finance, 2014 (41):17-35.

[399] Wang K Q, Xu J G. Market volatility and momentum[J]. Journal of Empirical Finance, 2015(30):79-91.

[400] Wang Y H, Keswani A, Taylor S J. The relationships between sentiment, returns and volatility [J]. International Journal of Forecasting, 2006(1):109-123.

[401] Wu F, Huberman B A. Novelty and collective attention [J]. Proceedings of the National Academy of Sciences, 2007(45):17599-17601.

[402] Wu J. Industry momentum and mutual fund performance [J]. Indiana University Working Paper, 2015(9):1-55.

[403] Wysocki P. Cheap talk on the web: The determinants of postings on stock message boards[J]. University of Michigan Business School Working Paper, 1998 (98025):35.

[404] Yang Z H, Liu J G, Yu C R, et al. Quantifying the effect of investors' attention on stock market [J]. PloS One, 2017 (5): e0176836.

[405] Yao J, Ma C, He W P. Investor herding behaviour of Chinese stock market[J]. International Review of Economics and Finance,

2014(29):12-29.

[406] Ying Q, Kong D, Luo D. Investor attention, institutional ownership, and stock return: Empirical evidence from China[J]. Emerging Markets Finance and Trade, 2015(3):672-685.

[407] Yu H Y, Hsieh S F. The effect of attention on buying behavior during a financial crisis: Evidence from the Taiwan stock exchange[J]. International Review of Financial Analysis, 2010(4):270-280.

[408] Yu J, Yuan Y. Investor sentiment and the mean-variance relation[J]. Journal of Financial Economics, 2011(2):367-381.

[409] Yu L, Fung H G, Leung W K. Momentum or contrarian trading strategy: Which one works better in the Chinese stock market[J]. International Review of Economics and Finance, 2019(62):87-105.

[410] Yuan Y. Market-wide attention, trading, and stock returns[J]. Journal of Financial Economics, 2015(3):548-564.

[411] Zeledon M. StockTwits may change how you trade[N]. Business Week(Online Edition), 2009-02-11.

[412] Zhang W, Wang G, Wang X, et al. Profitability of reversal strategies: A modified version of the Carhart model in China[J]. Economic Modelling, 2018(69):26-37.

[413] Zhang X, Fuehres H, Gloor P A. Predicting stock market indicators through Twitter "I hope it is not as bad as I fear"[J]. Procedia-Social and Behavioral Sciences, 2011(26):55-62.

[414] Zhang Y, Swanson P E. Are day traders bias free? —Evidence from Internet stock message boards[J]. Journal of Economics and Finance, 2010(1):96-112.

[415] Zheng D, Li H, Chiang T C. Herding within industries: Evidence

from Asian stock markets[J]. International Review of Economics and Finance, 2017(51):487-509.

[416] Zheng Y, Osmer E, Zheng L. Can mutual funds time investor sentiment?[J]. Review of Quantitative Finance and Accounting, 2019(8):1-38.

[417] Zhou T, Liu J G, Bai W J, et al. Behaviors of susceptible-infected epidemics on scale-free networks with identical infectivity[J]. Physical Review E, 2006(5):056109.

[418] Zwergel B, Klein C. On the predictive power of sentiment-why institutional investors are worth their pay[J]. SSRN Electronic Journal, 2007(2):1-32.

后 记

近年来，与计算机和互联网相关的大数据、云计算、人工智能等技术加速创新，并且迅速融入社会生活的方方面面，数字经济正在成为重组生产生活要素资源、重塑社会经济结构、改变全球竞争格局的关键力量，进一步推动网民数量增长。中国互联网络信息中心第 49 次《中国互联网络发展状况统计报告》显示，截至 2021 年 12 月，中国网民规模达 10.32 亿人。数据汇聚赋能初见成效，驱动互联网商务活动由点到面、由浅及深地加快发展。

1990 年，上海、深圳证券交易所分别设立，成为中国资本市场建立运行的起点。30 多年来，资本市场不断发展壮大，在促进直接融资及市场化资源配置，丰富居民财富配置渠道等方面，发挥了突出作用。中国证券登记结算有限责任公司公布，截至 2022 年 3 月末，中国自然人投资者首次突破 2 亿人大关。在互联网高速发展的今天，股民与网民高度重叠，无论是机构投资者还是个人投资者，在股票论坛、搜索平台、大众社交媒体中都有对股票市场相关信息的关注与评论，且股票市场绝大多数投资者都在网络金融终端完成了在线关注、评论、交易等行为。

与此同时，市场信息极大丰富与投资者注意力相对稀缺这一矛盾及其对资产定价的影响越发得到国内外学者的重视，成为行为金融学领域新的研究热点。行为金融学中关于资本市场投资者关注行为的研究指出，只有被投资者关注到的信息才有可能通过其交易行为反映到股票价格中去。投资者关注作为信息过载环境中稀缺的认知资源，被认为是投资者产生交易的必要前提。鉴于投资者关注对资产定价过程和效率的重要影响，在已有研究的基础上进一步深化这一领域的研究，有助于理解市场信息的传递扩散过程，在实践中可以为股票市场参与者的决策过程提供参考。通过文献梳理发现，这一领域在以下三个方面尚存一定的研究空间。

一是缺乏对投资者关注行为内在机理的研究，现有研究主要聚焦于投资者关注对股票市场的影响研究，但鲜有文章对投资者关注行为的内在机理进行深入分析；二是在投资者关注的度量指标方面，现有研究主要使用搜索量或发帖量等单一指标度量投资者关注，不同指标对资产定价的解释与预测能力尚欠比较，各类关注度量指标到投资者的交易行为之间可能还存在较长的逻辑链条；三是在投资者关注行为数据的价值发现方面，如投资者关注与股票价格关系方面，缺乏不同情境下投资者关注与股票价格关系的研究，现有文献未能注意到投资者关注可能存在的行业效应对股票价格的影响等，也就是说，投资者关注行为数据的价值实现路径还不够清晰。

针对以上问题，对处于转型中并依然以散户为主的中国证券市场，网络金融终端已成为投资者获取相关信息、分析市场行情、开展交易活动的主要平台，平台中用户生成内容所构成的大数据情景为研究投资者关注行为引入了新的视角。基于此，本书将以投资者关注行为作为研究对象，利用股票市场内投资者在配置注意力过程中所生成的海量数据，分析投资者群体关注的统计特征与行为模式，进而挖掘其在股票市场运作中所产生的作用与价值。

本书可能的创新和特色有以下几个方面。

第一，研究工具的探索创新。本书引入金融终端投资者行为生成数据衡量投资者关注度，并验证了指标的有效性。实证部分选用 Choice 金融终端的投资者“加自选”数据作为投资者关注度的衡量指标,并将其与基于搜索量的投资者关注度进行实证比较,结果显示,基于金融终端的投资者关注度对股票市场的影响更为显著和稳定,因此引入金融终端投资者生成数据作为投资者关注度的衡量指标。

第二,研究视角的创新。本书构建了投资者群体关注行为模式生成模型,为识别投资者关注行为内在机理做出探索性尝试。基于“择优选择”与“记忆效应”分析投资者群体关注的演化模式,并构建了投资者群体关注行为模式生成模型,通过优化实验仿真生成数据集和原始数据集在实证指标上的拟合程度,得到最优的投资者关注概率函数。实证结果表明,投资者关注更多地受到近期群体关注的影响。这一研究为识别投资者关注行为内在机理做出了有益的探索。

第三,行为金融的理论补充。本书从投资者关注视角检验了中国 A 股市场动量效应的存在性,并发现了投资者关注度在价格动量中的非对称效应。研究发现:价格动量效应在投资者关注度高的投资组合中持续,但在投资者关注度低的投资组合中反转;投资者关注度在价格动量中存在非对称效应,即过去的输家(赢家)组合中,低(高)投资者关注度的股票组合往往后续收益优于高(低)关注度的股票组合。这一研究丰富了动量效应的行为金融学研究,也为基于投资者关注的动量策略构建提供了实证参考。

第四,实证结果的参考创新。本书构建了基于市场层面衡量投资者异常关注度的新指标,以实证方式检验投资者异常关注度和市场状态的相互作用对行业动量表现的影响与可预测性。实证结果表明,投资者异常关注度能够在上行(下行)市场状态下对行业动量收益进行正(负)预测。基于此,本书提出了行业动量循环路径假说。这一研究进一步丰富了学界和业界对投资者关注度的有效应用,并可能部分解释基于行业动量的异象。

由于本书研究涉及资产定价、微观结构、群体智慧、心理科学等多个领域的知识,受笔者自身学术水平和研究能力等方面的限制,本书可能存在研究不够深入,部分研究内容分析严谨度有待提高等问题。一是本书以实证研究为主,未能系统展示投资者关注与资产定价理论模型创新方面的内容。二是本书分别对投资者关注在指数、行业和市场层面的影响进行了研究,但这三个层面未能形成统一的整体性研究。三是关于投资者关注行为的内在机理研究,本书也只是对投资者群体关注特征及其模式进行了初步的探讨,关于投资者关注行为的影响因素及演化模式等方面还有待深入研究。本书还存在一定的完善空间。以上局限与不足,恳请读者包涵。

最后,向为本书成稿给予大力支持的于长锐教授、刘建国教授和常俊博士表示衷心的感谢。需要特别说明的是,本书第八章实证研究部分由宋泽元博士和弓晓敏博士完成,在此表示特别感谢。

杨振华

2022 年 7 月